창업혁신시대에서
창업혁명시대로

창업과 경영을 궁리하다!

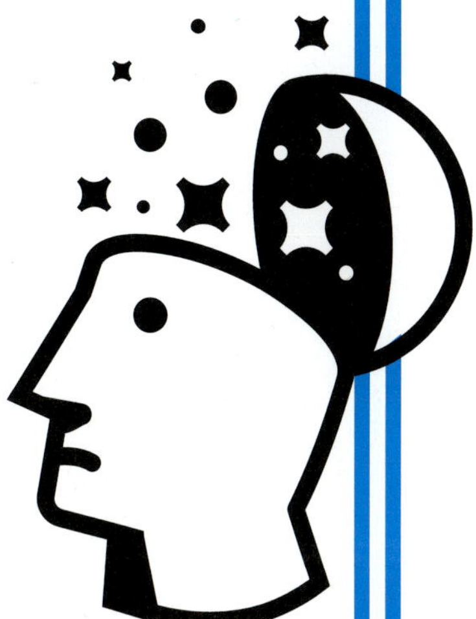

김종하 지음

양 성 원

머리말

21세기에 맞는 다양한 '직업'과 '창업', 그리고 '창직'의 열풍, 이 프레임에서 벗어나고자 하는 창업자들을 위한 창업가이드는 없을까? 학교와 산업 현장에서 창업 지도와 강의를 하면서 느끼는 점은 창업과 경영에 관련한 많은 책들을 가지고 가르치고 있는 것이 어쩌면 먼 이론서에 불과할지도 모르겠다는 생각을 하게 되었다. 그렇다고 나의 경험 또한 멋지고 거창한 실전서를 쓰기에는 여전히 부족함을 알기에 다양한 창업과 경영 이론서를 참고하고 기본적인 골격을 만들었다. 이 책이 창업을 준비하는 초기 창업경영자들에게 실전에 많은 도움이 될 수 있는 서적이기를 바란다.

이제 막 시작하는 창업자들은 대부분 기업 운영이 생소할 수밖에 없다. 특히, 기업을 설립하고 제품을 생산해서 고객에게 가치를 주어 재화를 창출해야 하는 창업과 설립된 기업을 지속적으로 성장하도록 하는 경영은 그 위험성과 디테일에서 엄격히 구분되는 영역이기도 하다. 창업과 경영에서는 한 번의 실수가 곧 실패로 이어질 수도 있기 때문에 더욱 두려운 것일 수 있다. 창업과 경영은 동전의 양면과 같이 실패와 성공의 패러다임으로 책 한 권에서 성공할 수 있는 방법을 제시할 수는 없다. 따라서 완벽한 창업바이블보다는 가능한 성공 확률을 높일 수 있도록 기본적인 이론의 토대와 실무적인 방법을 제시하고 조금이나마 창업과 경영을 궁리하도록 도움을 주어 실무에 활용할 수 있도록 하였다. 책에 나오는 소피아와 필립 대표는 실존 창업가로서 그들이 창업과정에서 겪었던 상황들을 책의 구성에 맞게 각색 기록하였다. 창업 편과 경영 편에서 두 창업가의 경험을 바탕으로 그들이 고민하던 부분에 대한 이론을 제시하는 방식이며, 마지막 궁리 편에서는 창업 편과 경영 편에서 언급되었거나 실제 창업과 경영에서 필요한 실무적 방법에 대한 방법론을 제시하여 실전에서 활용할 수 있는 분석과 응용할 수 있는 내용을 중심으로 구성하였다.

이 책에서 말하고자 하는 주제는 '창업과 경영을 분리해서 접근하는 것보다는 창업이 곧 경영이며, 경영은 창업의 지속 성장을 궁리하는 과정을 통해 성장한다'는 것이다. 또 이론보다는 실전에서 활용할 수 있는 내용을 통해 창업 준비자나 초보 경영자에게 실전 감각을 키워주는 데 기여하는 것에 그 목적을 두었다.

창업의 현장에서 중요한 것은 책이 주는 이론이나 방법론이 아니며 충분한 '경험과 성찰을 통한 새로움을 발견'하고 이를 토대로 끊임없이 '혁명적인 도전과 싸움'에서 자신만의 성공 방정식을 만들고 배워나가는 과정인 것이다. 이 과정을 저자는 창업과 경영을 궁리한다고 표현했다.

새로움에 도전하는 창업혁명가들에게 이 책을 바친다.

2018년 8월

김 종 하 씀

차례

“창업과 경영을 궁리하다”

Ⅰ. 창업 기본

Ⅱ. 경영 기본

Ⅲ. 궁리 기본

창업과 경영을 궁리하다!

"이제는 ***창업혁명시대,*** *우리는* ***창업혁명가****가 되어야 한다."*

"This is ***Startup Revolution Age,*** *We have to be a* ***Startup Revolutionary.****"*

최근 3차 산업혁명을 거쳐 4차 산업혁명이라 불릴 정도의 사회·경제적 변화, 그리고 융합된 기술의 발달은 상상할 수 없는 차세대 산업구조로의 전환을 예고하고 있다. 경제, 사회, 경영과 창업 등 산업 전반에서 회자되고 있는 '4차 산업혁명'이라는 익숙한 용어는 2016년 다보스포럼(Davos Forum)[1]에서 클라우스 슈밥[2] 회장이 처음 말하면서 이슈가 되었던 정의이다.

인터넷과 컴퓨터 기반의 3차 산업혁명이 현대사회의 모든 산업기술에 자동화와 맞춤형 대량화를 완성시켜 주었다고 한다면, 4차 산업혁명은 기존의 기술이 고도화됨에 따라 상호 접목과 융합을 통한 혁신적인 산업구조를 태생시키는 역할을 하고 있다고 할 수 있다.

4차 산업혁명은 미래 기술이라 불리는 인공지능(Artificial Intelligence), 초고속 이동통신(5G)과 자율주행자동차(무인자동차), 빅데이터(Big-Data), 바이올로지(Biology), 기능성 고분자, 2차 전지, 3D 프린터 등의 기술과 사물인터넷(Internt of Thing, IoT)이 융합되어 전혀 색다른 산업과 경제 성장을 주도하는 기술 및 제품 등으로 혁명적인 산업구조로 변화될 것으로 예상되고 있는 것이다. 국가나 경제학자에 따라 이견은 있을 수 있지만 여전히 현재 시점에서는 3차 산업혁명 시

1) 다보스포럼(Davos Forum) - 매년 스위스의 다보스에서 개최되는 '세계경제포럼' 연차총회의 통칭
2) 클라우스 슈밥(Klaus Schwab, 1938년 3월 30일생) - 독일 태생의 경제학자이다.

대의 과정에 있다고 볼 수 있다. 특별히 "지금이 4차 산업혁명시대이다"라고 말할 수 있는 부분이 명확하지는 않다.

여러 가지 가능성과 3차 산업혁명과 다른 색다른 변화의 감지 또 무엇인가 모호한 산업구조의 변화가 있기 때문에 결국은 3차 산업혁명시대가 마감되고 5G와 같은 초고속 인터넷망 등의 연결에 따른 전방위적 변화, 즉 4차 산업혁명 시대로 전환되는 시점은 반드시 있다고 보는 것이다. 이러한 예측은 미래학자들의 몫이기도 하지만 기업을 운영하는 기업가의 입장에서는 간과할 수 없는 변화이고 또한 기업의 생존과 직결될 수도 있기 때문에 가볍게 넘길 수 없는 것이다. 또한 경영과 경제적인 핫-이슈(Hot-Issue)로서는 부족함이 없는 것도 사실이다. 결국 기업의 입장에서 보면 산업구조와 경제적 성장에 대한 시대의 흐름은 반드시 있는 과정이다.

이러한 변화에 대하여 기업이 선제적으로 그 과정을 예측하지 못하거나 다가올 경쟁의 시대를 대비하지 못하는 경우도 흔하다.

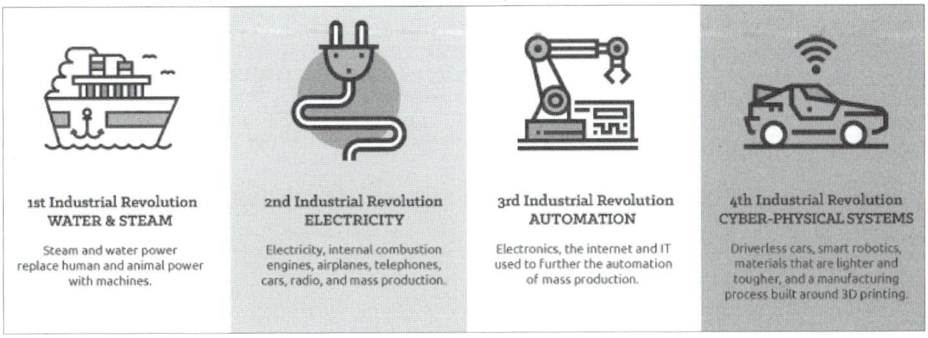

4차 산업혁명 변천사

디지털 기기의 혁신적인 도입과 변화에 대하여 기존의 제품과 기능을 고집하다가 적응 시기를 놓쳐 새로운 신규시장 진출에 후발 주자가 되어 한동안 힘든 고비를 넘겼던 대표적인 실패 사례로 미국의 이스트먼 코닥(Kodak)사를 들 수 있다.

또한 인터넷 기술과 디지털기기와 융합되는 속도와 방향을 잘못 판단하였던 제품군으로 국내에 잠깐 출시되고 사라져버린 시티폰(City-Phone) 등의 사례를 통해 미래 기술의 속도와 새로운 소비자의 니즈 변화, 산업의 방향성과 추세 등을 제대로 인지하고 준비하지 못한다면 결국 도태되거나 산업계에서 사라지게 될 수 있다는 사실을 알려 주고 있다.

일반적으로 창업 후 어느 정도 성장한 기업은 안정적 경영과 수익구조를 통해 내성을 기르고 조직을 유지하려는 습성을 가지고 있다. 경쟁사로부터 자사의 우위를 지켜내고, 다양한 사업 다변화와 시장 침투 전략을 구사하는 것이 전통적인 기업들의 경영 방식이었다.

그러나 최근 들어서는 경영 패러다임과 사업 환경이 끊임없이 변화함으로써 기존의 안정성만을 추구했던 기업들이 극도의 경쟁 환경에서 생존을 위한 자구책을 찾기에 어려움을 겪기도 하고 때로는 파산에 이르는 등 안정권에 들어선 기업이 쉽게 무너질 수 있는 전통적인 산업구조에서는 볼 수 없었던 다양한 혼란을 겪고 있다.

이러한 것을 극복하기 위해 최근 경영 방식에 도입된 것이 기업 및 경영혁신이었다. 즉, 고정되었던 기업의 체질을 변화시키고 글로벌-경영마인드를 통한 혁신 경영으로 새로운 역량을 키우고 신제품을 넘어 새로운 시장에 도전하려는 것이다.

이러한 혁신적 사고가 어쩌면 현 시점에 있어서 생존하기 위한 기업의 경영 핵심 전략일 수 있다. 그러나 한 가지 흥미로운 사실은 혁신을 추진하고 그러한 과정을 통해 돌파구를 마련한 기업들이 있는가 하면, 혁신의 기본적인 틀에 갇혀 실제적인 혁신을 이룩하지 못하는 기업들도 많다. 그렇다면 "왜, 이러한 극대비적 현상이 발생하는가?"

최근 혁신을 통해 기존의 것과 새로운 것의 차이를 극복하고 아이디어, 특히 비즈니스 모델의 틀을 깬 획기적인 제품과 서비스가 속속 등장하고 있다.

일례로, 전기 제품과 배터리를 만들던 테슬러사(社)가 전기자동차를 제조하는 자동차회사가 되고 마침내 인공지능과 데이터 처리기술, 초고속 통신과 더불어 GPS의 접목을 시도하여 최근 자율주행자동차 시장에 진입하게 된 것은 우연이 아닌 것이다. 놀라울 만한 사실은 전기자동차에서 자율주행자동차[3]로 변신하는 데 걸린 기간은 불과 3년이 채 되지 않았다는 점이다.

중국의 성공한 기업가 마윈의 알리바바와 같은 공유경제 기반의 플랫폼이 비즈니스에 접목되어 글로벌 제조시장과 B2B 시장을 석권하게 된 것도 혁신적인 사고와 소비자의 니즈에 기반한 시장경제에 접목하여 성공한 사례로 볼 수 있다. 알리바바가 현재의 모델로서 시장의 리더가 되기까지 걸린 기간은 무려 10년이었다. 알리바바의 마윈 회장은 그 어려운 고비를 견딘 승자가 되었다.

이러한 혁신적인 성공 사례를 꿈꾸지만 현실은 불행하게도 경쟁 산업시장에 처음 진입하는 창업기업들이 채 3년을 견디지 못하고 사라지는 경우처럼 데스밸리(Death Valley)[4]는 창업기업에게 있어 반드시 극복해야 할 어려움이다. 또한 창업기업에게 이미 기반이 조성되어 안정권에 들어간 벤처기업들과 같이 무조건 혁신적인 비즈니스를 강조하는 것은 상당히 위험한 함정일 수 있다. 그렇다면 혁신이 아니면 대체 어떠한 것이 필요하단 말인가? 라는 의문이 들 수 있다.

대부분 창업기업은 편재된 시장에 침투하기 위해서 혁신적인 아이디어를 추구히고 그것을 바탕으로 사업을 시작한다. 창업 후 기업이 5년 이상 생존할 때 성공기업으로 도약할 수 있는 기회가 주어진다. 그렇다면 지금까지 역설한 창업기업이 혁신적인 사고와 모델을 가지고 사업에 도전하는 것이 바람직할 것인가에 대한 의문을 가질 수 있다.

창업기업은 말 그대로 기존의 경쟁자들보다 우위에 있지 않으면 형성된 시장의 틈새조차 들어가기 쉽지 않다.

실제적으로도 창업기업이 생존하기까지의 과정은 전통적인 방식으로는 5년 이

3) 자율주행자동차(무인자동차, self-driving car) - 인간의 운전 없이 자동으로 주행할 수 있는 자동차이다. 무인자동차는 레이더, LIDAR(Light Detection And Ranging), GPS, 카메라로 주위의 환경을 인식하여 목적지를 지정하는 것만으로 자율적으로 주행한다.

4) 데스밸리(Death Valley) - 창업한 기업들이 3년쯤 지나면 자금난에 빠지는 현상. 창업기업들은 사업화 과정에서 자금조달, 시장진입 등의 어려움을 통상 3~7년차 기간에 겪고 주저앉는 경우가 많은데, 이를 두고 '데스밸리'라 한다.

상의 기간이 소요되지만, 현대와 같은 다변화와 급변속에서 견딜 수 있는 자본력과 기술적 우위의 가능성, 모방에 대한 방지, 유사한 상품과 서비스를 제공하는 경쟁자와 욕구가 다양한 소비자에 대한 브랜드 가치를 만들어 가는 과정 등을 볼 때, 처음 사업 전선에 뛰어든 창업자에게는 쉬운 일이 아님을 알 수 있다.

반면에 비즈니스를 속도에만 의존하면 실제적인 비즈니스의 환경구조와 소비자에 대한 니즈(Needs)를 명확하게 파악하지도 못한 나만의 사업을 추진하는 경우가 될 수 있어서 반드시 성공하는 비즈니스 모델로 구분하기에는 타당하지 않다.

따라서 혁신적인 아이디어와 사업 모델도 중요하지만, 창업기업이 성공적인 론칭과 사업기반을 다지기 위해서는 기존의 제품이나 비즈니스 모델로부터 시작되는 혁신적인 모델이 아닌 현존하는 사업과는 완벽하게 차별화되고 상상조차 할 수 없는 방식의 혁명적인 모델을 구상하고, 비즈니스를 빠른 속도로 추진하여 경쟁사나 대체품의 위협이 최소화되거나 부재함으로써 시장에서 단기간에 진입하여 성장할 수 있는 비즈니스 구조를 지향해야 한다.

이와 근접한 방식으로는 린 스타트업(Lean Startup)이 있다. 린 스타트업은 아이디어를 빠르게 최소 요건제품(시제품)으로 제조한 뒤 시장의 반응을 통해 다음 제품 개선에 반영하는 전략을 말한다.

초기 창업자가 비즈니스 모델과 사업 전개에 대하여 사업 프로세스에 대한 방안이 없다면 최소한 린 스타트업과 같은 유형의 비즈니스로 전개하여야 한다.

기업에서 경영과 기술혁신은 점진적 혁신(Incremental Innovation)과 급진적 혁신(Radical Innovation)으로 크게 분류한다.

점진적 혁신은 경영자가 중심이 되어 기업의 혁신 동력을 지원하고, 방향을 바꾸거나 제동을 거는 등의 코칭을 통해 기업 전반에 걸쳐서 혁신 핵심동력을 파악하고 그것을 더욱 확대 발전시킬 수 있는 능력을 경영시스템 내에 구축하는 것이 중요하다.

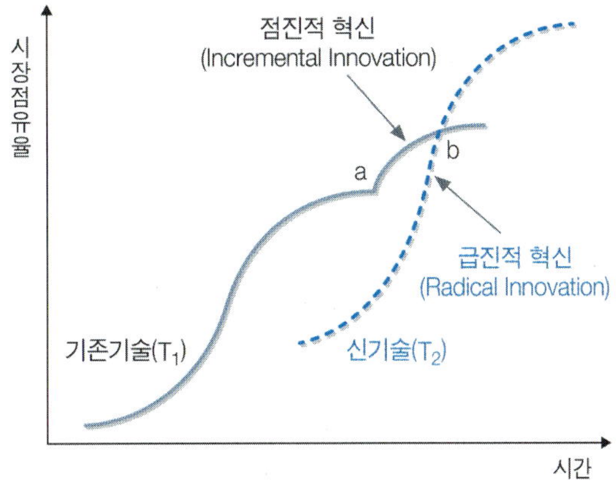

이 점진적 혁신은 비즈니스의 전진 방식은 매우 효율적이고 안정적이지만, 경쟁에서 진정한 우위를 확보하기 위해서는 충분하지 못한 경우가 많다.

급진적 혁신은 기업가정신과 그 맥을 같이하는데, 특히 실험정신, 창의성, 상상력 그리고 개발자를 위한 즉흥적인 조직 형태 등이 중요하다. 기업은 실험적인 도전과 엉뚱하거나 때로는 장난스러워 보이는 행동을 하게 될 수도 있다. 이와 같이 급진적 혁신은 현재의 상태 개선만으로는 부족하며, 도약, 단절, 변혁을 추구하는 적극적 비즈니스 혁신을 말하는 것이다. 그러나 창업 기업이 데스밸리를 넘어 안정적으로 생존하기 위해 단기적인 이윤을 기대할 수는 없다 하더라도 중・장기간의 비즈니스에서 경쟁우위를 확보하기 위한 충분한 재원과 자원을 투입해야 하며, 이러한 내성을 갖는 것에는 분명한 어려움이 있다고 볼 수 있다.

점진적 혁신은 기존에 있는 제품이나 기술, 서비스 등에 사고의 전환을 통해 단계적으로 비즈니스 모델에 접목하여 수행하는 방식으로 안전성을 기반으로 전개된다면, 결국은 신규 진입자에게 쉽게 모방하거나 경쟁사의 대규모 재정적인 투입이나 소비자의 변심 등에 의해 쉽게 상쇄되는 위협적인 부분과 전통적인 초기 사업자의 실패요소에 대한 특별한 방어가 없다. 반면에 급진적 혁신은 기존의 것을 때로는 무시하거나 새롭게 정의하는 기회와 시장을 주도하는 리더로서의 기회를 선점할 수 있다.

급진적인 혁신 활동을 전개할 때는 캐즘(Chasm)[5)]과 같은 시련을 견딜만한 자본력과 내성을 갖추고 있어야 한다. 그렇지 않다면 신규 시장 진입에 대해서 충분한 검토와 방향을 다시 생각해 보아야 할 것이다.

당연한 말이지만 창업은 새로운 것에 대한 도전이다. 기존의 기술과 제품, 플랫폼을 변형하고 삽입해서 어느 정도의 경쟁력을 갖추었다면 일정 기간 성공을 기대할 수 있다.

기업을 운영하는 것은 궁극적으로 지속적인 생존과 더불어 성장의 문제이기 때문이다. 그러나 5년 이상의 지속적인 사업 운영과 수익구조에서 안정권에 들어선 기업이라면 향후 기존의 것과 완전히 다른 비즈니스를 먼저 도입하고 서비스할 수 있을 때 장기적인 생존과 성장 가능성이 좋아질 수 있다. 특히, 이제 막 시작하는 창업기업이라면 이미 형성된 시장에 진입한다는 것은 레드오션(Red Ocean)[6)]에 뛰어드는 것이라고도 볼 수 있다.

이런 점에서 창업자는 형성된 시장이라면 기존의 것과는 다른 차별화된 서비스와 제품을 선보이고 새로운 시장을 형성하여 산업을 주도하는 전략을 수립할 필요가 있다.

창업자는 새롭게 시장에 진출하는 방식에 도전할 수 있어야 한다. 시장을 만들고 새로운 서비스와 제품을 창조하고 주도해 나가는 것이 블루오션(Blue Ocean)[7)]을 선점하는 것이기 때문이다. 이러한 시장을 창조하고 도전하는 것은 이젠 혁신이 아닌 혁명적 발상을 통해 수행되어야 한다. 누구나 알고 있고 이미 형성된 시장이나 예측되는 시장이 아닌 누구도 생각하지 못한 신규시장을 만들어 내고, 그 시장에 기업들이 들어올 수 있도록 개척하는 과정을 통해 창조적 혁신이

5) 캐즘(chasm) - 새롭게 개발된 제품이 시장 진입 초기에서 대중화로 시장에 보급되기 전까지 일시적으로 수요가 정체되는 현상을 말한다.

6) 레드오션(Red Ocean) - 이미 잘 알려져 있어서 경쟁이 매우 치열한 특정 산업 내의 기존 시장을 의미한다. 레드오션 시장은 산업의 경계가 이미 정의되어 있고 경쟁자의 수도 많기 때문에, 같은 목표와 같은 고객을 가지고 치열하게 경쟁을 하게 된다.

7) 블루오션(Blue Ocean) - 레드오션과 달리 블루오션은 현재 존재하지 않거나 알려져 있지 않아 경쟁자가 없는 유망한 시장을 가리킨다.

라는 혁명기업이 될 수 있는 것이다. 따라서 창업혁신시대에서 창업혁명시대로의 전환을 준비하고, 기존의 비즈니스 모델(Business Model)을 획기적으로 변형하고 수정하여 개선하는 창업혁신가의 사고에서 벗어나 새로운 비즈니스 모델을 창조하고 새로운 시장을 만들어 낼 창업혁명가가 되어야 한다.

모든 시장은 새롭게 만들어지고 성장하며, 활발하게 활동하기도 하고 그 규모가 커지거나 정체되고 때로는 줄어들기도 하며 완전히 소멸하기도 한다. 이러한 이유로 시장은 유기적인 구조를 갖는다고 할 수 있다. 이 유기적 구조의 생태계에서 시장의 주인은 소비자가 된다.

주도적인 시장으로 성장하고 지속하기 위해서는 기본적으로 소비자의 니즈와 변화를 바탕으로 고객의 발굴과 그 특성을 관찰하여 오랜 기간 시장에 머물 수 있도록 매력적인 시장을 만들어 내어야만 하는 것이다. 매력적인 시장을 만들어 내기 위해서는 창업가는 새로운 소비자를 발굴하고 그들의 선택과 집중을 끌어내어야만 가능하다.

따라서 본 책에서는 "기존의 혁신 창업의 벽을 넘어 매력적인 시장을 창조하고 주도하며 혁명적 사고의 서비스와 제품을 만들어 내고 전혀 새로운 비즈니스 모델을 시장에 제시하고자 하는 준비된 창업혁명가"를 위한 내용으로 구성할 것이다.

따라서 혁명적인 창업과 경영 그리고 아이디어 발굴부터 사업아이템 구체화, 그리고 시장에 진출하기 위한 단계적 방안과 성공적인 마케팅을 통한 시장 점유를 단계별로 그려 나갈 것이다.

이 책은 1장 창업 편, 2장 경영 편, 3장 궁리 편으로 구분하였고 독자의 실질적인 이해를 돕기 위해 가상의 창업가와 경영자들을 등장시켜 그들이 창업하고 기업을 경영하여 시장에서 성장하는 과정을 통해 설명하고자 한다.

[등장인물 소개]

소피아는 한국의 유복한 가정에서 태어나 행복한 유년 시절을 보냈다. 고등학교는 서울에서 다니며 여느 소녀들과 같은 청소년기를 보낸다.

그러던 중 20세에 미국 유학을 결심하게 된다. 그녀는 미국으로 건너가기 전 영어 공부와 진학할 대학 및 학과에 대한 조사 등을 마친 후 계획을 세운다. 그녀는 치밀하게 3년 동안 목표한 유학자금과 미국에서의 생활자금을 모으게 된다.

마침내 목표가 달성되자 그녀는 미국으로 향한다. 이러한 행동이 막무가내 선택을 한 것처럼 보이지만, 그녀에게 있어서 새로운 도전은 선택의 여지가 없는 필연의 것이었다.

미국으로 건너간 그녀는 그곳에 적응하며 다른 이주 한국인과 마찬가지로 의료업, 웨이트리스, 오퍼레이팅, 건축업 등 다양한 직업을 경험하였고, 특히 건축 관련 일을 하면서 직·간접적인 경영 수업을 하게 된다. 미국에서 플리-마켓을 통해 안정적인 수익을 만들어 내던 중 23년의 미국 생활을 접고 한국으로 돌아와 생리대 사업을 시작하려 하고 있다.

그녀의 사업 전개를 함께 보도록 하겠다.

필립은 한국인으로서 초등학교와 중학교를 마치고 부모님의 권유로 미국으로 유학을 가게 된다. 미국에서 고등학교와 대학생활을 보내면서 미국식 사고와 생활에 익숙해진 그는 20대 초에 한국으로 돌아온다.

외국에서 오랜 생활을 한 탓에 한국 정서에 적응하기가 무척이나 어려웠다. 그는 한국의 대학을 다니며 MBA 과정을 통해 경영에 대한 기본 지식을 쌓게 된다.

그는 국내의 대기업인 H 자동차회사와 기획과 광고 등의 거래를 통해 다양한 사업 경험을 축적하고 나름 성공적인 시기를 보내게 된다. 그러던 중 IMF가 터지고 국내의 산업 환경과 경제 환경이 극도로 나빠졌고 거래처와의 관계도 악화되어 점차 수익구조가 나빠지게 된다.

그러한 기간을 견디지 못하고 결국은 하던 일을 접고 새로운 사업을 찾게 되었다.

그는 수완이 좋아 다양한 정부 사업의 수혜를 입게 되지만 그렇다 할만한 사업 아이템을 찾아내지 못하고 시간을 보내던 중 최근 새로운 아이템 선택을 위해 고민을 하고 있다. 이제부터 일련의 과정을 살펴본다.

I PART

창업 기본

장면 #1

소피아는 미국에서 한국으로 들어온 첫해 생리대 사업을 시작하려고 하였다. 그런데 지난 23년을 미국에서 살아왔기 때문에 막상 한국에 들어왔을 때는 도움을 받을 아무런 인맥이 없었다.

그녀는 불모지나 다름 아닌 환경이라 무엇을 하려면 부딪치는 언어적인 부분, 지역적인 부분, 한국사회의 복잡한 행정과 한국 특유의 사회성 등 뭐하나 시원하게 해결하기 힘든 답답한 처지가 되다 보니 차츰 지치기 시작하였다. 그녀는 몇 개월의 과정을 마감하고 마침내 사업을 접고 미국행 비행기에 오른다.

'창업한다는 것이 무슨 의미일까?'

창업이란 기존에 했던 것을 계속하는 것이 아니라 새롭게 시작하는 것이기에 익숙한 것이 아닌 새로운 것들에 대한 정리와 방향을 잡고 시작해야 한다. 많은 일반적인 사람들이 창업을 쉽게 생각하는 경향이 있다. 사업하다가 안 되면 말지 식의 사고 방식은 매우 위험하다.

창업한다는 것은 처음 창업을 준비할 때부터 철저하고 세밀한 과정을 거쳐야 하며 또한 관련된 정보를 수집해서 경영 환경에 대한 분석과 비교를 할 필요가 있다. 주의할 것은 관련 정보를 너무 쉽게 얻으려 해서는 안 된다는 점이다. 손쉽게 얻을 정도의 업계의 정보 수준이라면 가치 면에서 그리 중요한 것이 아닐 것이고 또한 누구나 그 정보에 대해서는 이미 알고 있을 것이기 때문이다. 창업자가 사업을 시작하게 되면 예상하지 못한 난관에 부딪히는 경우가 허다하다. 준비된 창업이라면 그러한 위기에도 포기하지 말고 기회로 만들어 끌고 나가야 성공할 수 있음을 많은 성공한 기업의 사례를 통해 알 수 있다.

대부분의 일은 경험을 통해 반복적인 수행을 하여 경험이 축적되면 기간에 비례하여 숙련도가 높아진다. 숙련도나 기술이 상승함에 따라 전에는 알지 못했던 일정한 수준의 규칙이나 절차가 있음을 알게 된다. 마찬가지로 창업에도 최소의 규칙과 절차가 있으며 그 순서에 맞춰서 추진한다면 설사 경험하지 않았다 하더라도 비교적 큰 어려움 없이 진행할 수 있는 것이다.

창업을 준비하고 시작하기로 하였다면, 창업자로서의 기본적인 자세를 익히고 하고자 하는 사업 분야와 시장에 대한 철저한 사전 조사를 토대로 아이디어를 발굴하여 그 아이디어의 사업화를 위한 전략을 수립하여야 한다. 아이디어가 구체화된 사업으로서 가치를 가질 수 있도록 시장에 대한 충분한 검토와 역량과 자원을 잘 분배해야 함은 말할 필요도 없다.

우선 창업은 원칙을 가지고 추진해야 한다. 창업 관련 전문가들은 창업가는 기본적으로 기업가정신이나 창업가정신을 갖추어야 한다고 말한다. 전문가들이 말하는 기업가정신은 '미래의 불확실성과 높은 위험에도 주도적으로 기회를 포착하고, 도전하며 혁신 활동을 통해 새로운 가치를 창조하는 실천적 역량'으로 요약할 수 있다.

최초로 기업가정신을 학문적으로 접근한 미국 이론경제학자 슘페터(Schumpeter)[1]는 '새로운 사업에서 생길 수 있는 위험을 감수하고 어려운 환경을 해치며 기업을 키우려는 뚜렷한 의지'라고 정의했다. 미국의 유명한 경영학자인 피터 드러커(Peter Ferdinand Drucker)도 기업가정신을 '위험을 무릅쓰고 포착한 기회를 사업화하려는 모험과 도전의 정신'이라고 정의하였다.

슘페터나 피터 드러커의 기업가정신을 거론하지 않더라도 창업은 "확고한 의지와 혁신적 사고를 가지고 도전하는 창조적 활동을 통한 사업화의 추진"을 의미하며, 창업을 결심한 이후에는 앞으로 벌어질 다양한 위험에 대해 각오와 신념을 통해 진행하겠다는 것이다. 필드에서의 창업은 실전이며 전쟁터다. 전쟁은 단 한

1) 슘 페터(Schumpeter) - 오스트리아 태생 미국의 경제학자. 경제 발전에 대한 기술 혁신의 역할이 슘페터 이론의 핵심이며 "자본주의는 그 성공 때문에 멸망해 간다."라는 독특한 자본주의 붕괴 이론을 펼쳤다.

번의 실수와 미숙함으로 생사를 달리할 수 있다. 따라서 창업자는 창업하고자 하는 분야에 대한 기본정보와 지식을 반드시 습득해야 한다.

창업을 구상하고 실현하기 위해서는 다음에 제시하는 기본적인 과정으로 진행하여야 한다.

우선 창업하고자 하는 시장의 분석과 이해를 통해 사업 구상을 진행하도록 한다. 과거에도 그랬지만 현재의 창업시장은 더욱 치열한 생존경쟁의 체제로 변화하고 있다.

이러한 이유로 창업 구상을 할 때 보다 전문적이고 세밀하게 해야 한다. 창업자 본인의 특성을 잘 파악해서 자신의 적성과 방향에 맞는 창업 구상을 하여야 한다. 현실에서 부딪히는 사업의 세계는 창업자가 처음에 상상했던 것과는 확연히 다르다. 자신감이 넘친 나머지 마치 실타래가 풀리듯이 시작하기만 하면 어려울 것 없을 것처럼 생각하는 그런 신세계가 아님을 알아야 한다. 정글이나 초원에서처럼 첫발을 내딛자마자 하이에나 같은 포식자가 넘쳐나는 시장과 경쟁의 세계가 창업의 세계인 것이다.

창업 준비에서부터 실제 필드로 진출하여 생산과 판매 활동을 하면서 첫 고비를 잘 넘겼다 하더라도 계속해서 생존하고 성장하기 위해서는 때로는 굶어야 하고 남이 버린 식량을 탐하기도 하며, 약자를 누르기도 하고 강자를 피해야 하는 그런 세상일 수도 있다.

결국은 모든 문제를 스스로 해결해야 하는 창업자는 고독한 순례자의 길을 걷는 것과 같다. 이런 치열한 경쟁에서 다른 창업자가 했던 방법을 답습하고 흉내를 내서는 자신이 원했던 성공은 단순한 꿈에 지나지 않을 수 있다.

그렇다면 어떻게 해야 이 치열한 양육강식의 세계에서 살아남아 마침내 성공한 기업이 되는지에 대한 단계적인 기본 절차를 설명하도록 하겠다.

사업을 시작하기 위해서는 사업 아이디어인 창업 구상이 필요하며, 창업 단계에서 처음으로 수행하는 절차이기도 하다. 궁극적으로 창업자는 본인의 특성과 경험에 적합한 사업아이템을 선정할 필요가 있다. 자금 조달이 가능한 창업자금

규모 안에서 창업에 대한 구상을 진행하도록 하여야 하며, 창업아이디어는 현실 가능한 것이어야 한다.

아이디어가 기존의 존재했던 것이 아닌 혁신을 넘어 혁명적일 수 있도록 오랜 기간 고민하고 준비하여야 한다. 아이디어란 창의적인 구상 또는 그러한 과정을 통해 만들어지는 것이다.

창출된 아이디어를 사업에 접목하기 위해서는 구체화해야 하고, 그 과정을 통해 사업아이템이 만들어진다. 따라서 사업의 시작은 구상된 창업을 실현하는 과정이며 그에 따른 경제적 활동을 통해 이익이 창출될 수 있고 지속 가능한 기업으로 성장하는 시금석이 되는 것이다.

궁극적으로 성공한 기업은 창업자가 최초 구상한 아이디어를 사업을 통해 구현하여 만들어진다. 그만큼 창업 초기의 아이디어가 중요하며, 창업 본선에 들어가기 위해서는 사업 경영환경과 관련 산업의 동향에 대한 세심하고 면밀한 관찰과 준비, 창업자로서의 확고한 의지와 기업가정신을 함양하는 것이 중요한 이유이다.

장면 #2

한국에서 허무하게 미국으로 돌아온 소피아는 몇 개월 동안의 달콤한 휴식을 취하지만 그녀의 성격으로 인해 다시금 사업에 대한 고민으로 가득하다. "내가 왜 한국으로 가서 사업을 하려고 했으며, 무엇 때문에 다시 미국으로 돌아오게 되었을까?", "혹시, 내가 덜 준비된 것은 아닐까? 이왕 이렇게 되었으니 시간을 갖고 충분한 조사와 한국에서 할 사업을 정리해 보는 것은 어떨까?" 이렇게 생각이 미치자, 소피아는 다시금 미국 생활을 접고 무작정 부딪히면서 겪어야 했던 힘들었던 한국으로 돌아온다. 이미 그녀는 충분한 휴식과 새로운 아이템에 대한 생각을 정리하였고, SNS와 미국 내 사회공동체 등을 통해 한국에서의 사업에 필요한 주요한 컨텍포인트(Contact Point)를 확보하였기에 두려움보다는 자신감이 넘쳐났다.

창업자가 하고자 하는 사업 아이디어가 있는 경우라면, 창업자는 가장 먼저 환경적인 요인에 대한 분석과 정보를 수집하여야 한다. 환경적 요인이란 진입할 시장에 대한 내적 요인과 외적 요인을 말하며, 물리적인 영향을 주거나 사업의 전개에 있어 잠재적 방해 요인에 대한 파악과 기회를 가늠하는 중요한 기초 분석이 된다. 따라서 내적 경영 환경과 외적 경영 환경 분석을 통해 향후 사업을 전개할 시장에서 발생할 수 있는 리스크(Risk)를 최소화할 수 있도록 세밀하게 분석해야 한다.

우선 내적 경영 환경 분석은 창업자의 내부적 요소로서 역량과 직결하는 문제이다. 다행스러운 것은 이 내적 경영 환경의 분석 대상인 내부 요소들은 자사의 경영자원과 핵심역량을 말하는 것으로서 기술 수준, 근무 환경, 자본력, 핵심기술,

인적자원과 상대적 경쟁력 등으로 구분할 수 있다. 따라서 얼마든지 통제와 강화가 가능한 요인이라 할 수 있다. 그러나 문제의 소지가 있는 요인이 있음에도 처리를 미루게 되면 결국은 작은 문제를 큰 문제로 키우는 꼴이 될 것이다. 따라서 예측되는 문제나 저해 요소가 발견되면 선결하여 해결하거나 적절한 시기에 제거할 수 있도록 하여야 한다. 사업을 전개할 때 이러한 내부적 요인으로 인하여 기업이 어려워지는 경우가 많다. 신중하게 문제 발생 여지가 있는 내부 요인들에 대한 분석과 평가 그리고 반드시 사후 조치를 하여야 한다.

외적 경영 환경 분석은 거시적인 요소들로서 사회적(Social), 경제적(Economy), 법률적 또는 정책적(Policy) 환경 요인이 있고, 적용 분야의 기술적(Technical) 환경을 고려해 보아야 한다. 외부적 경영 환경의 분석을 요인들의 영문 첫 글자를 따서 PEST 분석이라고 한다.

환경 분석이 끝나면 준비한 아이디어를 경쟁자에 대한 부분, 고객에 대한 부분, 그리고 자사에 대한 부분으로 나누어 정보를 객관적인 기준에 적용해 비교하고 파악하는 것이 중요하다. 다시 말하면, 자사(Company) 분석, 고객(Customer) 분석, 경쟁사(Competitor) 분석으로 영문 첫 글자를 따서 3C 분석이라 부른다. 요즈음에는 유통채널(Channel) 분석을 넣어 4C 분석을 하기도 한다.

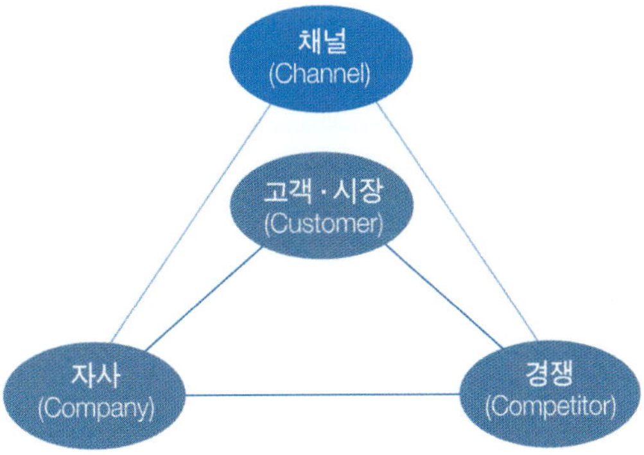

경쟁사에 대한 분석은 현재의 경쟁자와 잠재적 경쟁자를 파악하는 것이다. 그 경쟁자의 강점과 약점을 경쟁사와 자회사를 비교하여 어떤 포지션을 선택할 것인

지 전략 방향을 결정하는 것이다.

"경쟁사들이 공격적이고 강력한가?", "새로운 경쟁자의 진입 가능성이 있는가?" 등을 분석한다.

고객에 대한 분석은 시장 규모와 시장 성장률을 따져 보는 것이다. 전체 시장 규모와 대상 시장 규모, 고객에게 가치를 줄 수 있는 고객 니즈, 고객의 구매 행동과 패턴 등에 대하여 분석을 한다.

"해당 세분시장의 규모가 적절한가?", "시장은 성장 가능성이 높은가?", "어떻게 고객을 유치할 것인가?", "각 세분시장별 잠재 수요는 어느 정도인가?" 등을 분석하여 시장을 예측하고 고객을 발굴하기 위한 정보를 확보하는 것이다.

마지막으로 자사에 대한 분석은 기업 목표와 자원의 시너지 효과를 통해 경쟁력의 객관적인 점검을 목적으로 한다. 우선 자체적으로 보유하고 있는 기술력, 조직력, 인적자원, 매출액, 시장 점유율, 수익성 등에 대한 구체적인 분석을 실시한다.

"기업의 목표와 일치하는가?", "인적 · 물적 · 기술적 자원을 갖추고 있는가?", "기존 브랜드의 마케팅 믹스 요소를 연계한다면 시너지 효과가 있겠는가?" 등을 평가하여 자사의 경쟁력 수준을 파악하는 것이다.

인터넷 오픈 마켓(Open Market)[2)]이나 도매상과 대리점과 같이 유통망이 사업의 중요한 의미를 가지는 업태의 경우라면 반드시 유통경로에 대한 분석을 통해 채널에 대한 판단을 한다.

"유통망 구성원은 누구인가?", "평균 재고는 얼마나 되는가?", "고객에게 배송되는 데 걸리는 시간은 어떠한가?", "파손이나 분실률은 얼마나 되는가?", "목표매출 달성률은 얼마나 되는가?" 등을 분석하여 유통경로에서 발생할 수 있는 문제나 기회 요소를 사전에 체크하는 차원에서 실시하는 것이다.

---

2) 오픈 마켓(Open Market) - 판매자와 구매자에게 모두 열려 있는 인터넷 중개몰(온라인 장터)을 말한다. 개인과 소규모 판매업체 등이 온라인에서 자유롭게 상품을 거래할 수 있다. 오픈마켓은 인터넷 쇼핑몰에서의 중간유통마진을 생략할 수 있어 기존의 인터넷 쇼핑몰보다 비교적 저렴한 가격대로 물품 공급이 가능하다.

장면 #3

소피아는 사업계획서를 통해 단계적으로 창업 준비를 수행하기로 하였다. 우선 생리대 시장에 대한 수요와 시장을 조사하였다. 이를 토대로 고객의 니즈를 파악하고 시장 규모를 예측했다. 20~30대 경제 활동을 하는 여성들을 타깃으로 정하고 최근 한국에서 불고 있는 웰빙(Well-Being) 전략과 친환경 트렌드를 충분히 활용한다면 시장에 진입하고 안정적인 수익을 실현할 수 있다는 판단을 세웠다. 경쟁사들도 대기업이라서 충분한 틈새시장 공략이 가능할 것이라는 컨설턴트의 조언을 참고했다. 드디어, 제품 제작을 위한 생산 공장과 물류, 그리고 포장에 대한 디자인 업체를 확보하였다. 포장디자인은 미국식 애니메이션과 가족의 화목함을 강조하는 그림을 넣었다. 생리대의 보관이 편리하도록 원-포인트 오픈 방식의 미감을 채택하였다.

일반적으로 창업자는 사업을 시작하기 전에 시장 예비조사를 통해 시장의 규모와 수준, 방향 등을 설정하고 시장에 상품이나 제품을 출시하려 할 때, STP 전략을 활용한다. STP란 Segmentation, Targeting, Positioning의 영문의 앞 글자를 따서 부르는 용어인데, 시장세분화, 표적시장 선정, 포지셔닝이라고 부른다.

우선 시장세분화(Segmentation)란 서로 다른 니즈를 가진 소비자들이 모여 있는 하나의 큰 시장을 비슷하거나 유사한 니즈를 가진 동질의 소비자들끼리 묶어서 몇 개의 시장으로 세분류하여 구분하는 것이다.

시장을 세분화하는 이유는 고객을 세분화하여 동질 집단에 집중함으로써 마케팅에서 경쟁우위를 확보하기에 유리하며, 분산되어 공통점이 적은 상태에서 세분화를 한 후에는 동질의 고객이 갖는 공통점을 찾고 대상 고객들의 욕구를 더 잘 이해할 수 있기 때문에 마케팅 기회를 포착하기에 편리하다는 점이 있다. 마지막으로 차별화를 통한 자사가 진출하고자 하는 목표 위치를 명확하게 하여 자원의 낭비를 최소화하고 경쟁의 완화 효과를 볼 수 있다는 점이다.

타깃팅(Targeting)은 자사의 제품을 판매할 또는 소비할 표적시장을 선정하는 전략이다.

타깃팅이란 앞서의 세분화된 시장을 몇 가지 기준을 정하여 평가하고 자사와의 적합도가 가장 높은 매력적인 시장을 선택하는 것을 말한다.

기업 자원이 아무리 풍부하다 하더라도 주어진 모든 시장에 마케팅을 한다는 것은 분명 그 한계를 가지고 있으며 시장별로 상이한 매력도를 가지는 시장에 대해서 자원을 모두 집중한다는 것은 쓸데없는 자원을 낭비할 수 있다. 따라서 타깃팅은 선택과 집중을 위한 수단인 것이다. 세분시장의 평가 기준은 시장규모, 시장성장률, 시장구조와 매력도 같은 시장 요인과 기업 목표와의 일치성, 기업의 능력과 자원, 경쟁적 우위 같은 기업 요인으로 구분할 수 있다.

포지셔닝(Positioning)이란 선택한 세분시장과 목표시장에서 고객에게 자사의 브랜드 또는 상품을 각인시키는 활동을 말한다. 포지셔닝의 방법으로는 제품 속성에 의한 포지셔닝과 제품 편익에 의한 포지셔닝, 특정사용자 집단에 의한 포지셔닝이 있다. 만약 최초의 포지셔닝을 통해 추진하던 시장에서 이상적인 위치 달성에 실패하거나 경쟁자의 진입으로 차별적 우위를 유지하기 어려울 때는 리포지셔닝(Repositioning)을 통해 새로운 포지셔닝을 하여야 한다.

포지셔닝의 과정은 우선 자사의 제품이나 서비스가 경쟁사의 그것에 비해 어떤 경쟁적 강점이 있는지를 파악하고 파악된 경쟁우위 중에 어떤 경쟁적 우위를 가지고 차별적인 포지셔닝을 가져갈지를 결정하게 되며, 마지막으로 표적 소비자들에게 포지셔닝이 잘 전달될 수 있도록 전달하는 과정을 거친다.

순위	브랜드	증감	가치
01	Apple	+3%	184,154 $m
02	Google	+6%	141,703 $m
03	Microsoft	+10%	79,999 $m
04	Coca-Cola	-5%	69,733 $m
05	amazon	+29%	64,796 $m
06	SAMSUNG	+9%	56,249 $m
07	TOYOTA	-6%	50,291 $m
08	Facebook	+48%	48,188 $m
09	Mercedes-Benz	+10%	47,829 $m
10	IBM	-11%	46,829 $m
11	GE	+3%	44,208 $m
12	McDonald's	+5%	41,533 $m
13	BMW	0%	41,521 $m
14	Disney	+5%	40,772 $m
15	intel	+7%	39,459 $m
16	CISCO	+3%	31,930 $m
17	ORACLE	+3%	27,466 $m
18	Nike	+8%	27,021 $m
19	LOUIS VUITTON	-4%	22,919 $m
20	HONDA	+3%	22,696 $m
21	SAP	+6%	22,635 $m
22	pepsi	+1%	20,491 $m
23	H&M	-10%	20,488 $m
24	ZARA	+11%	18,573 $m
25	IKEA	+4%	18,472 $m
26	Gillette	-9%	18,200 $m
27	AMERICAN EXPRESS	-3%	17,787 $m
28	Pampers	+2%	16,416 $m
29	ups	+7%	16,387 $m
30	J.P.Morgan	+11%	15,749 $m
31	Budweiser	+2%	15,375 $m
32	HERMÈS PARIS	+11%	14,210 $m
33	Ford	+5%	13,643 $m
34	ebay	+1%	13,224 $m
35	HYUNDAI	+5%	13,193 $m
36	NESCAFÉ	+1%	12,661 $m
37	accenture	+4%	12,471 $m
38	Audi	+2%	12,023 $m
39	NISSAN	+4%	11,534 $m
40	Volkswagen	+1%	11,522 $m
41	PHILIPS	+2%	11,519 $m
42	AXA	+5%	11,073 $m
43	Kellogg's	-6%	10,972 $m
44	Goldman Sachs	+16%	10,864 $m
45	L'ORÉAL	-2%	10,674 $m
46	citi	+3%	10,599 $m
47	HSBC	+1%	10,534 $m
48	PORSCHE	+6%	10,129 $m
49	Allianz	+6%	10,059 $m
50	SIEMENS	+6%	9,982 $m
51	GUCCI	+6%	[illegible]
52	Canon	-12%	[illegible]
53	hp	-8%	[illegible]
54	DANONE	+1%	[illegible]
55	adidas	+17%	[illegible]
56	Adobe	+19%	[illegible]
57	Hewlett Packard Enterprise	-19%	[illegible]
58	3M	+9%	[illegible]
59	Nestlé	0%	[illegible]
60	Starbucks	+16%	8,704 $m
61	SONY	+2%	8,474 $m
62	Colgate	-1%	8,325 $m
63	Morgan Stanley	+14%	8,205 $m
64	VISA	+1%	7,815 $m
65	Cartier	-2%	7,547 $m
66	THOMSON REUTERS	+4%	7,100 $m
67	LEGO	+5%	7,024 $m
68	Santander	+8%	6,702 $m
69	KIA	+6%	6,681 $m
70	HUAWEI	+14%	6,676 $m
71	mastercard	+11%	6,350 $m
72	FedEx	+12%	6,255 $m
73	LAND ROVER	+7%	6,095 $m
74	Johnson & Johnson	+4%	6,041 $m
75	Panasonic	-6%	5,983 $m
76	DHL	0%	5,715 $m
77	HARLEY-DAVIDSON	+3%	5,671 $m
78	NETFLIX	New	5,592 $m
79	Discovery	-9%	5,411 $m
80	PayPal	+12%	5,408 $m
81	TIFFANY & Co.	-6%	5,394 $m
82	JACK DANIEL'S	+3%	5,332 $m
83	KFC	-7%	5,313 $m
84	salesforce	New	5,224 $m
85	Heineken	+1%	5,181 $m
86	BURBERRY	-4%	5,135 $m
87	MINI	+3%	5,114 $m
88	Ferrari	New	4,876 $m
89	CATERPILLAR	-10%	4,868 $m
90	Sprite	-6%	4,842 $m
91	Shell	+5%	4,823 $m
92	JOHN DEERE	-1%	4,783 $m
93	Corona Extra	+6%	4,776 $m
94	PRADA	-14%	4,716 $m
95	Dior	-7%	4,587 $m
96	JOHNNIE WALKER	+2%	4,405 $m
97	SMIRNOFF	+1%	4,288 $m
98	TESLA	0%	4,009 $m
99	MOËT & CHANDON	-3%	4,006 $m
100	Lenovo	-1%	4,004 $m

| 세계 브랜드 가치 순위 |

STP 전략을 수립하는 것은 포화된 시장에서 세분화를 통해 시장을 분류하고, 동질의 목표고객을 선정하여 고객의 니즈를 찾아내는 과정으로서 창업기업이 목표하는 고객과 표적시장에 최적의 자원과 전략을 집중할 수 있도록 하는 과정이다.

세분화된 시장에서 경쟁우위를 갖기 위해서는 경쟁할 대상에 대한 분석과 소비자에게 내 제품이나 상품을 적합한 이미지로 브랜드 가치를 인식시킬 필요가 있는 것이다.

장면 #4

소피아는 목포에 있는 생산 공장에 여러 번 방문하며 생산과정과 포장 등을 지켜보며 반드시 성공할 것이라는 자신감과 결심을 마음속으로 몇 번이고 다짐했다. 서울에서 목포까지 생산현장에 방문하면 거의 하루가 소요되었지만 내 제품이 나오는 현장이라는 생각에 그렇게 힘들지 않고 즐거운 시간으로 여겨졌다. 마침내 제품이 나왔다. 공장도 최근에 최신 기계를 들여와서 포장되는 것까지 생산라인에서 자동화로 이루어졌고, 포장되어 박스에 담기는 것까지 쉴 틈 없이 움직이는 모습을 보니 이미 성공한 기업가가 된 듯 착각이 들었다. 소피아가 자신하는 것은 무엇보다도 기존 경쟁사에서 나온 상품보다 가볍고 얇은 두께와 흡수력이 좋다는 점이다. 거기에 미국 특유의 애니메이션이 들어간 포장 디자인은 고객들에게 충분히 어필할 수 있다고 자신하였다. 이제 지난번 판매를 위해 확보한 유통업체와 판매처에 제품을 보내기만 하면 된다.

창업을 결심하게 되는 이유는 다양하지만 대부분 창업자들은 자신이 보유한 아이디어 상품이 시장에 나오면 소비자로부터 폭발적인 반응이 있을 것이기 때문에 단박에 판매되어 반드시 성공할 것이라는 자신감과 믿음으로 창업을 하게 되는 경우가 가장 많다고 한다. 이러한 현상은 안타깝게도 창업자가 "자신의 아이디어가 유일하며 최고일 것"이라는 함정에서 벗어날 때가 되면 이미 사업이 어느 정도 진행되어 소비자로부터의 냉담한 반응을 알아차린 후일 가능성이 크다. 창업자는 좋지 못한 결과가 충분히 예측되더라도 아직 제대로 평가받지 못했다는 믿음과 성공에 대한 불확실한 자신감에도 불구하고 계속 사업을 진행하는 경우가 많다. 특히, "내가 준비한 이 사업아이템은 다른 사람이 생각하지도 못하고 최고

이며 시작하기만 하면 반드시 대박이다."라는 대박증후군에서 벗어나기 위해서는 냉철하고 객관적인 판단을 내릴 수 있도록 충분한 검토를 하여야 한다.

창업을 준비하는 과정에서 자신의 아이디어와 제품과 유사하거나 이미 출시되어 있는 상품이나 서비스 등을 발견하게 되는 경우가 종종 있다. 물론 유사하거나 똑같은 모델의 사업이 이미 시장에 있다고 해서 자신이 고안한 아이디어의 사업성이 높고 낮음을 평가할 수는 없다.

그러나 유사한 아이템의 사업이 시장에 존재하고 있다면 반드시 그 사업을 충분히 조사하여야 한다. 어떤 점이 다르고 어떤 점이 같은지, 현재 진행되고 있는 수준이 어떠한지, 또한 성공적으로 운영되고 있고 시장을 선점하고 있다면, 후발 경쟁업체로서 어떠한 전략으로 자사의 제품이나 서비스를 수행할 것인지 등을 살피고 점검해야 할 것이다.

미국의 실리콘밸리(Silicon Valley)[3] 벤처기업들의 성공사례를 분석하여 제시한 성공방정식을 살펴볼까 한다. 이 방정식이 한국의 벤처기업과 환경에 적용할 때 절대적으로 반드시 맞다고 할 수는 없지만 참고할 만한 가치는 있을 것이다. 이 실리콘밸리 성공방정식은 벤처기업을 경영할 때 핵심 요인들을 통해 수학 공식처럼 만들어진 방정식에 대입하여 보는 것인데, 그 변수로는 품질(Quality), 혁신(Innovation), 경영자원(Smart Members), 자금능력(Money) 그리고 고객의 니즈에 대한 만족 수준(Pain)을 변수로 정하여 방정식에 수치로 대입한 후 나온 값을 가지고 성공 또는 투자 가능성을 예측해 보는 것이다.

3) 실리콘밸리(Silicon Valley) - 미국의 캘리포니아주(州) 샌프란시스코만(灣)을 둘러싼 샌프란시스코반도 초입에 위치한 샌타클래라 일대의 첨단기술 연구단지를 말한다.

Success = Q + I + S + M − P^2

- *Q ; 품질(Quality)*
- *I ; 혁신(Innovation)*
- *S ; 경영진의 우수성(Smarts)*
- *M ; 필요한 자금(Money)*
- *P^2 ; 고통(Pain)의 제곱*

여기서 Q는 제품이나 서비스가 갖는 품질(Quality)의 정도를 말하는 변수이다. 실리콘밸리에서는 기술 개발에 성공한 제품이 마무리 단계에서 상품화에 실패하거나, 최초 계획된 제품 기능이 생산 이후에 제대로 된 기능을 발휘하지 못해 실패하는 경우가 많다.

이처럼 품질관리에서의 실패는 결국 사업의 성패에 주요한 영향을 준다. 이러한 이유로 성공기업들은 소비자들이 제품을 시험하는 베타테스트(β-test)와 생산자가 생산과정에서 하는 테스트인 알파테스트(α-test)를 수행하여 최종 제품을 출시하는 것이다.

I는 혁신(Innovation)의 정도이다. 혁신이란 자사의 제품이 다른 경쟁사에 비해 어떤 기능이 더 우수한가의 문제가 아니라, 그동안 고객이 원하는 것이었지만 기술적・지식적 한계 때문에 할 수 없었던 것들을 해결해 줄 수 있어야 한다. 즉, 고객과의 관계 혁신을 말하며 고객 관점에서 혁신이라 느낄 수 있는 정도를 파악하는 것이다.

S는 경영진의 우수성(Smarts)이다. 우수한 경영진이라면 고객과 지속적이고 원활하게 의사소통(Communication)을 하고, 제품을 고객에게 빠르고 쉽게 전달(Delivery)하는 데 집중할 수 있어야 한다.

M은 필요한 자금(Money)을 조달할 수 있는 정도를 변수로 제시한 것이다.

마지막 변수인 P^2은 고객의 고통(Pain)을 제곱한 것이다. 여기서 고객의 고통이란 고객이 가지고 있는 문제점을 얼마나 덜어 줄 수 있는가에 대한 변수로서, 고객이 신제품을 계속 사게 하려면 고객이 가지고 있는 문제점 등 고통을 얼마나 많이 덜어주느냐가 매우 중요한 변수로 작용한다는 뜻이다.

우수한 성능을 가진 신제품도 고객에게 피로도와 고통을 가중시키게 되면 시장에서 외면당할 수 있다. 이러한 이유 등으로 고통의 변수는 사업에 있어서 실질적인 성패를 좌우할 만큼 중대한 영향을 줄 수 있다는 것이다. P^2 변수의 일반적인 예는 고객이 새로운 상품과 서비스를 사용할 때 드는 시간, 제품을 시장에 내놓기까지 판매업자나 유통업자가 져야 하는 비용 부담 등이 있다.

성공방정식은 사업성공에 대한 절대적인 판별을 해주는 것이 아니라, 성공방정식에서 제시된 변수인 품질 수준, 경영진 수준, 혁신 정도, 자금 수준, 그리고 고객문제 해결 등의 요인에 대해 자신의 준비 상태를 수치화하고 경쟁사와의 상대적인 비교를 통해 준비과정 또는 진행과정에서의 문제점을 찾고 판단할 수 있는 개선 보완재로 사용할 때 도움이 될 것이다.

창업은 준비과정이 길면 길수록 유리하다고 한다. 창업선진국들은 평균 3~5년의 준비기간을 갖는다고 한다. 그에 비해 한국의 경우 약 1~2년 정도의 기간을 준비하고 창업을 한다는 통계가 있다. 대략적인 준비기간만 놓고 봤을 때, 한국이 창업선진국에 비해 준비기간이 상대적으로 짧다는 것을 알 수 있다. 그러나 창업에서 준비과정이 길고 짧음 보다는 그 내면의 질적 수준을 파악하는 것이 더욱 중요하다. 다시 말하면 단순히 오랜 기간을 준비했다가 아니라 준비기간 동안 아이템과 시장을 분석하고 예측하며 앞으로 진행할 일들에 대해 철저한 계획을 수립하였는가를 포함하는 것이다.

사업을 할 때는 반드시 사업계획서가 필요하며, 사업을 위한 동업자 내지는 팀을 구성할 필요가 있다. 모든 일을 혼자서 하려고 하는 것처럼 어리석은 것은 없다. 창업을 준비하는 기간, 창업에 필요한 것은 창업아이템, 창업자(팀), 그리고 자본이다. 이 세 가지 영역을 창업의 기본 3요소라 한다. 창업자는 창업아이템을 준비하고 경쟁사 등을 분석하면서 필요한 요소인 자본의 확보와 확보방안, 그리고 창업팀 구성을 위한 역할과 시기 등을 고려하여 진행하여야 한다.

창업은 최초 창업자의 의지가 가장 중요하지만 창업이 막상 시작되면 점차 창업자의 능력 범위를 벗어나는 상황들이 발생하기 마련이다. 따라서 나 홀로 창업을 하고 싶다 하더라도 초기부터 우수한 팀을 구성하여 역할을 분장하고 그 맡은 영역과 역할에 능력을 집중화시킬 수 있는 방안을 마련하여야 한다.

창업 초기에 투자자가 있어서 자금 확보에 어려움이 없다 하더라도 자본을 확보하고 확충하는 방법에 대하여 다양한 루트를 통해 준비하는 것이 중요하다. 자본은 크게 내부 자본과 외부 자본으로 분류할 수 있다. 내부 자본이란 창업자 또는 창업(공동창업자 및 창업참여자 등) 팀에서 확보한 순수 자본을 말하며, 외부 자본은 융자나 대출, 투자 등을 통한 자본 확보로서 엄밀히 말하면 남으로부터 빌린 자금을 말한다. 창업에 있어서 창업자와 창업아이템의 중요성만큼이나 자본은 창업에 있어서 중요한 동력원으로 창업에 있어서 중요한 요소이면서 가장 해결하기 어려운 부분이기도 하다.

최근에는 정부나 투자자 등의 자금을 통해 사업을 하는 경우가 많으므로 이를 활용할 수 있도록 연구하는 것도 한 방법이 될 것이다. 그러나 사업 자금을 모두 외부 자본에 의존하는 경우는 상당히 위험한 발상일 수 있다. 특히, 내부 자본이 없이 외부 자본으로만 창업을 하여 사업을 진행하게 되면 창업 후 기업의 성장이나 진행 방향, 사업의 발전 속도 등에서 문제가 생길 수 있다는 점을 명심해야 할 것이다.

창업하여 막 사업을 개시할 때에 특히 주의할 점은 내가 고안한 사업 아이디어에 대한 방어이다. 아이디어란 창의적 사고의 산물이지만, 신기하게도 유사한 아이디어를 찾아내는 것은 어렵지 않다. 그만큼 손쉽게 아이디어는 전파되고 복제될 수 있는 것이다.

오랜 기간의 수고와 노력에 의해 발굴된 창업 아이디어를 비즈니스 모델로 전환하는 과정에서 아이디어의 구현과 전개, 수익구조와 유통구조, 사업성 등을 계획하여 매력적인 사업구조가 되었다고 하면, 이 비즈니스 모델은 누구나 탐낼 만한 수준일 수 있다. 투자, M&A, 파트너모집 사업 설명 등 여러 이유로 자신의 비즈니스 모델을 발표하거나 제공해야 하는 경우라면 최소한 비밀유지협정(Non-Disclosure Agreement, NDA)을 작성하여 쌍방 간에 서명하도록 해야 한다. 비밀유지협정을 체결하기 전에는 가급적이면 자신의 정보를 공개하지 않는 것이 좋다.

장면 #5

소피아는 확보된 채널을 통해 제품을 판매하려 하였다. 일반적인 판매 루트보다는 목표고객을 중심으로 진행하기 위해 우선은 시범 판매를 위한 업체를 찾아 협약을 맺고, 판매에 대한 지침과 사업 진행에 대한 논의를 하였다. 그 업체는 여성들이 주축이 되어 기획업무와 온라인 쇼핑몰을 운영하는 회사였다. 그간의 실적을 보니 충분히 사업 진행에 무리가 없다고 판단하여 우선 생산된 제품 1,000팩을 제공하고 판매를 독려하였다. 판매 대행업체를 선정하고 나니, 마케팅에 대한 부분이 다소 걱정이 되었다. 그 업체는 온라인 회원제를 통한 판매 방안을 제안하였는데, 회원의 규모나 생리대를 또 다른 이슈 패션 아이템화하여 판매하겠다는 전략이 나쁘지는 않았다. 소피아는 이제 그 업체의 시범 판매에 대한 반응을 기다리면서 어떻게 사업을 확대해 나갈지 고민하기 시작했다.

사업 분야와 서비스 방식에 따라 약간의 차이는 있겠지만, 기본적으로 창업자가 아이템을 구체화하여 제품이나 서비스를 만들고 직접 또는 간접적으로 필요로 하는 고객에게 적정한 수준의 가치를 제공하여 그에 대한 대가를 창출하는 것을 창업과 사업의 과정이라 한다.

창업에서 중요한 것은 제대로 된 사업 아이템과 조직, 자본력을 갖추는 것이다. 그러나 창업 초기에 만들어진 제품이나 서비스를 실제 고객인 소비자에게 어필하여 전달될 수 있는 제품이나 서비스는 그리 많지 않다.

고객은 자신의 니즈를 충족할 수 있는 가치 제품을 원한다.

가치 제품이란 "고객이나 소비자가 어느 수준의 비용을 지불하고 선택할 수 있는 제품"을 말한다. 따라서 기업이 일방적으로 만들어 출시한 제품이 아니라 고객이 원하는 상품(돈을 지불하고 사는 제품)이 되어야 하는 이유이다.

특히, 많은 초기 기업의 실패 주요 원인 중에 하나가 소비자가 외면하는 제품을 만들어 놓고 그들이 구매하기를 기다리는 경우가 허다하다는 점이다. 출시 직후의 초기 구매 소비자(Early Adopter)는 또 하나의 시장 테스터이다. 그들을 충족시킬 수 없는 제품이라면 그 제품의 수명은 출시하자마자 끝날 수 있다. 창업자가 초기 아이템을 선정하고 구체화하는 과정 모두가 구매자(소비자)를 중심에 두고 방향과 고안을 해야 하는 이유이다.

구매자가 적절하게 만족하는 제품이 아니라면 시장에 출시하였을 때 참담한 실패를 경험할 수 있다. 완벽하게 구매자의 눈높이에 맞춘 제품을 만들어 내는 것은 어려운 일이다. 그러나 기업이 생존하기 위해서는 반드시 구매자의 구매 욕구를 충족할 수 있는 제품을 구현해야 한다.

구매자의 지속적인 선택을 받을 수 있는 제품을 생산하는 기업만이 살아남을 수 있다. 따라서 창업자는 제품(서비스)을 고안할 때부터 구매자 관점과 사용자 측면에서 바라보는 것이 매우 중요하다.

구매자(소비자)의 입장이라는 것은 "구매자(소비자)가 이런 제품을 원할 것이다"의 생산자 또는 판매자 기준으로 생각하는 것이 아니고, 구매자(소비자)에게 이 제품이 어떤 가치를 제공하는가, 또는 구매자(소비자)가 이 제품을 선택할 이유는 무엇인가를 고민해 보는 것이다. 따라서 출시된 제품은 소비자의 욕구를 충족할 수 있어야 하며, 그 욕구가 지속적일 수 있는 구조를 만들어야 한다.

다음으로 제품을 판매하기 위해서는 판매처를 확보해야 하나, 단일 판매처에 의존해서 제품을 판매하는 경우 기업에 있어서 또 다른 위협 요소가 되기도 한다. 때로는 사업의 성패가 그 판매처의 역량에 따라 정해질 수 있으므로 다양한 판매 경로를 확보해야 한다. 제품 판매를 위한 채널을 다양화해서 주 판매처와 부 판매처를 확보한 판로 포토폴리오로 구성하여야 한다. 판매에 관련된 유통경로를 선택하기 위한 다양한 방법이 있다. 채널과 판매에 관련된 파트너-십(Partner-Ship)을 맺고 좋은 관계로 시작되었다 하더라도 급박한 시장 환경의 변화, 고객의 변심, 판매 부진 등에 따른 예상하지 못한 변수가 발생할 수 있다.

제품이 성공적으로 출시되어 시장에 공급되는 과정에서도 파트너와의 이해관계나 수익구조 악화 등에 따른 문제가 발생했을 때, 단일구조의 판매 방식의 경우 심하면 판매 중단에 이르거나 마진이 없이 손해를 감수하면서 판매처에 공급하게 되는 등의 위험이 발생할 소지가 있음을 예측할 수 있다. 이러한 점을 미리 파악하기 위해 마이클 포터의 5 Force Model의 위협 요소를 검토하기도 한다. 여기서 5F는 대체제의 위협, 공급자의 교섭력, 수요자(구매자)의 교섭력, 잠재적 진입자의 위협, 현 시장 환경에서 경쟁업체의 위협을 말한다.

구분	내용
신규 진입자의 위협	신규진출 기업의 위협은 진입장벽과 기존경쟁사의 예상되는 보복에 대한 분석으로 이루어진다.
대체제의 위협	대체제의 가격과 효능이 좋을수록, 구매자가 대체제를 더 선호할수록 대체제로 교체할 경우 발생하는 비용이 없을수록 대체체의 위협이 크다.
구매자(소비자)의 교섭력	구매량이 많고 구매 비중이 높으며, 구매하는 제품이 차별화 되어 있지 않고, 교체비용이 낮으며, 후방통합능력이 크고, 구매자가 공급업체에 대한 정보를 많이 가지고 가격에 민감할수록 구매자가 교섭력을 가질 수 있다.
공급자(생산자/납품업자)의 교섭력	공급량의 비중이 크고, 공급하는 제품이 차별화되어 있으며, 공급선을 교체할 때 비용이 발생하고 대체제가 존재하지 않으며 공급제품이 구매자에게 중요하고 공급자가 전방통합능력을 가지고 있을 때, 공급자 교섭력이 커진다.
기존 경쟁기업의 강도	기존 경쟁자 간의 경쟁은 산업의 성장률이 낮고, 고정비의 비중이 높으며 철수 장벽이 높을 때 더욱 치열해진다.

이는 산업계에서는 빈번히 발생하는 위협적 요소로서 사업을 추진하는 동안 항상 주의할 필요가 있다. 산업 내의 경쟁기업과는 현재 시점에서의 전략 수립이 필요할 것이다. 대체제와 잠재적 진입자의 위협이 시간의 흐름에 따른 미래적 관점이라면, 공급자와 수요자의 교섭력은 조만간 부딪히게 될 현재 진행형 성격을 갖는다.

제품 경쟁력을 확보하는 기본적인 전략 중 참고할 만한 방법으로 마이클 포터는 본원적 전략을 통한 자사의 제품 경쟁력을 확보하는 방안에 대한 접근이 좋다고 하였다.

본원적 전략에는 차별화 전략(Differentiation Strategy), 원가 우위 전략(Cost Leadership Strategy), 그리고 산업 내 특정 분야에 대한 집중화 전략(Focus Strategy) 등이 있다.

		경쟁 우위	
		저원가	차별화
경쟁 영역	넓은 영역	원가 우위 전략 (Cost Leadership)	차별화 전략 (Differentiation)
	좁은 영역	원가 집중화 (Cost Focus)	차별적 집중화 (Differentiation Focus)

차별화 전략은 기업이 소비자들에 의해 널리 평가된 독특한 제품을 제공하는 사업 전략으로서, 자사의 제품에 대한 차별화의 대가로 고객에게 프리미엄 가격을 요구할 수 있다.

그 예로 자율주행모듈을 도입한 벤츠나 홍채 인식을 적용한 갤럭시, 전통성과 장인 정신을 강조한 루이비통 등이 있다.

이들은 브랜드와 고급화, 문화를 제공하고 그에 따른 고가의 비용을 고객에게 요구하는 전략을 쓰고 있다.

원가 우위 전략은 기업이 동종 산업 내에서 최저 원가생산자가 되려는 사업 전략으로서, 동일한 제품을 경쟁기업에 비해 상대적으로 낮은 가격에 공급할 수 있을 때 가능하며, 산업이 성숙기가 되어 가격 경쟁이 시작되어도 잘 견딜 수 있어야 한다. 일례로 항공사들의 고비용 문제에 접근한 저가 항공사나 백화점과 꾸준한 설비투자를 통한 삼성의 반도체산업, 동네 슈퍼의 간극을 매운 대형 마트 등을 볼 수 있다. 최근에는 이 시장에 다양한 편의점이 진입하여 상당한 교란 상태를 야기하고 있다.

집중화 전략은 크게 원가 집중화와 차별적 집중화로 나누며, 기업이 틈새시장에서 원가 우위나 차별화를 추구하는 사업 전략으로서, 특정 시장에만 집중하는 것을 말한다.

차별적 집중화 전략의 예로는 포카리스웨트나 허니버터칩 등이며, 원가 집중화는 생활필수품 위주의 저가 가격 상품을 판매하는 다이소 같은 체인 등이 있다.

전략이 수립되어 자사 제품의 고객에 대한 명확한 목표와 판매를 위한 채널을 확보하였다면, 이제부터 적극적인 마케팅을 통한 판매 촉진 활동을 실시하여야 한다. 고객이 알아서 자사의 제품을 선택할 거라는 믿음보다는 고객이 찾아올 수 있는 유도 장치와 고객이 선택할 수 있는 루트를 제공하여 가치 제품을 실현하여야 한다.

장면 #6

본격적인 판매가 시작되었다. 우선 온라인 오픈-마켓을 통한 주문이 발생하기 시작했다. 또 판매 대행업체가 보유한 회원을 통한 주문이 들어오기 시작했다. 신이 난 소피아는 직원들과 주문에 맞춰 꼼꼼히 포장하고 계약된 택배사를 불러 고객에게 배송을 시켰다. 며칠 동안은 주문도 좋고 판매도 나름대로 잘 된다는 생각이 들었다. 그러나 이상하게 그 이상의 주문이 발생하지 않았다. 소피아는 조금씩 걱정이 들기 시작했다. “이거 판매가 안 되는 건가?”, “일 주문량이 최소 100개가 되어야 수지 타산이 맞는데…” 이런 저런 고민을 하던 소피아는 제품이 문제인지 아니면 경쟁상품에 비해 경쟁력이 없는 것인지에 대한 고민으로 밤잠을 잘 수 없었다. 이제부터 소피아의 고민은 어느 것이 문제인지를 찾아내고 판매를 위한 방안을 마련해야 하는 것이다.

마케팅은 마켓에 있다. 소비자의 욕구와 제품의 가치 제공이 어느 정도의 수준을 유지하기 위해서는 마켓을 통해 마케팅 전략을 추진해야 한다. 급격한 기술과 산업의 발전에 따라 소비자의 행동 패턴도 계속해서 바뀌며, 구매에 대한 변화하는 소비자의 기대, 관점 및 행동은 소비 트렌드로 나타나며 이에 맞추어 마케팅 전략도 진화하여야 한다. 요즘은 브랜드와 고객의 접점의 빈도가 높아지고 있어서 고객이 어떤 방식을 통해 브랜드와 교류하는지에 관계없이 어디서든 일관되게 매력적인 고객 경험을 전달하는 것이 비즈니스의 성패를 가르는 중요한 요소로 작용하게 되었다.

많은 기업들은 정확한 고객 데이터가 경쟁 우위를 위한 포석이라고 생각하고, 다양한 멤버십 프로그램을 운영하고 있다. 이면을 보면 멤버십 프로그램으로 수집한 고객 정보만으로는 비즈니스에 영향을 줄 만큼 유용한 정보를 얻기 어려운 경우가 많다. 코스트코나 넷플릭스처럼 유료로 멤버십 프로그램을 제공하는 브랜드의 경우, 고객이 브랜드에 거는 기대가 늘어나는 것과 동시에 혜택을 받기 위해 브랜드가 자신의 정보를 수집하는 데 다소 열린 태도를 보인다. 신제품이나 행사, 가격 할인, VIP 서비스와 같은 혜택을 고객에게 제공한다면, 비즈니스에 유용한 정보를 얻을 수 있으며 이를 통해 멤버십 프로그램의 효과를 높일 수 있다.

최근 인터넷 통신 속도와 다양한 앱 등으로 인해 스마트폰의 발전이 가속화되고 그 보급률은 예전 어떤 기기보다도 속도가 빠르다. 결국 디지털 영향력이 증가함에 따라 오늘날 소비자의 기대에 부응하기 위해서는 개인화된 고객 경험을 제공할 수 있어야 하며, 이를 위해 향상된 데이터 분석 능력이 필요하다.

앞으로 소비자는 제품을 구매할 때, 스마트폰, 음성인식 인공지능 스피커나 스마트 TV, 커넥티드 카(Connected Car)[4] 등과 같은 종합 기술을 보유한 제품을 더 많이 활용할 것으로 보인다. 소비자는 물건을 구입하는 과정에서 다양한 채널과 기기를 사용하여 손쉽게 구매할 물건에 대해 조사할 수 있고 사용 후기 등의 리뷰를 남기는 등 직간접적으로 브랜드와 교류하고 있다. 이처럼 브랜드에 대한 기대를 형성하는 과정은 단순한 거래가 아닌 관계를 형성하는 과정에 가깝다. 이런 기술을 통한 구매과정은 소비자 행동을 보다 잘 이해할 수 있고 브랜드는 개인화된 서비스를 제공할 수 있게 된다. 이제 모든 브랜드는 스스로를 데이터 및 기술 기업이라고 생각할 필요가 있다. 이러한 현상은 쌍방향 커뮤니티의 발전을 이룩하였고, 오늘날의 소셜미디어 커뮤니티라는 SNS 마케팅뿐 아니라 고객 서비스 측면에서 필수적인 요소가 되었다. 또한 소셜미디어는 고객이 불만을 표출하는 데 있어서 가장 강력한 채널이기도 하다.

소비자는 빠른 시간에 더 많은 물건을 구매하려고 한다. 온라인 매장을 돌아다

4) 커넥티드 카(connected Car) - 자동차와 IT 기술을 융합하여 인터넷 접속이 가능한 자동차. 커넥티드 카는 다른 차량이나 교통 및 통신 기반 시설(infrastructure)과 무선으로 연결하여 위험 경고, 실시간 내비게이션, 원격 차량 제어 및 관리 서비스뿐만 아니라 e-mail, 멀티미디어 스트리밍, SNS까지 제공한다.

니는 것은 실제 매장을 다니는 것보다 덜 번거로울 것 같지만, 소비자 관점에서 보면 색다른 결과를 얻을 수 있다. 소비자에게 온라인 매장을 돌아다니는 수고가 커질수록, 다양한 물품을 선택할 수 있는 오프라인 매장으로 눈을 돌릴 것이다. 이렇듯 기업은 마케팅 측면에서 온라인과 오프라인을 적절히 배합하여 구사할 수 있다. 즉, 온라인을 통해 오프라인에서의 쇼핑 시간을 단축할 수 있도록 고객에게 제공하는 것은 마케팅 측면에서 브랜드 가치 상승의 기회가 될 수도 있다. 이러한 소비자 행동을 분석해서 가장 선호할 것으로 예측되는 제품을 추천할 수 있다면, 더 많은 매출을 기대할 수 있을 것이다. 특이한 점은 많은 기업이 다양한 채널에서 일관된 고객 경험을 제공하기 위해 노력하고 있으나 디지털로 둘러싸인 환경에서는 경로를 초월해 개인화된 콘텐츠로 브랜드 충성도를 높이고 고객에게 최선의 경험을 제공하는 것이 중요하다.

기업들은 시장에서의 우위를 위한 마케팅을 통해 도약의 기회로 활용하여 성공적인 토대를 마련하는 경우가 많다. 기업은 시장은 언제나 불경기라고 생각해야 한다. 제품에 대한 다양한 위협요소가 존재하며, 어느 순간 유행인 경우도 있고, 생각지도 못한 대체품이나 경쟁상품이 나타나기도 한다. 이러한 이유로 시장은 변화무쌍하며 이러한 무한경쟁 속에서 살아남고 성장하기 위해서는 공격적인 마케팅을 할 필요가 있다.

기업은 마케팅을 전개할 때는 적극적이고 주도적으로 추진하면서 전략의 변화를 주어야 성공할 수 있다. 최근 시장에서 소비자 선호도는 고가 제품보다는 품질은 우수하면서 가격도 저렴한 가치 있는 제품에 관심이 매우 높아지고 있다. 예를 들자면, 문화가 있는 고급 커피 스토어 이미지인 스타벅스의 커피 구매가 줄고, 반면 가격 대비 맛이 좋은 맥도널드 커피에 대한 수요가 증가한 사례인데, 이러한 현상이 발생하자 스타벅스는 판매 실적이 부진한 매장을 폐점하는 등의 구조 조정과 판매 전략을 수정하여 실시하였다.

이러한 예로 볼 때, 광고나 마케팅을 통해 판매하는 제품이 과거 고급 이미지에서 일반 대중적이고 가치를 제공하고 있다는 이미지로 전환시켜 시장을 확대하는 것도 하나의 전략이 될 수 있다.

제품을 소비자 선호에 맞도록 재포장할 필요가 있다. 소비자 구매 패턴이 수시로 변화하는 속성을 활용하여 소비자들이 원하는 제품 포장과 기존에 있는 제품을 재포장해 적은 비용으로 큰 성공을 거둘 수 있으며, 또한 신제품이라는 이미지를 소비자에게 심어줄 수 있다는 장점이 있다.

인터넷의 보급과 국가 간 거래가 활발한 벽이 없는 글로벌 시장이 형성됨으로써 소비자들의 생활 패턴에 많은 변화가 발생하는 것을 주목해 볼 때, 제품에 대한 가격을 재분석하는 것은 매우 중요하다. 특히, 자사의 경쟁력을 높이기 위한 한 방법으로 대부분의 기업들이 경쟁제품과 비교하여 가격 인하에 대한 많은 유혹을 접하게 되나 무턱대고 가격을 내리는 것으로 새로운 문제가 야기될 수 있다. 제품 가격을 인하하면 해당 업체에 대해 고객들은 항상 가격을 내릴 것으로 인식하게 되므로 낮아진 가격을 정상가격으로 다시 올리는 경우 소비자의 저항에 부딪혀 고객 외면에 직면할 수 있다. 가격 인하는 기업 순익을 감소시키고 또한 장기적으로 시장에서 제품을 판매할 수 있는 능력을 상실시킬 수 있음을 명심해야 한다.

경영학에서 시장세분화, 표적시장 선정 후 포지셔닝을 수립하면 다음 단계로 제품, 가격, 유통, 그리고 판매촉진 등의 각 분야의 전략을 수립한다. 각 전략을 믹스하여 아래 제시된 4P 믹스 전략 표와 같이 믹스 전략을 수행한다.

제품 전략 (Product)	가격 전략 (Price)	유통 전략 (Place)	프로모션 전략 (Promotion)
제품믹스는 하나의 기업이나 하나의 사업단위가 생산 및 판매하는 모든 제품을 말하며, 이 중 특정 기준에 따른 유사제품의 집합을 제품계열(Product line)이라고 한다.	가격이란, 구매자가 제품이나 서비스를 교환(소유)하는 대가로 지불하는 화폐가치로 원가의 보상과 이익의 원천이 되며, 탄력성이 매우 높고(광고의 20배), 변경 시 즉시 시행할 수 있다는 장점이 있으며, 가격 정책을 실행에 옮기는 데에 비용이 들지 않는다는 특징이 있다.	유통은 제품이나 서비스가 생산자로부터 소비자에게 전달되는 과정을 말하며, 유통경로는 이 과정에서 개입되는 상호 의존적인 일체의 이해관계 조직을 말한다.	Pull전략과 Push전략을 통해 홍보 및 광고를 적절히 수행한다.

Ⅱ PART

경영 기본

경영과 경영환경의 이해

일반적으로 경영을 '사람이 생산한 효용과 가치를, 시장을 통해 타인과 교환할 수 있도록 하는 행위'로 표현할 수 있다. 경영학에서는 경영이란 '조직의 목표를 설정, 고도의 업무 수행을 위해 조직의 자원을 효율적이고 효과적으로 사용하기 위한 의사결정을 행하는 행동'을 말한다. 그러나 실제적인 산업 현장은 이론과는 확연히 다른 모습을 보여 준다. 따라서 경영을 일반적인 의미나 경영학의 이론적 관점에서만 바라볼 것이 아니라, 기업이 속한 현재 산업구조와 형태에서 정의하는 것이 더 바람직할 것이다.

현대적 관점의 경영이란 궁극적으로 '조직의 인적·물적 자원을 잘 활용하여 좋은 산출물이 나오도록 계획하고, 필요한 조직을 구성하며, 이러한 조직 구성원들을 지휘·관리하면서, 결과를 검토하고, 통제해 나가는 일련의 활동'이라고 할 수 있다. 이 정의를 보면 경영은 사업의 모든 과정에 관여된 활동이라고 할 수 있다. 그러나 엄밀한 의미에서 경영은 사람에 관한 것이다. 결론적으로 경영의 진정한 본질은 사람을 통해서 복잡한 것이든 특수한 것이든 목표한 성과를 낼 수 있도록 바꾸는 것이다. 목표한 수준이나 성과를 위해 필요한 전반적인 것들을 다루는 활동을 경영 활동이라 한다.

'창업'이 창업자가 아이디어와 자본을 가지고 기존에 없던 것에서 새로운 일을 일으키는 것이라면, 창업된 사업을 유지하고 발전시켜 성장시키는 일을 '경영'이라 할 수 있다. 엄밀히 말하면 경영의 범주에 창업이 포함되기는 하나, 최초에 사업을 시작하는 과정인 창업은 행동 진행형의 사고가 지배적인 반면에, 기존 기업이 존재한 상태에서 유지, 발전, 성장하는 일은 그 깊이와 방향에 있어서 전략적 진행형이 우세하다고 할 수 있다. 따라서 창업은 혁명적 사고를 가져야 하고, 경영은 혁신적인 사고가 필요한 것이다.

경영학자인 피터 드러커는 "미래를 예측하는 가장 확실한 방법은 미래를 만드는 것이다."라고 말하였다. 그렇다면 미래는 어떻게 알 수 있을까? 그 답은 본질의 이치를 알고, 그 이치를 바탕으로 스스로 원하는 미래를 만드는 데에 있다. 산업에 종사하는 경영자들은 작금의 기업 환경을 '다변화하고 초고속 기술 변화와 함께 예측하기 어려운 각종 이슈들로 흡사 전쟁터를 방불케 한다'고 말한다. 이렇듯 치열한 경쟁 환경하에서 기업을 경영하기 위해서는 이론적 기본을 가지고 접근하는 것도 중요하지만 변화에 신속히 반응하고 미래를 예측하며 주도할 수 있는 전략과 빠른 속도로 실행하여야 한다. 전략이라는 용어는 군대에서 유래된 말로서 전쟁에서 이기기 위한 수단으로서의 책략을 말한다.

경영 환경의 변화는 결국 기업의 흥망에 상당한 영향을 주기도 한다. 생물학의 적자생존[1]으로 유명한 찰스 다윈(Charles Darwin)[2]의 진화 법칙은 환경은 끊임없이 변화하며 이 변화하는 환경에 적응하지 못한 생물은 살아남지 못한다는 이론이다. 마찬가지로 기업의 생존에도 적자생존이 적용된다.

1995년 1월에 출범한 세계무역기구(World Trade Organization, WTO) 체제 이후 국가들은 경쟁하듯 자유무역주의(Free Trade Movements)[3]를 표방하며 국경이 없는 글로벌 경제시대가 되었고, 한국기업에 새로운 고민거리인 강력한 경쟁자가 생기게 된다. 자연스럽게 한국기업들은 중국, 타이, 인도네시아, 말레이시아 등 동남아기업들과도 경쟁하게 되었다. 특히, 인건비가 중요한 산업 분야에 속한 기업들은 새롭게 등장한 저임금과 노동력이 풍부한 국가들의 기업과 경쟁 구도에 대비할 수 있는 대안이 없었으며 많은 기업들이 도산하고 말았다.

기업을 둘러싼 경영 환경의 변화를 감지하고 준비하지 못한다면 언제라도 기업

1) 적자생존 - 환경에 가장 잘 적응하는 생물이나 집단이 살아남는다는 의미를 가진 문구. 진화론 분야에서 처음 사용되었다.

2) 찰스 다윈(Charles Robert Darwin) - 생물진화론을 정하여 뜻을 세운 영국의 생물학자이다. 1859년에 진화론에 관한 자료를 정리한 《종(種)의 기원(起原)》이라는 저작을 통해 진화사상을 공개 발표하였다.

3) 자유무역주의 - 국가 권력에 의한 보호・통제・제한・금지 등의 간섭이 없는 자유로운 외국무역을 자유무역이라 한다.

은 심각한 상황에 직면할 수 있다는 것을 보여 준 하나의 예일 것이다. 이러한 현상을 볼 때 기업이 내·외부 경영 환경을 분석하고 환경 변화에 대한 전략을 수립하는 전략적 경영을 해야 하는 더욱 중요한 이유가 된다.

경영 환경에 영향을 주는 요인은 크게 내부 환경과 외부 환경으로 구분하며, 내부 환경이란 기업이 보유한 유형 자원, 무형 자원, 인적자원과 핵심역량을 의미한다. 핵심역량은 기업의 성공 여부를 살펴볼 수 있는 지표이기도 하다. 경영 자원에서 개별사업단위의 경쟁우위 원천으로서 핵심역량은 기업의 성장 근원이 될 수 있다.

기업의 외부 환경으로는 기술의 변화, 경쟁의 변화, 사회·문화적 환경, 정치·법률적 환경, 경쟁적 환경, 인구통계학적 환경 등으로 구분할 수 있다. 만일 위협적인 환경 변화를 예측하고 선제적으로 대비한다면 사업에 있어서 새로운 기회로 만들 수 있다.

외적 경영 환경에 기술의 변화, 경쟁 구도의 변화, 사회·문화의 변화, 정치·법률의 변화 등이 있다고 언급하였다. 이러한 환경에 대한 부분은 외적인 요인으로 기업이 영향력을 행사하는 것이 아니라, 영향을 받는 환경적 요인으로서 기업이 통제할 수 없는 것이 대부분이다.

기술이 변화하면 산업과 시장도 변화한다. 기술의 변화는 시장의 변화를 이끌고, 그에 맞추어 소비자의 기호도 변화한다. 기업은 이러한 변화에 적응하여 미래를 준비할 필요성이 있다. 일본의 대표적 중견기업으로 일본의 성공한 베스트 30대 기업인 무라타 제작소[4]는 변화에 적응하는 기업만이 살아남을 수 있다는 기업 생태계 원리에 충실하여 세계 최고의 기술을 가지고 있으며, 시장 요구에 맞는 상품의 개발에 주력하는 기업이다.

최근의 기술 발달은 과거와 다른 양상을 보여 주고 있다. 특히, IT 기술의 발달이 기업에 미치는 가장 근원적인 변화는 시간과 장소, 그리고 비용의 제약들로

4) 무라타 제작소 - 교토부 나가오카쿄시에 본사를 둔 전자 부품의 제조 및 판매하는 일본의 기업이다. 일본 국내 기업 시가 총액 베스트 30에 해당되는 TOPIX Core 30에 소속되어 있다.

인해 통제되지 못했던 부분들이 통제와 관리가 손쉬워지면서 효율성이 증가하게 되었다. 즉, IT 발달이 기업의 운영 방식을 변화시킴으로써 비용을 절감하고 효율성을 극대화하는 효과를 가져온 것이다. IT의 발달이 기업 내부뿐 아니라 기업 외부까지 확장되어 기업 간 네트워크에서 매우 효과적인 수단으로 작용함을 보여주고 있다. 여기에 그치지 않고 IT의 발달은 전통적인 제조기업이나 서비스 기업으로 하여 기존의 제약에서 벗어나 새로운 가치를 창출 가능하도록 이끌고 있다. 즉, IT 발달은 고객 가치를 창출하고 제공하는 방식을 변화시킨 것이다. 여러 가지 제약의 극복을 통하여 통제가 가능해짐에 따라 기업 내・외부의 운영 방식이 효율화되는 것은 기업 자체의 경쟁력 제고와 그로 인한 부가가치 창출도 가능하지만, 고객과 직접적으로 접촉하는 단계에서도 새로운 가치를 창출하는 것이 가능해졌다. 구글과 같은 기업들이 네트워크를 기반으로 한 새로운 수익창출 모형을 성공적으로 정착시킨 사례나, 웹상에서의 서비스가 셀프서비스 중심으로 제공방식이 변화하는 양상 등이 대표적인 예가 될 것이다.

경제 환경의 변화에도 주의해야 한다. 경제적 환경 요인은 국가 성장률, 인플레이션, 이자율, 환율, 실업추세, 노동비용, 경기 순환 단계, 무역 흐름과 패턴, 통화정책, 주식시장, 날씨와 기후 변화 등 총체적으로 경제에 미치는 영향 인자들을 말한다. 결국은 경제의 시스템을 구성하는 생산 주체가 기업들이기 때문에 항상 경제 환경에 영향을 받는다. 이러한 이유로 기업은 경제체제, 경기 변동, 경제 규모, 그리고 경제 정책 등에 세밀한 관찰이 필요한 것이다.

한국은 지난 50여 년간 괄목할 만한 경제성장을 이루어 1인당 GDP 3만 달러에 달하는 선진국 진입이 눈앞에 이르렀다. 한국은 인구 5,000만 명이 넘으면서 1인당 소득 3만 달러 수준이 되었으나 2008년 글로벌 금융위기 이후 세계적인 경제성장 부진에 따라 인해 한국경제는 성장률이 둔화되어 저성장의 늪을 헤어나지 못하고 있다. 최근 한국경제는 압축 성장에 따른 부작용 또한 우려할 만한 수준으로, 저성장과 양극화 문제가 심각한 사회문제로 대두되고 있다. 한국 경제학자들의 예측과 같이 2017년부터는 2%대의 저성장시대에 접어든 실정이다.

국내·외 경제의 저성장 기조가 장기화 조짐을 보인다면, 무엇보다도 현금 유동성 확보와 원가절감, 구조조정을 기반으로 한 수익성과 내실 위주 경영체제 구축이 필요하다. 특히, 저성장이 예상되는 경우라면 재고와 매출채권 관리를 더욱 철저히 해야 하며, 현금 흐름을 중시하는 경영을 해야 한다. 또한, 위험 요인을 파악한 후 이를 중점적으로 관리해야 한다.

예측되는 경제 환경의 변화에 따라 기업들은 사업 포트폴리오를 재점검하여 핵심사업과 핵심역량 위주로 사업을 재편하는 작업도 필요하다. 즉, 사업 포트폴리오의 재조정을 통해 비주력, 비핵심, 적자사업은 아웃소싱이나 전략적 제휴, 매각, 또는 최악의 경우 청산을 통해 축소하거나 정리하고 핵심 사업에 자원을 보다 집중시켜야 하는 반면, 경쟁력이 있는 기업은 방어적 경영보다는 핵심역량 강화, 창조적 혁신과 신성장 동력 창출을 통해 수익성을 극대화할 수 있는 성장 지속 방안과 전략도 마련해야 한다.

무엇보다도 이러한 심각한 불황기는 시장의 지위가 바뀌고 산업구조가 재편되는 시기로서 한계기업의 도산과 구조조정으로 인한 시장 점유율 제고가 가능하다. 저성장 국면에서도 혁신과 신성장 동력 창출에 성공한다면 고성장을 지속할 수 있다. 이 시기에 수요자 측면에서 고객 니즈도 변화하게 되는데, 이를 먼저 파악하여 새 제품, 기술, 서비스, 비즈니스 모델을 선도하는 기업이 도약하고 성장할 수 있는 가능성이 높아질 것이다.

사회·문화적 환경은 기업의 상품 가치와 직결된다. 그동안 빠른 경제성장에 맞추어 먹고 살기 위해 노력했던 과거와 다르게 최근에는 선진국과 유사한 사회, 문화적 환경 라이프스타일과 소비문화 형태로 변화하고 있다. 현대 여성들의 두드러진 특징은 사회 활동이 늘어나고 있다는 것이다. 특히, 소매업에 크게 영향을 주는 여러 가지 환경 변화 중에 여성의 취업을 들 수 있다. 신세대 대부분의 여성은 자기의 직업을 갖고자 한다. 결혼 후에도 직업을 계속 유지하기를 원한다. 따라서 여성은 직장뿐 아니고 식사 준비, 육아 등 가정일로 쇼핑하는 데 많은 시간을 낼 수가 없다. 이러한 사회구조의 변화는 시간이 없어 쇼핑할 수 없는 여성들에게 편리성과 시간의 절약이라는 접근성 등의 가치를 제공하였고 궁극적으로 온라인 쇼핑몰 기업들이 급속한 성장을 할 수 있는 원동력 중 큰 비중을 차지하였다.

신세대와 구세대 간의 문화적 환경에도 많은 변화가 일어났다. 60대 이상의 기성세대는 일제식민지와 한국전쟁하에서 살아오고 생존과 직결된 문화로 주입식에 길들어져 왔으며, 50대는 그러한 부모의 영향을 받으며 살아왔다. 또한, 이들 기성세대들은 대부분 엄격한 가부장적 제도하의 대가족 속에서 전통적인 문화의식을 주입받으며 살아왔다. 그러나 전쟁과 가난을 경험하지 못한 신세대들은 핵가족 사회에서 가정과 학교교육을 통해 민주적 교육과 합리주의를 배웠다. 또한 기성세대는 농경사회에서 성장했지만 신세대는 산업사회에서 자란 것이다. 이러한 결과로 인해 신세대는 개인주의를 기본으로 합리주의와 보편주의 사고가 형성되었다. 이런 신세대의 사고는 새로운 상품가치를 만들었고 독특한 그들만의 시장경제를 형성하기도 하였다.

예전에 매우 인기가 높았던 〈리더스 다이제스트〉라는 잡지가 있었다. 〈리더스 다이제스트〉는 19개 국어로 2,800만 부가 팔리는 명실상부 잡지계의 글로벌 대표로서 여겨지기도 했지만 세대가 변화고 문화가 변했음에도 창간 이후 75년 동안 잡지의 형태와 내용에 시대 문화와 정신을 반영하지 않음으로써 전혀 신세대의 시선을 끌지 못하여 결국은 역사 속으로 사라질 위기에 이르렀다.

정치·법률적 환경은 기업에 치명적인 영향을 줄 수 있다. 자유무역으로 인하여 중국의 값싼 농산물이 들어와 국내 농수산업계가 큰 타격을 받게 되었고, 제조업에서도 일본의 우수한 전자, 전기제품과 동남아산 저가 제품과의 경쟁을 피할 수 없게 되었다. 이 자유무역은 국제 정치적 문제로서 피할 수 없는 상황이며, 국내·외를 막론하고 살아남기 위한 치열한 경쟁을 벌여야 하는 현실이 되었다. 이러한 환경 속에서 기업의 경영 전략 수립은 매우 중요한 부분이다.

경영 전략의 수립이란 기술적, 사회적, 정치·법률적, 경쟁적 기업 환경의 변화 속에서 자사의 기업 목표(예: 매출증대 혹은 이익증대 등)를 달성하기 위해 전략을 수립하는 것이다. 즉, 전략적 경영을 위한 방법론을 말한다.

이러한 경영 전략을 수립하기 위해서는 우선 '성장할 것인가(성장 전략)', '현상 유지(안정화 전략)할 것인가', '사업을 축소할 것인가(축소 전략)'로 구분하며, 이를 귤릭[5)]의 기업 전략 유형이라고 부른다.

첫째로 성장 전략(Growth Strategy)이란 기업의 규모를 증대시키고 현재의 영업 범위를 확대하는 공격적 전략을 의미한다. 성장 전략은 산업에 있어서 장기적 생존을 위해서 필요한 전략이다.

기업의 매수, 합병에 의한 외향적 성장은 다른 기업을 매수하거나 합병하여 성장하는 것을 원한다. 미국, 영국, 일본에서는 이러한 기업 매수, 합병이 많이 일어나고 있으며 요즘 스타트업 붐과 더불어 우리나라에서도 이에 대한 관심이 높아가고 있다.

일반적으로 안정화 전략(Stability Strategy)은 중간 정도의 사업성이 있는 산업에서 성공한 기업에 적절한 전략이라 할 수 있다. 또한 안정화 전략을 그냥 아무것도 하지 않거나 이익증대 목표를 포기하는 전략이라고 생각해서는 안 된다. 이것은 기존 사업의 효율성 증대를 목표로 전략 방향을 설정한다는 의미이다. 즉, 같은 제품과 서비스, 같은 시장, 같은 기능을 유지하며 기존 사업에서 효율을 증대시키는 데 초점을 맞추는 것이다. 따라서 같은 사업에서 목표의 이익을 달성하기 위해서는 제품포장을 변경한다든지, 가격의 변화를 꾀한다든지 하는 등의 경쟁적인 전략을 사용할 수가 있는 것이다.

축소화 전략(Retrenchment Strategy)은 제품(또는 서비스)과 시장, 그리고 기업 기능을 축소화하는 것을 말한다. 즉, 결손을 보는 사업을 운영하는 전략이다. 이 전략은 어떤 산업에 사업성이 있을지라도 경쟁력이 없을 때에 수행하는 것이 좋다. 경쟁력 저하는 매출이익의 저하와 자금 부족 현상을 초래할 수 있기 때문에 축소화 전략을 통해, 종업원을 해고하고 R&D 비용, 마케팅 비용 등 여타 비용지

---

5) 귤릭 - 미국의 행정학자. 일본 오사카(大阪) 출생. 컬럼비아대학에서 박사학위를 받은 뒤, 1920년부터 약 20년간 뉴욕의 행정연구소장으로 활동하였다.

출을 축소시켜 기업의 위험 요소를 줄일 수 있다. 또한 외상매출금의 조기 회수를 강화하며 자산을 매각하여 다른 사업에 투자할 수도 있다.

마지막으로 복합 전략(Complex Strategy)이란 한 기업에서 여러 종류의 사업을 하고 있을 때 각 사업별로 성장 전략, 안정화 전략, 축소화 전략을 동시에 사용하는 경우이다. 또한 같은 기업이 과거에는 성장 전략, 현재에는 안정화 전략, 미래에는 다시 성장 전략 등 단계적으로 여러 전략을 사용하는 것을 의미한다.

성장기에 있는 사업은 성장 전략이 가능하고 성숙기에 있는 제품은 안정화 전략, 쇠퇴기에 있는 제품은 축소화 전략을 사용한다. 외부 환경의 이러한 변화가 어떤 사업에는 사업의 기회로, 또 다른 사업에는 위협으로 작용할 수 있으므로 환경의 변화에 따라 각기 다른 전략을 사용해 기업의 성장기회로 작용하게 할 수 있는 것이다. 하나의 사업만을 수행할 경우에는 시간의 흐름에 따라 외부환경의 변화 또는 제품의 수명주기가 변화함으로써 과거, 현재, 미래의 각 상황에 적절한 전략을 사용하게 된다.

21세기는 '4차 산업혁명'[6]이라 불릴 만큼 유례없는 경제, 문화, 사회, 정치와 기술적 환경 변화가 혁명적으로 도출되는 무한 패러다임의 시대이다. 이 환경이 변화는 사업에 위협을 가하기도 하고 때로는 기회를 주기도 한다. 이러한 변화를 미리 예측하여 더욱 번창하기 위한 여러 가지 수단(전략)을 수립하는 것이 전략적 경영이라고 말할 수 있다.

이 경영 편에서는 경영에 기본적 이해와 함께 경영 활동에 필요한 인사관리 전략, 재무관리 전략, 생산(제조)관리 전략, 그리고 마케팅 전략에 대해 다루어보고자 한다.

6) 4차 산업혁명 - 인공 지능, 사물 인터넷, 빅데이터, 모바일 등 첨단 정보통신기술이 경제 · 사회 전반에 융합되어 혁신적인 변화가 나타나는 차세대 산업혁명

장면 #1

창업을 통해 약간의 성공을 거두긴 하였으나 기업 환경과 시장 환경의 변화에 따라 회사가 어려워지는 지경에 이르자, 필립은 새롭게 회사를 지탱할 아이템을 찾기 시작하였다. 경제 환경이 어려워지고 경쟁 구도 또한 치열해지고 있는 것을 이미 알고는 있었으나 대비하지 못한 측면이 있음을 알았다. 필립은 기존의 회사는 축소해서 그대로 유지하고 새로운 사업아이템에 맞도록 조직을 운영할 필요를 느꼈다. 다행스럽게도 기존의 사업을 통해 약간의 자본을 축적하고 있어서, 신규 사업을 발굴하고 진행하는 데에는 무리가 없다는 판단하에 신규 사업 계획을 수립하기 위해 팀을 구성하였다. 새로운 사업을 위한 조직은 기존에 추구했던 사업과 다른 점이 많고 최근의 4차 산업혁명이라는 화두에 부응할 그런 아이템으로 선정하려고 한다.

1. 인사관리 전략

전통적 의미의 인사관리란 기업 조직의 전략적 목표 달성에 필요한 인력과 자원을 조달하고, 이를 활용하는 계획적·조직적 관리 활동 체계를 말한다. 따라서 경영자로서 또는 관리자로서 조직의 인사관리 목표, 영역 그리고 방법에 대해 충분히 이해하고 있어야 한다. 그러나 과거와 달리 현대의 인사관리는 포괄적 성격의 인적자원이라는 측면을 가지고 있다. 이는 단순히 직원을 채용하는 것을 넘어 기업 내 조직이 내부 인력과 외부로부터의 인력을 수급하여 목적하는 업무와 분야에 인적자원을 적절하게 배분함으로써 기업이 목표하고자 하는 것을 달성할 수 있도록 하는 것이다. 따라서 이러한 인사를 추진할 때, 명확한 성과 목표를 수립하고 전략적인 접근과 관리가 필요하다.

체계화된 조직일수록 인사관리의 가장 주요한 목표는 조직의 전략적 목표 달성을 위해 적합한 직원을 선발, 육성하여 그들이 조직을 위해 성실히 수행하게 하고자 하는 목적이 있다. 주의할 것은 인사관리는 각종 법적 요건과 사회 일반규범 및 윤리적 가치에 의해서 제약을 받을 수 있다는 점이다. 만약 이를 준수하지 않을 경우 조직의 정당성이 위협받게 되거나 심하면 조직의 존립 자체가 흔들릴 수도 있다. 따라서 인사관리는 특히 정당성 요건을 적극적으로 수용하고 조직 특유의 사람관리에 대한 가치를 마련하여 이를 통해서 직원이 조직에 대한 몰입과 공헌을 증대시켜 조직의 성과를 높일 수 있어야 한다.

최고경영자를 포함한 관리자는 인사관리의 주체로서 조직의 활동 목표를 결정하여 수행한 후 결과를 평가하고, 이에 따라 직원을 육성하고 보상하는 권한과 책임을 지고 있다. 조직을 최적화시켜 목표를 달성하기 위해서 인사관리 대상은 조직의 모든 직원이 되는 것이다. 경영자뿐 아니라 회사 내 모든 사람이 포함된다. 따라서 인사관리의 정책과 제도를 형성하는 주체는 관리자나 경영자이지만, 일단 정책과 제도가 형성되면 기업 소속의 모든 인력은 해당 규정에 적용을 받게 된다.

일반적으로 조직에서 발생하는 사람과 관련된 모든 의사결정이 인사관리 영역이 된다. 이처럼 인사관리 영역은 인력의 모집, 선발, 평가, 개발, 유지 등과 관련된 제반의사결정 및 활동으로 제한되었으나 최근에는 조직의 전략과 인사관리의 통합이 강조되면서 인사관리 영역이 확대되고 있다. 이는 경쟁이 심화되면서 조직 내 제반 직능활동의 조정이 중요시되고, 특히 기업경쟁력의 원천으로서 인사관리의 중요성이 커졌기 때문이다.

최근에는 인사관리에 선진화된 경영시스템의 도입으로 새로운 전환기를 맞이하고 있다.

말 그대로 단순한 관리 차원인 인사관리(Personnel Management, PM)에서 인적자원관리(Human Resource Management, HRM)로 발전하였고 더 나아가 인사자원관리개발(Human Resources Development, HRD)까지 일련의 교육활동을 인사관리의 핵심으로 하는 인사관리 패러다임이 변화하고 있다.

마지막으로 인사관리의 방법은 사람관리의 원칙으로서 자발성과 자율성이 강조된다. 직원의 조직에 대한 자발적 공헌의지와 작업과정에서의 자율적 판단이 대단히 중요하다. 직원의 자율성과 자발성은 기본적으로 조직에 참여하는 사람들의 욕구를 어느 정도 충족시킬 수 있는가에 달려 있다. 나아가 조직은 직원의 욕구를 수동적으로 충족시키는 차원을 넘어서, 적극적으로 개인의 욕구를 형성하고 이의 실현기회를 제공하는 것이 중요하다.

인사관리의 정의를 정리하면 조직 구성원들이 자발적으로 조직 목적 달성에 적극적으로 기여하게 함으로써 조직의 발전과 함께 개인의 안정과 발전도 함께 달성하게 하는, 조직에서의 사람을 다루는 관리자들의 철학과 그것을 실현하는 제도 및 기술의 체계라고 할 수 있다.

인적자원관리가 기업경쟁력의 원동력으로 작용함에 따라 기업들은 인재육성에 초점을 두고 있다. 삼성, GE 등 글로벌 기업들은 핵심인재를 선발하고 육성하는 데 집중하고 있는 반면 통계 프로그램을 개발하는 SAS나 중국의 알리바바 등은 고용을 보장하는 등 신뢰문화 구축을 통해 모든 직원들의 잠재력을 최대로 활용하는 데 초점을 둔다.

'경영은 곧 사람이다'라는 말이 있을 정도로 경영에 있어서 인사관리는 매우 중요하다. 기업의 인사(인적자원)관리는 기업 활동의 성과를 좌우하는 활동이다. 기업이 자금과 기계, 원료 등의 생산 요소를 결합하여 가치를 창조하는 것은 이를 결합하는 인간의 정신적·육체적 능력에 의한 것이며, 이들 성과는 개인의 역량이나 노력이 아니라 기업에 참가한 많은 상이한 활동을 하는 사람들의 협동에 의하여 이루어지는 것이다. 조직에서 일의 결과는 대부분 그것을 수행하는 사람에 의해 결정되는 것을 보면 이처럼 사람을 관리하는 인사관리의 중요성은 아무리 강조해도 지나치지 않을 것이다. 경영에서 경영자나 관리자의 인사정책이나 인사방침과 같은 인사철학이 중요한 영향을 주게 되는데, 주요 인사정책으로는 임금제도나 승진제도 같은 것이 있다. 임금제도는 임금 결정에 영향을 주고, 승진제도는 승진에 대한 결정적인 영향을 줄 수 있으므로 인적 요소의 구성을 합리적으로 하려면 먼저 인사 정책이 합리적으로 이루어져야 한다.

하드웨어적인 물적 요소가 아무리 좋아도 소프트웨어적인 인적 요소의 구성이 잘못되면 조직의 성과가 좋아질 수 없다. 따라서 이러한 인사관리의 중요성에 대하여 기업에 종사하는 직원 개인적 차원, 기업의 차원, 사회적 및 국가적 차원에서의 중요성을 파악할 필요가 있다.

개인적 차원의 중요성은 조직 구성원에 대한 경제적, 안정, 사회적, 자존과 자아실현의 욕구 등 모든 욕구를 충족시켜주는 관리로 매우 중요하다. 임금문제, 승진문제, 고용안정문제는 근로자들의 직접적인 이해관계가 있는 부분이면서 근로자들의 생계수단이 되는 중요한 문제이기 때문에 개인적 차원에서 심리적·육체적·사회적 안정을 줄 수 있는 합리적인 인사관리가 되어야 한다.

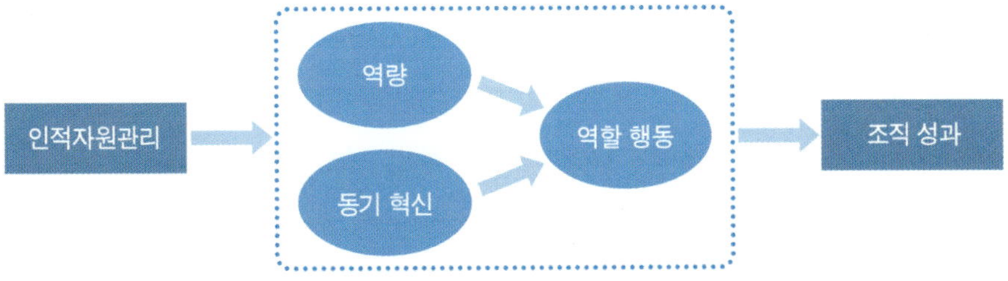

| 인적자원관리가 경영 성과에 영향을 미치는 기본 메커니즘 |

기업은 이윤창출의 목적을 가지고 있다. 이러한 목적을 달성하기 위한 기업은 자사의 경제성과 경쟁력이 중요시된다. 특히, 가격 경쟁력과 품질 경쟁력, 서비스 경쟁력을 통해 기업 전체의 경쟁력을 높여야 한다. 그중 가장 중요한 가격 경쟁력을 위해 원가 절감, 인건비 절감의 일환으로 구조조정, 정리해고와 같은 방법을 사용할 수 있고 인건비 절감을 위한 임금문제가 곧 인사관리와 직결되므로 기업 차원에서 인사관리의 중요성이 클 수밖에 없다.

기업은 경영 활동과 경제 활동을 통해 사회와 국가에 직·간접적으로 기여를 한다. 기업 활동에 따른 고용창출, 경제성장, 그리고 이익의 재분배 등은 사회복지 차원에서도 그 중요성이 크다고 할 수 있다. 기업 조직의 합리적이고 민주적인 인사관리는 고용의 안정, 소득 수준과 경제 수준의 향상, 물가의 안정과 사회의 안정, 노사관계의 안정, 국민경제의 발전 등 우리 사회에서 매우 중요한 역할을 하게 되므로 인사관리 전략은 매우 중요하다.

성공적인 인사관리로 잘 알려진 구글은 2013년 포춘지의 일하기 좋은 기업 1위로 선정된 바 있다. 2012년에 이어 2년 연속 1위를 차지한 것인데, 그 비결에 여러 가지 이유가 있지만, 특히 구글만의 빅데이터를 활용한 인사혁신에 주목할 필요가 있다. 구글에는 "직원과 관련된 모든 의사결정은 데이터 분석에 기초한다"는 모토를 가진 독특한 인사부서가 있다. 통상 POPS(People Operations)라고 불리는 조직으로, 스물 다섯 명의 통계학, 심리학, MBA 출신의 전문가로 구성된 '직원 분석팀(people analytics team)'과 People & Innovation Lab이 있는데, 빅데이터를 활용해 인사혁신을 주도하고 있다.

구글의 첫 번째 인사혁신 사례는 '옥시젠 프로젝트(Oxygen Project)'이다. 좋은 리더란 조직의 산소(Oxygen)와 같다고 해서 붙인 이름인데, 수만 건의 인사 빅데이터를 분석한 결과, 성과가 상위 25%에 드는 팀과 하위 25%인 팀을 구분 짓는 결정적인 요인이 관리자의 훌륭한 리더십이라는 점을 밝혀냈다. 2009년부터 좋은 리더들이 어떻게 행동하고 있는지를 분석해 '성공하는 리더의 8가지 조건'을 제시했다. '좋은 코치되기', 팀원에게 권한을 주고 '잔소리 안 하기', '부하의 성장과 행복에 관심 두기', '생산성과 결과를 중시하기', '팀원 말에 귀 기울이기', '부하의 경력개발 돕기', '뚜렷한 미래와 전략을 팀에 제시하기', '팀을 도울 수 있는 잘하는 기술 익히기' 등이 그것이다.

구글은 2010년부터 특별한 리더십교육을 실시했다. 매년 두 번씩 글로벌 사업

담당 리더를 위한 '상향평가 설문조사(Upward Feedback Survey)'와 엔지니어 리더를 위한 '기술 관리자 설문조사(Technology Managers Survey)'를 통해 진단을 하고, 그 결과를 피드백하여 리더 자신들이 부족한 부분이 무엇인지 파악하고 개선할 수 있도록 지원하였다. 그 결과 2012년 조사에서 리더에 대한 긍정적인 응답이 88%로 2년 전보다 5% 포인트 증가했다.

두 번째 혁신 사례로 '야누스 프로젝트(Janus Project)'를 들 수 있다. 구글은 채용과정에서 지원자에 대한 수십 페이지의 보고서가 만들어질 정도로 엄격하게 채용하기로 유명한데, 이러한 채용 관련 빅데이터를 분석한 결과, 기존의 채용과정이 너무 길고 복잡하다는 점을 발견했고, 채용 프로세스를 단순화하는 방향으로 바꾸고 있다.

세 번째 혁신 사례로 여성인력에 대한 것이 있다. 여성인력의 퇴직률이 높다는 문제를 해결하기 위해 빅데이터를 활용해 분석한 결과, 출산한 여성의 휴직기간을 5개월로 늘리고 휴직기간 동안에도 휴직 전과 동일한 급여와 복리후생을 제공했다. 그 결과 출산 여성의 퇴사율이 50%나 감소했고, 전체 여성 직원의 퇴직률도 산업평균 수준보다 낮은 수준으로 하락했다.

위의 사례로 볼 때, 구글이 인사관리에서 성공할 수 있었던 것은 빅데이터의 숫자나 크기, 과학적인 첨단 분석기법 때문만이 아님을 알 수 있다. 구글은 회사가 얼마나 직원의 생각과 마음을 읽기 위해 끊임없이 질문을 던지고 그 답을 찾으려고 노력했는가를 보여 주는 감성적 기업임을 알 수 있다.

| 중국의 성공한 기업들의 인사관리 전략 비교 |

구분	알리바바	하이얼	샤오미
경영 방침	• 사명 : 하늘 아래 어려운 사업을 없게 한다. • 목적 : 직원들이 즐겁게 일하고, 고객이 만족스러운 서비스를 누리며, 사회가 우리의 존재 가치를 인정하게 한다. • 9가지 덕목 : 협동 정신, 서로의 장점 배우기, 품질, 단순, 열정, 개방, 혁신, 집중, 서비스와 존중	최고 관리자는 부하직원이 그 존재가 있는지조차 알 수 없을 정도로 경영해야 한다.	• 참여감 3x3 법칙 • 3개 전략 : 폭발적 인기상품이라는 제품 전략, 직원들이 먼저 fan이 되는 사용자 전략, 스스로 미디어가 되는 콘텐츠 전략 • 3개 전술 : 참여의 마디 개장, 상호교류 방식 디자인, 입소문 사건 확산 • 경영철학 –우리의 꿈은 세상의 모든 삶을 샤오미의 디지털 라이프로 연결하는 것 –최고의 기업가치는 고객의 요구를 실시간으로 수용하는 것 –고객은 왕이 아니다. 고객은 친구이자 개발자이다. –샤오미는 집단 지성과 참여의식을 거래하는 회사
HR 원칙	• 규칙이 아닌 문화에 의한 관리 : 가치관 중시 • 기업의 역할 ① 고객의 이익 ② 직원의 이익 ③ 주주의 이익	• 능력 중심(장점, 평등, 균형, 존중)의 인본주의 경영 • 3不원칙 : 학력주의, 파벌관계, 개인적 인맥 척결 • 고객 중심, 속도 중시	• 제도보다 사람을 중시 : 비표준화된 서비스, 자발적으로 달려가는 마음
조직 구조	• 기업집단 형태의 대기업 구조 ① 자회사의 독립과 경쟁 유도, 전략 수립 및 의사결정 권한 가짐 ② 그룹센터 : 기업 집단 내 120명의 임원으로 구성, 장기 전략 및 핵심가치, 상호 협력 방향 설정	• 자주경영체(2,000여 개, 직원 40~50명당 1개 운영), 사업전략/인사/채용/보상에 대한 권한 부여 • 작고 수평적인 독립 커뮤니티 형태의 오픈 플랫폼 형태로 전환	• 빠른 의사결정 분화 ① 수평적 조직구조(3개 등급 : 경영진, 팀장, 팀원) ② 소규모 팀조직 운영, 프로젝트별 자율팀 운영 ③ 인터넷사고(집중, 극치, 입소문, 신속) • 자유로운 조직문화 : 자유로운 분위기 속에서 즐겁게 일할 수 있는 기업문화

	③ 25개 사업부 운영 : 제품 중심에서 사용자/서비스 중심으로 전환 • 캠퍼스문화 : '관리자-직원' 관계보다 스승과 제자, 학우와 같은 관계 • 인사부서 역할 : 기업문화와 가치관 관리, 직원 50명당 1명이 직원들 사이에서 근무		
인사제도	채용과 육성의 모든 단계에서 가치관에 역점을 둠 • 인재육성을 위해 교육 강조 : 알리학원 설립 직원 가치 향상	• 인재선발 : 3공 원칙(공평, 공정, 공개) • 돌고래식 승진제도 : 승진 신청서와 관련 서류 제출, 점수가 높은 직원 승진, 능력 여부와 관계없이 업무는 말단부터 시작	• 엄격한 직원 모집, 자유로운 업무 수행 • 직업기능인증 교육제도 : 소속감과 자발적 열의로 업무 몰입 • 업무 공간 인테리어 비용 지급
성과관리	• 성과 평가 : 실직 평가 50%, 가치관 평가 50% • 인재 유형별 관리 ① 사냥개형 인재 : 권한부여, 폭넓은 업무기회 제공 ② 들개형 : 제한적 활용, 자연스럽게 도태되도록 유도 ③ 토끼형 : 목표 및 구체적인 방향 제시	• 목표관리제도(MBO) : 기본급 30%, 목표 80% 이상 채우지 못할 경우 최저 생계비만 지급, 직원들의 자발적 참여 상소 • 책임 2 : 8법칙 : 담당자 20%, 리더 80% 책임 부담, 관리자의 역할과 책임 강조	• 이직률 최소(5% 미만) : 업계 평균보다 20~30% 높은 임금 지급 • 성과관리(KPI)제도 없음 : 신입 중시, 직원이 고객과 소통하면서 성과 창출, 관리자가 아닌 사용자들이 직원을 평가 • 승진제도 없음 : 고객들이 우수 개발자 평가, 자유롭게 업무 수행
Key	**[알리바바]** 창업자의 강력한 카리스마를 바탕으로 '룰 보다는 문화' 경영, 콜센터도 정직원으로 선발 **[하이얼]** '자주경영체'라는 사내 벤처 수천 개를 만들어 경영의 독립성을 보장하고, 기본급이 보상의 30%밖에 되지 않을 정도로 과감한 성과주의 도입. 직원 50명당 HR담당자 1명 배치 **[샤오미]** '경영진 – 팀장 – 팀원'으로 모든 임직원을 단순화. 승진 개념을 없애고 수평 구조 강조. 샤오미의 광펜을 직원으로 뽑아 직원들이 브랜드 전도사 역할을 하도록 활용		

알리바바의 마윈 회장은 인터넷 불모지였던 중국에서 B2B 전자상거래를 기반으로 글로벌 플랫폼으로 성장한 알리바바 그룹을 만들어 낸 입지전적의 인물이다. 대기업이 아닌 중소기업 간 전자상거래의 중요성을 직관적으로 캐치한 마윈 회장의 선견지명과 리더십의 결과라 할 수 있다.

알리바바의 인사관리에서 보여 주는 전략적 특징은 크게 3가지이다.

첫 번째로 규칙보다는 문화를 중시한 인사관리 수행이며, 두 번째로 경영 환경 변화에 대해 사람, 제도, 조직을 결합하여 대응하는 점이다. 마지막 세 번째는 마윈 특유의 리더십과 조직의 팀워크가 강하게 결합되어 있는 점이다.

알리바바는 가치관 경영을 중시하는 기업이다. 그 가치관에 따라 인재를 크게 세 가지로 분류하는데, 팀에서 성과는 있지만 협동 정신이 없는 사람을 ① 들개형, 사람은 좋지만 성과가 없는 사람은 ② 토끼형, 성과도 있고 협동 정신도 있는 사람을 ③ 사냥개형으로 분류한다.

앞서 분류된 세 가지 유형에 따라 선발과 육성, 평가와 보상을 실시하는 것이다. 먼저 인재 선발에서는 '사냥개형'의 사람을 뽑기 위해 4단계에 걸친 까다로운 선발 절차를 운영한다. 또한 지원자가 '들개형'의 경우는 제한적으로 활용하다 결국 도태의 길로 가지만, '토끼형'일 경우는 능력 개발과 업무 지원, 개선해야 할 목표와 방법까지 구체적으로 제시해 준다.

'알리학원'을 설립해 인재와 직원들의 교육에 투자해서 회사의 가치관과 업무능력 배양을 유도하는 점도 주목할 만하다. 이러한 교육을 통해 모든 구성원들이 자신의 가치를 높일 수 있는 기회를 제공받고 있는 것이다. 또한 인사 평가에서도 업무 실적을 50%, 가치관 및 기업문화 평가를 50%로 배정한다. 개인의 가치관이 우수해야 보상 및 승진의 기회가 주어지는 최소한의 제도와 규칙을 통해 조직의 가치관과 문화가 작동될 수 있는 가치경영 체계를 운영하고 있다.

경영 환경 변화에 대해 사람, 제도, 조직이 결합하여 대응한다. 마윈은 조직 내부관리의 중요성을 강조하며 다음과 같이 이야기했다. "회사의 성장은 사람과 조직이 성장하고 발전하는 과정이다. 모든 사람은 부족한 점이 있으니 조직의 구조로 이를 보완해야 하며, 사람과 조직은 반드시 내·외부의 변화가 있으면 따라서 변화해야 한다." 알리바바가 성장할 수 있었던 비결은 이러한 환경 변화에 대응하는 능력을 최대화했기 때문이라고 할 수 있다. 또한 변화 대응력의 핵심은 속도와 인내라고 했다. 위기와 변화에 선제적으로 대응하며, 이를 위해 사업과 조직, 그리고 사람의 체계적 변화를 강조했다.

인사부서의 운영 방식이 다른 기업과 다른 점은 별도로 인사담당부서를 운영하는 것이 아니라 직원 50명당 인사담당자를 한 명 배치하고 일반 직원들 사이에 배치되어 흩어져 근무한다. 이것은 인사담당자가 현업을 제대로 이해하고 현업의 경험이 조직에 반영되는 장치로 작동한다.

끝으로, 리더십과 팀워크다. 알리바바 그룹은 마윈의 경영철학을 실천하는 회사이다. 중소기업을 위한 전자상거래의 필요성, 알리바바가 무엇을 하고자 하는가, 그리고 어떻게 해야 할 것인가에 대한 그의 말을 듣고 있으면 사람들로 하여금 선생님을 바라보는 학생의 기분으로 돌아가게 한다. 마윈의 리더십과 더불어 중요한 것은 강력한 팀워크다. 리더십과 팀워크의 기반은 강력한 믿음이다. 마윈 자신이 컴퓨터도 잘 모르지만 그가 늘 자신만만할 수 있었던 것은 알리바바의 팀이 있었기 때문이라고 했다. 따라서 팀을 이끌 수 있는 중간 리더의 중요성을 강조했으며, 중간 리더와 팀원들 간의 완벽한 팀워크가 성과를 창출한다고 역설했다.

알리바바의 강력한 팀워크의 비결 중 핵심은 '즐겁게 일하는 문화'다. 알리바바의 목적에 '직원들이 즐겁게 일하고, 고객이 만족스러운 서비스를 누리며, 사회가 우리의 존재 가치를 인정하게 한다'라고 적시했다. 마윈은 먼저 직원이 즐겁게 일할 수 있어야 만족스러운 고객서비스를 창출할 수 있음을 강조하고 있다.

하이얼(Haier)은 중국의 삼성이라 불리는 중국을 대표하는 가전기업이다. 하이얼의 성공을 이끈 것은 CEO 장루이민이다. 그는 경영위기로 몰락하고 있는 기업을 다시 일으키면서 중국에서 가장 존경받는 기업인이 되었다. 하이얼은 2014년 기준 매출액 12조 5,385억 원, 순이익 4,576억 원을 기록하면서 글로벌 가전기업으로 성장했다. 하이얼의 독특한 인사제도의 특징은 다음과 같다.

첫째, 조직을 운영하는 경영철학과 조직구조, 인사제도의 최적의 조합을 이루고 있다.

최근의 중국기업들은 서구식 자본주의 경영 원리에 중국의 공자나 노자 등 중국 문화의 전통을 접목하여 기업 운영을 하고 있다. 중국 철학의 기본은 인본주의다. 그래서 글로벌 전략도 '현지 맞춤형 전략'을 활용하고 있다. 예를 들어, 유럽에서는 하이얼 자체의 브랜드를 중심으로 판매하지만 'Made in USA'를 중요시하는 미국에서는 현지 생산 공장을 짓는 방식을 택한다. 또한 자국 브랜드에 대해 자부심이 강한 일본에서는 일본기업의 인수 합병을 통해 자연스럽게 일본 시장에 스며드는 현지화 방식을 구사하고 있다.

둘째, 기업의 구조를 수평적 독립 커뮤니티의 플랫폼으로 전환 중이다.

하이얼은 '자주경영체'라는 독립적인 활동이 가능한 커뮤니티를 운영한다. 사내 벤처와 같은 방식으로, 이를 '샤오웨이' 전략이라 하는데, 이 자주경영체의 대표는 각자의 사업 전략과 소속 직원들의 인사에 전권을 행사한다. 대신 경영 성과에 따른 책임 역시 감수해야 한다. 이 자주경영체 제도는 2012년에 실시했다. 하이얼이 세계 가전 분야 1위가 되던 해이다. 세계 1위가 된 것에 안주하지 않고 지속가능한 성장을 이루는 기업이 되기 위한 새로운 변신을 하기 위해서 내린 결정이라고 할 수 있다. 이는 최고의 위치에 올랐을 때 자만하지 않고 지속가능한 생존을 위해 스스로를 해체해서 작고 독립적인 자주경영체의 플랫폼으로 전환한 결단이다. 이러한 기업구조의 전환은 전체 하이얼의 혁신역량 강화와 매출액 증대로 이어지고 있다. 또한 조직 구성원들에게 고객 중심의 경험을 강조함으로써 책임경영의 문화와 수평적 네트워크 조직을 만들 수 있었다.

셋째, 기업의 구조를 수평적 독립 커뮤니티의 플랫폼으로 전환 중이다.

하이얼 경쟁 시스템의 핵심은 공정, 공평, 공개라는 '3공'의 원리에 담겨 있다. 직원 누구나 공평하게 경쟁할 기회가 주어지며, 업무 수행 결과의 심사를 통해 승진자격을 판단한다. 또한 임직원을 평가하기 위해 학력, 파벌, 인맥의 '3불가 원칙'을 통해 공정하게 시행하고 있다. 이렇게 함으로써 구성원들에게 능력만 있으면 누구나 도전하라는 풍토를 만들고, 결과에 승복하는 분위기를 만든 것이다.

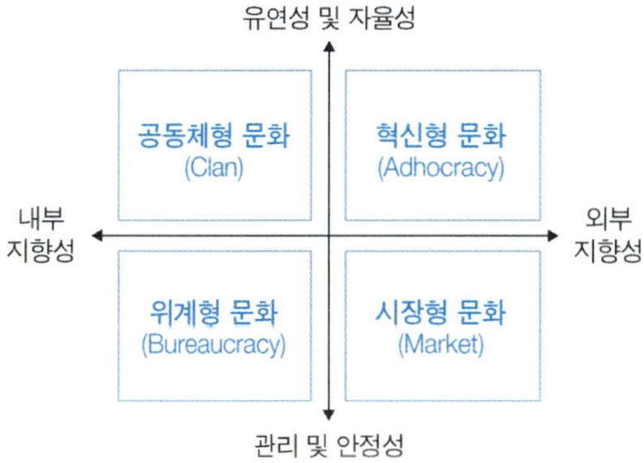

출처: Cameron & Quinn, Diagnosing and Changing Organizational Culture, New York: Addison-Wesley(1999)

| 경쟁가치 모형을 이용한 조직문화 유형 |

하이얼 경영의 또 다른 특징은 능력주의와 더불어 목표 중심의 경영을 병행한다는 점이다. 임직원의 기본급은 30% 정도이고 나머지는 모두 성과에 따라 달라진다. 놀랍게도 사회주의 국가인 중국 기업이 자본주의 국가의 기업보다 개인 간 차이가 더 큰 성과보상제도를 채용하고 있다는 점이다.

임직원 개개인이나 자신이 속한 부서 또는 자주경영체가 우수한 사업성과를 내면 그만큼 더 큰 보상이 주어진다.

자주경영체의 리더에게는 사업 전략, 경영 목표, 인재선발 및 평가보상의 모든 권한을 행사할 수 있어 일사 분란한 운영이 가능하고 성과 목표를 달성하는 데 집중하는 것이다.

자주경영체는 소규모로 10명 미만에서 많게는 50명 미만으로 구성된다. 소규모 조직은 판단을 내릴 때 신속하고 적합하게 대응할 수 있는 유연성이 있다. 또한 전체 인원이 하는 일을 파악하는 데도 용이하다. 좋은 결과를 만들기 위해서 스스로 학습하며 조직 차원의 혁신을 추진하기 좋은 규모의 조직이라 할 수 있다.

마지막으로 '대륙의 실수'라 불리는 샤오미는 창업 4년만인 2014년 3분기에 세계 스마트폰 점유율 3위에 오르는 광폭적인 성공을 거두었다. 물론 거기에는 중국이라는 거대시장의 존재도 무시할 수 없지만 단일 제품으로 창업 수년 만에 세계 최고 수준의 기업으로 성장할 수 있었던 또 다른 이유가 있을 것이다. 샤오미의 차별화된 비즈니스 모델과 전략을 보면 세계 IT 시장의 새로운 조류를 주도할 수 있었는지 쉽게 알 수 있다.

샤오미의 인적자원관리 특징은 다음과 같다.

첫째, 샤오미는 직원을 열성팬으로 만드는 팬덤(fandom)[7] 경영이다.

샤오미는 '고객은 왕이 아니라 친구이자 개발자'로 명명한다. '사용자를 친구로' 만드는 역발상이 제품 개발에 있어 고객 의견을 듣는 것에 그치는 것이 아니라 제품 개발에 참여하고 반영하는 시스템을 만들었다. 또한 내부 직원 역시 샤오미의 열성적인 팬들이다. 팬이 직원이 되며, 제품개발 부서뿐 아니라 고객 서비스 직원들까지 자사의 제품에 대한 깊은 이해를 바탕으로 한다. 그것은 고객과의 대화에서 제품에 대한 이해가 있어야 고객의 불만을 이해하고 해결할 수 있기 때문이다. 또한 빠른 시간 내에 고객의 문제를 해결하고, 심지어는 담당자 선에서 해결할 수 있는 것은 해결하는 문화를 만들었다.

둘째, 자율적인 의사결정이 가능한 수평적 조직구조다.

샤오미의 독특한 비즈니스 모델은 '고객 참여형 오픈 비즈니스 모델'이라 할 수

7) 팬덤(fandom) - 공통적인 관심사를 공유하는 사람들과 함께 공감과 우정의 감정을 특징으로 하는 팬들로 구성된 하위문화이다.

있다. 샤오미의 비즈니스 철학은 '참여감 3×3법칙'에 잘 나타나 있다. 여기서 3개의 전략은 ① 폭발적 인기상품으로 승부를 보는 제품전략, ② 직원들이 먼저 팬이 되는 사용자 전략, ③ 스스로 미디어가 되는 콘텐츠 전략이다. 이 3전략의 핵심은 바로 '속도와 소통'이다.

수평적 구조 속에서 신속하고 자율적인 의사결정과 소통이 진행된다. 이것은 앞에서 제기한 경영철학이나 전략과 조직구조와 사람의 유기적 연관성을 말한다. 샤오미는 특히 내부적 의사소통뿐 아니라 외부 고객과의 소통도 중요하게 보기 때문에 일선 담당자의 능력과 열정, 그리고 자율성이 무엇보다 중요하다. 그러기 위해서는 복잡한 조직구조나 계층적 위계질서가 아니라 의사결정 단계를 최소화하는 수평적 조직체계가 무엇보다 중요하다.

샤오미의 조직구조는 '경영진-팀장-팀원'의 3단계로 구성되어 있다. 창업공신을 중심으로 하는 경영진과 이들의 지휘를 받는 일선 팀장, 그리고 팀원이다. 팀 조직은 제품개발 및 디자인의 경우 프로젝트 중심의 팀이 만들어지고 운영된다. 또한 프로젝트의 성공 여부도 상사나 내부 직원이 아닌 일반 고객의 평가를 적용한다. 따라서 불필요하게 상사의 눈치를 보거나 조직 내 정치 역학에 관심을 기울일 필요가 별로 없다.

끝으로, 샤오미의 인적자원관리 특징은 믿음과 실력을 바탕으로 한 '제도보다 사람'이라는 운영 방식이다.

사람을 중시한다고 해서 제도가 없는 것은 아니다. 제도보다는 성과를 중시하며 성과를 내기 위해서는 사람들의 자율성이 중요하다는 의미다. 샤오미의 '성과관리제도'를 보면, 많은 회사에서 성과관리를 위해서 핵심성과지표(KPI)를 운영한다.

샤오미는 KPI를 보조적으로 활용할 뿐 평가는 고객의 평가를 가장 중요하게 여긴다. 따라서 제품이나 서비스에 고객이 얼마나 만족하느냐가 자신들의 평가가 되는 것이다. 또한 승진이라는 개념이 없다. 조직의 계층이 '경영진-팀장-팀원'으로 구성되어 있기 때문에 모두가 동등한 입장에서 역할에 따라 업무를 추진할 뿐이다. 일반적으로 고객서비스는 이직률이 높다. 하지만 샤오미의 AS센터 이직률은 5% 미만을 보일 정도로 구성원들의 직무만족도가 높은 편이다.

장면
#2

필립에게는 문제가 있었다. 새롭게 하려는 일들을 준비하면서 적절한 비즈니스 모델을 세울 수 있는 자금이 없었다. 그냥 한번 해보자는 식으로 한다면 너무 많은 경비가 발생할 것으로 예측되었다. 또 사업 경험상 예상치 못한 비용이 발생하거나 경우에 따라서는 긴급한 자금 조달이 어렵다는 사실도 알고 있다. 필립은 처음부터 새로운 비즈니스 모델을 위한 재무 계획을 수립하기로 하였으나 회사 내에는 전문적인 재무지식을 가지고 있는 사람이 없었다. 주먹구구식으로 재무를 했다가는 분명 자금 집행 시 어디선가 문제가 생기기 때문에 걱정이 아닐 수 없었다.

2. 재무관리 전략

신체에 혈액을 적소에 공급하고 흐름이 원활하게 해주는 심장처럼 경영에서는 재무관리가 그 역할을 한다고 할 수 있다. 따라서 경영자는 반드시 재무에 관련된 항목을 꼼꼼히 체크하고 계획 수립에 있어서 소홀함이 없어야 할 것이다.

재무관리(Financial Management)는 기업에서 자금을 어떻게 조달해서 어떻게 사용하는지를 다루는 분야이다. 기업을 간단히 표현하면, 기업은 시장이 요구하는 제품이나 서비스를 생산, 판매하여 돈을 버는 것이 주업인 경제 주체이다. 그런데 세상에 존재하는 수많은 사업 중에서 도대체 어떤 사업에 얼마를 투자할지, 그리고 여기서 필요한 자금은 어떻게 조달하며 투자한 사업은 어떻게 관리할지를 판단하고 계획하여 집행하는 것이 바로 재무관리의 영역이다.

다시 말해서, 재무관리의 기능은 여러 가능한 사업안 중에서 적합한 사업의 종류와 규모를 선택해야 하는 투자결정(Investment Decision)과 이렇게 선택한 사업을 수행하는 데 필요한 자금을 최적으로 조달하는 자본조달결정(Financing Decision)으로 이루어진다.

투자결정이란 자산구성(Assets Structure)을 최적화하여 투자수익률(Return of Investment)[8]의 극대화를 추구하는 기능을 말한다. 자산 중에서, 특히 건물, 기계설비 같은 고정자산은 투자결정의 영향이 오래 지속된다. 이러한 고정자산에 대한 투자 분석을 자본예산(Capital Budgeting)이라고 한다. 또한 사업 수행과 관련해서 일시적으로 보유하게 되는 외상매출금, 재고자산 같은 운전자본(Working Capital)도 기업의 유동성에 영향을 미치기 때문에 단기적 관점에서 투자결정의 대상에 포함될 수 있다. 기업의 자금조달 원천은 크게 자기자본과 타인자본으로 구분되며 각 자본의 구성 비율을 자본구조(Capital Structure)라고 한다.

기업이 사용하는 모든 자금에는 고유의 자본비용이 수반되며 기업은 다양한 자본조달방법을 사용하기 때문에 바람직한 자본조달 결정은 궁극적으로 총 조달자본의 평균자본비용을 최소화하는 것이 된다. 그리하여 기업이 최적의 투자결정과 자금조달결정을 이루었다면 마땅히 해당기업의 투자수익률은 자본 비용보다 높아야 할 것이다.

재무관리의 핵심기능은 투자 결정과 자본조달 결정이다. 기업은 사업에 필요한 자금을 자본시장으로부터 조달하여 이를 투자하고자 하는 사업에 효율적으로 운용함으로써 최대한의 수익을 얻으려 한다. 이때 기업에 자금을 제공해 준 투자자는 투자자금에 대한 기회 비용, 즉 자본 비용을 대가로 요구하게 된다. 따라서 투자자금의 생산성이 자본 비용보다 커야만 기업은 진정한 이익을 얻게 되며 이러한 이익을 경제적 이익(Economic Profit : EP) 또는 부가가치라고 한다. 그런데 기

8) 투자수익률(Return of Investment) - 투자한 자본에 대한 수익 혹은 손실의 비율을 일컫는 용어이다. 투자 금액의 수익 및 손실은 금융 이자, 이익 실현, 이익 손실, 순수입, 순손실 등에서 기인한다. 투자한 자본은 일반적인 자본 외에 비용이 수반된 투자, 자산, 자본 등을 모두 일컫는다. 계산하여 수치를 나타낼 때 분수보다는 비율로 나타내는 경우가 많다.

업이 장기적으로 질적인 성장을 하려면 이러한 경제적 이익이 일시적이 아니라 지속적으로 그리고 안정적으로 확보되어야 한다. 기업이 안정성과 지속적 성장 가능성이 있다는 가치를 부여하는 것을 '기업 가치의 극대화'라고 부른다. 다시 말하면, 기업의 궁극적 목표는 투자자금의 기회 비용을 상회하는 생산성을 지속적으로 확보함으로써 기업 가치를 극대화하는 것이다.

기업 가치는 기업이 벌어들일 미래 현금 흐름의 크기를 발생 시기, 지속 기간 및 불확실성을 고려하여 현재가치로 환산한 것이다. 즉, 기업가치란 장기적 관점에서 대차대조표와 손익계산서상의 모든 현금 흐름을 대상으로 위험을 감안하여 측정되기 때문에 가장 포괄적이고 완벽한 정보라고 할 수 있다.

그렇다면 기업의 가치 창출을 위해서 어떻게 해야 하는 것일까? 여기에 대한 답은 의외로 간단하다. 기업은 외형 확대보다는 내실 위주로 경영의 기본 패러다임을 변화시켜야 한다.

경영의 중심 목표를 기업가치 극대화에 두고 경영 전반에 가치 중심 경영(Management Based Valuation)을 시행해야 한다.

가치 경영이란 기존의 전통적인 경영을 무시하는 것은 아니지만, 급변하는 기업 경영 환경하에서 도약과 가치 창출을 위한 다방면의 전략과 창조적인 경영 모델을 수립하는 일련의 과정을 도입하는 시스템 경영을 말한다.

가치 경영을 위해서는 전통적으로 사용되던 회계이익보다 합리적이고 새로운 성과평가척도가 필요하며, 이는 최근 기업 가치 평가에서 많이 사용되는 경제적 이익(EP), 초과이익, 또는 경제적 부가가치(Economic Value Added, EVA) 척도 등을 도입하여 경영 지표로 삼아야 한다.

실제적으로 전통적인 재무관리에서는 모두 비슷한 의미로 서로 통용된다. 초과이익은 다음과 같이 기업의 투자수익률에서 자본비용을 차감한 수치에 투자금액을 곱한 값으로 정의되는데, 이 값이 클수록 기업은 당해연도에 영업 활동을 통하여 보다 많은 실질적 이익을 거두었다는 뜻이다.

초과이익 = (투자수익률 - 자본 비용) × 투자금액

예를 들어, 자본 비용이 12%인 자기자본 100억 원을 투자하여 매년 투자수익률이 10%씩 발생한다면 초과이익은 -2억 원이 된다.

자기자본 비용을 제대로 고려하지 않을 경우 손익계산서상 10억 원의 이익을 거둔 것으로 보이지만 자본의 기회 비용을 감안하면 투자하지 않는 것이 당연하다. 바로 이 점에서 초과이익은 순이익이나 자기자본이익률과 같은 전통적인 이익지표와는 다르다. 즉, 기존의 회계이익은 자기자본 비용을 고려하지 못했으나 초과이익은 타인자본 비용뿐만 아니라 자기자본 비용까지도 감안함으로써 기업이 주주의 위험부담에 대하여 충분한 보상을 할 책임이 경영자에게 있음을 보여 주는 것이라 할 수 있다. 가치경영의 관점에서 기업이 택해야 할 방법은 다음과 같다.

첫째, 일정한 영업성과, 매출을 올리는 데 필요한 자본 투입을 최소화한다.

다시 말해서, 수익성 중심의 투자 결정을 위하여 기계장치 같은 고정자산의 가동률을 높여 유휴설비를 최소화하고 재고자산, 매출채권 등 운전 자본관리를 효율화한다.

둘째, 주어진 매출 성과로부터 최대의 이익을 창출한다.

즉, 업무 프로세서 개선과 고용조정 등을 통해 비용을 절감하고 합법적인 세금절감 기회를 활용한다. 또한 금리나 환율 변동으로 인한 손실 때문에 영업이익이 훼손되는 일이 없도록 각종 가격불확실성에 대해 적절한 위험관리를 실시한다.

셋째, 자본조달 비용을 최소화한다. 최적자본구조정책과 최적배당정책을 수립하고 투자자의 구미에 맞는 유리한 자금조달방법을 개발한다.

재무관리를 통해 근본적으로 경영자는 위협 요인을 제거하고 기업이 제대로 활동할 수 있는 기업 환경을 제공해야 한다. 안정적인 형태의 기업 활동을 위한 재무 위험요소를 관리하는 것은 상당히 중요한 일이라 할 수 있다. 특히, 환율, 금리, 자본 비용의 급격한 변동은 기업에게 가장 큰 재무위험이 될 수 있다. 이런 재무 위험변수를 선물, 옵션, 스왑 등과 같은 파생금융상품으로 헤지(Hedge)하는 경영기법을 '재무리스크관리'라 한다.

경영에서 재무리스크관리에 자주 등장하는 일반적인 용어와 내용을 설명하고자 한다.

파생상품(derivatives)은 크게 장래거래약정과 조건부청구권으로 나누어진다.

장래거래약정은 미래의 특정 시점에서 상황에 관계없이 미리 정한 조건에 따라 기초자산을 사거나 파는 거래를 하기로 약속하는 것을 말하며, 조건부청구권은 파생상품 매입자가 미래의 상황에 따라 거래 여부를 선택할 수 있는 계약을 말한다. 선도(forward)나 선물(futures), 그리고 스왑(swap)은 장래거래약정의 대표적인 예이며 옵션(option)은 조건부청구권의 대표적인 예이다. 선물과 옵션 중 많은 종류의 상품이 장내상품이며, 선도와 스왑은 장외상품이다.

선도 또는 선도계약은 두 거래 당사자가 특정자산을 미래의 특정 시점에 미리 정한 인도가격(delivery price)에 거래하기로 현 시점에서 약속하는 것을 말한다. 여기서 특정자산은 기초자산을, 특정시점이란 선도계약의 만기일(maturity date 또는 expiration date)을 의미한다. 그리고 미리 정한 인도가격을 선도가격(forward date)이라고 한다. 선도거래에서 선도가격은 만기일에 지불되지만 현 시점에서 미리 정해지기 때문에 이를 확실하게 알 수 있다. 그러나 만기일의 현물가격은 미래 시점에서 결정되기 때문에 현 시점에서는 알 수 없다.

선물 또는 선물계약은 본질적으로 선도계약과 성격이 같다. 따라서 계약의 체결 시점과 이행 시점이 다르다는 점, 매입자와 매도자 모두가 만기일에 상황에 관계없이 거래를 이행해야 할 의무를 가진다는 점, 그리고 계약의 체결 시점에서 계약 비용이 0이라는 점 등은 선도계약과 다를 바 없다. 그러나 선물계약은 선도

계약처럼 사적 계약이 아니라, 거래 조건을 표준화하여 시장성을 높인 상품으로서 조직화된 선물거래소에서 거래가 이루어진다. 대표적인 선물거래소로는 시카고상업거래소, 시카고상품거래소, 한국증권선물거래소 등이 있다. 또 선물거래에서는 계약의 이행을 보증하는 여러 가지 제도적 장치가 마련되어 있어 계약불이행위험이 존재하지 않는다. 따라서 거래 상대방이 누구인지 알 필요도 없다.

옵션은 만기일 또는 그 이전에 미리 정한 가격으로 기초자산을 사거나 팔 수 있는 권리가 부여된 증권이다. 미리 정한 가격을 행사가격(exercise price 또는 strike price)이라고 한다.

살 수 있는 권리가 부여된 옵션을 콜옵션(call option), 팔 수 있는 권리가 부여된 옵션을 풋옵션(put option)이라고 한다. 또 권리의 행사가 만기일에서만 허용되는 옵션을 유럽식 옵션(European option), 만기까지의 어느 시점에서도 허용되는 옵션을 미국식 옵션(American option)이라고 한다.

선도, 선물 그리고 스왑에서와 마찬가지로 옵션거래에서도 계약이 먼저 체결되고 계약의 이행은 나중에 일어난다. 그러나 선도, 선물 그리고 스왑에서와는 달리 옵션의 매입자와 매도자는 계약이 체결되더라도 반드시 거래를 이행해야 할 의무를 가지는 것은 아니다. 옵션 매입자는 거래를 할 수 있는 권리를 부여받기 때문에 권리를 행사할 수도 있고 포기할 수도 있는 선택권을 가진다. 반면, 옵션 매도자는 옵션 매입자가 권리를 행사하여 거래를 요구할 경우에 거래 상대방이 되어 주어야 할 의무를 가진다. 옵션 매입자가 권리행사를 포기하면 옵션 매도자는 아무런 의무가 없다.

콜옵션은 주식을 사야 할 의무가 아니라 살 수 있는 권리이기 때문에 옵션 매입자는 언제든지 그 권리를 포기할 수 있다. 옵션 매도자의 관점에서 보면 아무런 대가 없이 옵션 매입자에게 이러한 권리를 부여하는 계약을 맺을 이유가 없다. 즉, 옵션 매입자는 옵션 매도자에게 이러한 권리에 대한 대가 또는 계약 비용을 계약 시점에서 치르게 되는데, 이를 옵션가격(option price) 또는 옵션프리미엄(option premium)이라고 한다.

옵션은 주식을 기초자산으로 하는 주식옵션(stock option), 외환을 기초자산으로 하는 통화옵션(currency option), 그리고 금리, 즉 이자율을 기초자산으로 하는 금리옵션(interest rate option) 등으로 분류된다. 선도계약과 마찬가지로 장외 옵션은 사적 계약이므로 계약불이행의 위험이 존재한다. 그러나 옵션거래의 경우 매입자에 의한 계약불이행의 가능성은 있을 수 없다. 옵션 매입자는 거래의 이행 여부에 대한 선택권을 가지기 때문이다. 따라서 옵션에서 계약불이행 위험이란 매도자가 매입자의 권리행사에 응하지 않을 가능성을 의미한다.

선도거래에서 계약불이행 위험이 양방향으로 발생하는 것과는 달리, 옵션거래에서 계약불이행 위험은 매입자에게만 발생하는 일방적인 위험이다.

스왑은 두 거래 당사자가 미리 약정한 방식에 따라 미래의 일정 기간 동안 현금흐름을 서로 교환하기로 약속하는 계약이다. 두 당사자는 '계약 시점에서 정해진 고정현금 흐름'과 '기초자산의 미래가격에 따라 변동하는 현금흐름'을 서로 교환하기로 계약을 맺거나 또는 주고받을 현금 흐름이 모두 기초자산의 미래가격에 따라서 변동하는 형태의 계약을 맺을 수 있다.

앞서 살펴본 선도거래가 만기일에 선도가격과 기초자산의 교환을 통하여 단 한 번 현금 흐름을 발생시키는 데 비해, 스왑은 여러 기간에 걸쳐 현금 흐름의 교환을 발생시킨다. 따라서 스왑은 만기가 서로 다른 여러 선도거래가 결합된 포트폴리오로 해석할 수 있다.

창업자와 경영자가 알아야 할 필수 재무 · 회계 용어 1

용어	의미 / 내용
자산	과거 사건의 결과로 기업이 통제하고 있고 미래 경제적 효익이 유입될 것으로 기대되는 자원이다. 자산이 갖는 미래 경제적 효익이란 직접 또는 간접적으로 특정 기업의 미래 현금 및 현금성 자산의 유입에 기여하게 될 잠재력을 의미한다. • **무형자산** : OO서비스주식회사가 개발한 기술에 대한 지적재산권 • **유형자산** : 영업 활동을 위해 사용하고 있는 컴퓨터 • **매출채권** : 거래처에 서비스 제공 후 아직 받지 못했지만 받을 수 있는 가능성이 높은 돈 등
부채	과거 사건에 의하여 발생하였으며 경제적 효익을 갖는 자원이 기업으로부터 유출됨으로써 이행될 것으로 기대되는 현재 의무이다. 현재 의무와 미래의 약속은 구별되어야 하며, 미래에 특정 자산을 취득하겠다는 경영자의 의사결정 그 자체만으로는 현재 의무가 발생하지 않는다. • **차입금** : OO서비스주식회사를 창업할 당시 은행으로부터 빌린 돈을 갚아야 하는 의무 • **퇴직급여 충당 부채** : 직원들의 근무에 따라 생기는 퇴직금 지급의무 • **선수금** : 거래처에게 서비스 제공 전 계약에 의해 미리 돈을 받은 경우 서비스를 제공해야 하는 의무
부기	**[복식부기]** 기업의 자산과 자본의 증감 및 변화과정과 그 결과를 계정과목을 통하여 대변(우변)과 차변(좌변)으로 구분하여 이중 기록 · 계산이 되도록 하는 부기 형식이다. 복식부기는 자산, 부채 그리고 자본의 변동 원인과 그 내역을 쉽게 파악할 수 있다는 장점을 가지고 있다. 관련 법상 모든 법인사업자와 개인사업자 중 간편장부대상자를 제외한 모든 사업자가 복식부기를 사용하여야 한다. **[단식부기]** 특별한 법칙 없이(차변과 대변의 구분 없이) 현금수지와 같이 단일항목의 증감을 중심으로 기록하는 방식이다. 현금의 증감 발생 시 회계 처리를 하는 현금주의에서 주로 채택한다. 가계부, 현금출납장 등이 단식부기의 좋은 예이다. 현금의 입 · 출입에 따라 장부를 기록하는 방식이다. 이 경우 들어온 돈과 나가는 돈만 장부에 기록하면 된다.
현금주의 vs 발생주의	현금주의는 현금이 실제 오간 시점을 기준으로 회계에 반영하는 방식이며, 발생주의는 현금의 수수와는 관계없이 수익은 실현되었을 때 인식되고, 비용은 발생되었을 때 인식하여 회계에 반영하는 방식이다. 재무제표는 발생주의 기준으로 작성하는 것이 원칙이고, 현금흐름 파악 등은 통상 현금주의 방식으로 관리한다.

수익 비용 대응의 원칙	비용은 발생한 비용과 특정 수익항목의 가득 간에 존재하는 직접적인 관련성을 기준으로 인식한다. 만약, 경제적 효익이 여러 회계 기간에 걸쳐 발생할 것으로 기대되고 수익과의 관련성이 포괄적 또는 간접적으로만 결정 가능한 경우 비용은 체계적이고 합리적인 배분 절차를 기준으로 인식된다.
당좌대월	당좌 예금의 거래자가 일정한 기간과 금액 한도 내에서 당좌 예금의 잔액 이상 수표를 발행했을 때에 은행이 그것을 지급하는 일 또는 그 초과 지급분이다. 사전에 은행과 대부한도를 정한 당좌대월 계약을 맺어야 하고, 이때 유가증권이나 정기예금을 근 담보로 설정해야 한다. 일시적인 현금유동이 막혀 흑자부도가 나는 상황(예를 들어, 매출채권 회수가 예정대로 되지 않아, 지급할 자금을 갑자기 구해야 하는 상황 등)을 막을 수 있는 유용한 수단이지만 이자율이 높기 때문에 주의하여야 한다.
법인세	법인의 소득을 과세 대상으로 하여 법인에게 부과하는 조세이다.
부가가치세	거래단계별로 재화나 용역에 새로 부가되는 가치에 부과되는 조세이다. 기초생활필수품이나 후생 영역, 문화 관련 재화 등 납세 의무가 면세되는 품목이 있으므로, 스타트업이 취급하는 상품/서비스가 이에 해당하는지에 대한 확인이 필요하다. 법인사업자의 경우 매년 1월, 4월, 7월, 10월 각 달의 1~25일까지 전분기(3개월)의 부가가치세에 대해서 신고 납부하여야 하며, 개인사업자의 경우 매년 1월과 7월 각 달의 1~25일까지 전반기(6개월)의 부가가치세에 대해서 신고 납부하여야 한다. 개인사업자 중 간이과세자의 경우는 매년 1월 1일부터 25일까지 전년도(1년)의 부가가치세에 대해서 신고 납부하여야 한다. **부가가치세 = 매출세액(매출액×10%) − 매입세액(매입액×10%)**
손익분기점	매출의 증가에 따라 변동비와 고정비를 모두 회수한 시점을 손익분기점이라 한다. 초기에는 매출 없이 비용만 발생하다가 매출이 발생하기 시작하면서 수익이 증가하게 되는데, 수익 누적액이 비용 누적액과 일치하는 데 소요된 기간을 '회수 기간'이라고 한다. 스타트업 업계에서는 이를 '손익분기점을 달성했다'라는 표현으로 사용하곤 한다.

창업자와 경영자가 알아야 할 필수 재무 · 회계 용어 2

용어	의미 / 내용
총자산회전율	총자본회전율과 같은 뜻으로 쓰이며, 매출 창출을 위해 기업이 소유하고 있는 자산을 얼마나 적극적, 효과적으로 활용하고 있는지를 측정하는 활동성 비율이다. 좋고 나쁨에 대한 일반적인 판단기준은 없다. 다만, 과거 기간의 평균, 동종 산업 또는 동종 업종의 평균과 비교해 보았을 때 총자산회전율이 높으면, 자산이 효율적으로 이용되고 있음을 의미하며 반대로 낮을 경우 과잉 투자 및 비효율적 투자를 의미한다. **총자산회전율 = (매출액/총자산)×100**
자기자본회전율	기업의 주주들이 투자한 자금을 얼마나 적극적으로 활용하였는지 알 수 있게 해주는 활동성지표이다. **자기자본회전율 = (매출액/자기자산)×100**
매출채권회전율	매출채권이 얼마나 빨리 회수되는지를 보여 주는 활동성 지표이다. 매출채권회전율이 높을수록 채권이 빨리 현금으로 회수된다고 볼 수 있으며, 낮을수록 현금회수가 잘 되지 않는다는 의미로 이는 수익성 악화로 이어질 수 있다. **매출채권회전율 = (연 매출액/평균매출채권)×100**
가치평가	기업가치를 객관적으로 평가하는 것이다. 평가방법은 수익가치법, 자산가치법, 상대가치법 등으로 구분된다. **수익가치법 / 자산가치법 / 상대가치법**
프리머니밸류 vs 포스트머니밸류	프리머니밸류는 투자 유치 전의 기업가치이며, 포스트머니밸류는 투자 유치 후의 기업가치를 의미한다. 협상 시 가치의 기준이 프리머니밸류 또는 포스트머니밸류인가에 따라 투자자의 투자금액과 지분율이 달라지므로 이를 유의하여야 한다.
지분희석	기업이 투자 유치 시 발행하는 신주로 인해 기존 주주들의 지분율이 감소하는 것을 의미한다.
감사	외부 독립적인 기관으로부터 기업의 재무제표에 대한 감사를 받고 감사의견을 받는 것을 의미한다.
실사	회사의 현재 상태를 조사하고 확인하는 과정이다.

장면
#3

필립은 어렵게 자금 조달을 위한 계획을 수립하였다. 신규 사업을 위해 1년여간 투자자를 설득하고 미팅을 하면서 마침내 15억 원을 투자하겠다는 약속을 확보하게 되었다. 이제 새로운 사업을 위한 전략을 구상하기 시작하였다. 특히, 하려는 분야가 생소하기 때문에 걱정이 앞서기 시작하였다. 어떻게 하면 제대로 시장에 출시하고 고객으로부터 선택받을 수 있을까? 전략적인 접근법은 없을까? 많은 기업들이 고민하는 마케팅을 연구하기 시작했다.

과연 내가 하려는 제품과 사업아이템이 시장에 필요한 것인가? 시장은 어떻게 진출해야지? 등을 고민하면서 여러 분야의 전문가들로부터 자문을 듣고 전략을 수립하기로 하였다.

3. 시장 매력도의 개념 및 구성 요소

전통적으로 비즈니스 시장은 기업이 주도하였다. 고객이 필요로 하는 제품을 만들어서 출시하기만 하면 불티나듯 팔려나갔던 시절이 있었다. 흔히 공산품 시장의 전성기였던 1980년대의 추억을 가지고 있는 기업들도 많다. 그러나 항상 같은 전략과 제품으로 또는 일방적인 제품 출시를 통한 시장 진출은 앞으로는 철저히 외면당할 것이다. 시장은 스스로 진화하고 변화하는 유기체이다. 시장의 주도하는 주체도 소비자인 고객이다. 예전처럼 고객이 기업이 만든 시장에 항상 머물며 기업이 생산한 제품을 선뜻 선택해 주지 않는다. 또한 계속해서 새로운 고객이 만들어지고 변화된다. 고객의 변심이 아닌 고객 자체가 다른 세대로 교체된다.

시대가 달라지고 소비의 주체가 변하는 이유이기도 하다. 따라서 시장에 대한 분석을 통해 진입할 것인지 아니면 우회할 것인지를 판단하여야 한다.

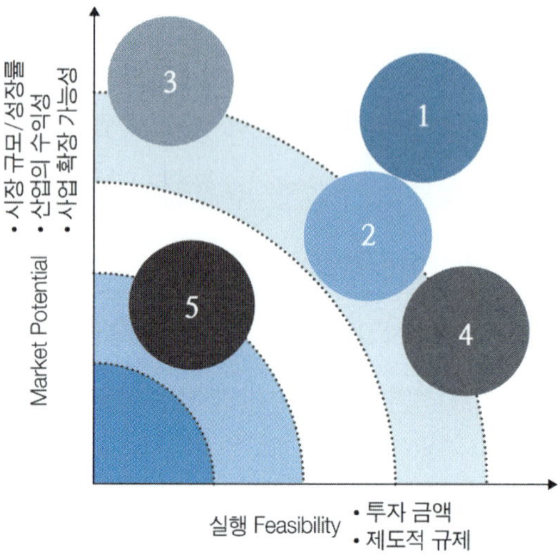

시장에 대한 분석은 기존의 유사한 시장을 기준으로 예측해 보는 것이 좋다. 전반적으로 외부적 요인과 내부적 요인, 그리고 환경적 요인을 통해 기본적인 시장 특성을 알 수 있다. 특히, 기업 입장에서 고객을 분석하고 시장의 가능성을 예측하기 위해서는 시장 매력도 분석을 통해 전체적인 구조를 이해하는 데 도움이 될 수 있다.

시장 매력도 분석이란 기업이 특정 시장에 진입할 때 위험 요소와 성공 가능성을 가늠하기 위해 실시하는 분석을 말한다. 시장 매력도는 특정시장에 진입한 기업들이 잠재적으로 얻을 수 있는 평균적인 이익의 크기를 말하는데, 시장의 외형적 요인 분석과 5 forces 모델을 통한 시장구조 요인 분석, 환경적 요인 접근 등을 살펴봄으로써 상대적인 시장가치를 평가할 수 있다.

시장의 외형적 요인은 현재 시장 규모, 시장 잠재력, 시장 성장률, 상품 수명주기의 단계, 현재의 수익성 등을 평가하는 것을 말한다. 외형적 요인을 통해 기본적인 시장의 상태를 살펴보고 최소 진입 가능 여부를 알 수 있다.

현재 시장 규모는 자사제품의 판매가 얼마나 될 수 있는지를 결정짓는 기본적인 요소 등을 판별한다. 주로 정부, 협회, 민간연구소, 마케팅 조사 회사 등이 제공하는 데이터로 추정할 수 있다. 이 자료는 자사의 규모를 감안한 상대적인 크기를 기준으로 삼아야 한다.

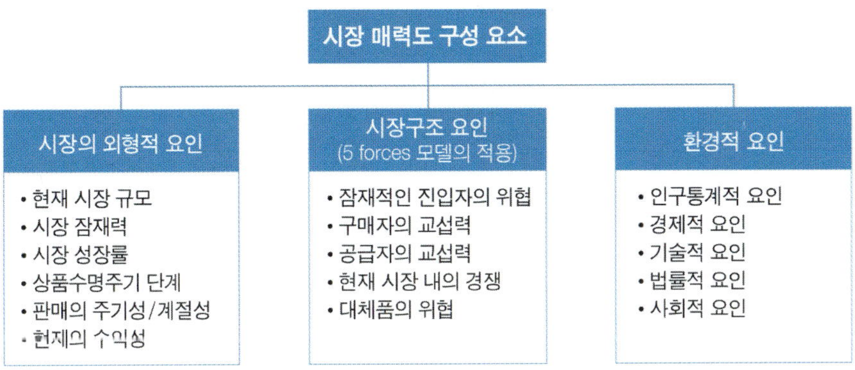

시장 잠재력(Market Potential)은 어떤 시장 내에서 일정 기간 동안에 최대한의 마케팅 노력을 기울이는 경우 등 이상적인 조건하에서 우리 회사와 경쟁회사들이 달성할 수 있는 최대 매출액 또는 판매량을 예측해 보는 것인데, 이는 시장 상황에 따라 변동 폭이 크기 때문에 주로 미래시장의 성장 규모를 확인하는 정도로 활용한다.

시장 잠재력을 추정하는 방법으로는 연쇄비율법을 사용하여 쉽게 예측할 수 있다. 연쇄비율법(chain ratio method)은 여러 가지 비율들을 연속적으로 곱하는 계산방법을 말한다.

따라서 시장 잠재력에 대한 계산은 다음과 같다.

시장 잠재력(market potential)=잠재 구매자 수 × 잠재 구매량

[예] 생리대 시장의 잠재력(전체 시장규모) 추정

연령대	① 총 인원수	② 월 평균 사용량	연간 총 사용량 (① × ② × 12개월)
10~20대	1,000만	20개	24억 개
30~40대	1,200만	15개	21억 6,000만 개
총 계			45억 6,000만 개

시장 잠재력을 계산해 봄으로써 새로운 시장 기회를 발견하거나 상품의 마케팅 목표 설정에 참고할 수 있다.

시장성장률은 잠재력에 대한 현실적인 판단 근거가 될 수 있다. 이러한 성장률을 추정하려면 미래의 시장 상황하에서 우리와 경쟁자들이 달성할 것으로 기대되는 매출액, 즉 미래의 시장 규모를 예측해야 한다. 성장률이 높은 시장은 속해 있는 기업에게 장래에 보다 높은 이윤을 창출할 수 있는 잠재력을 제공한다.

시장 성장률 예측방법으로는 ① 판단적 기법, ② 고객 반응 조사 기법, ③ 시계열 기법, 그리고 ④ 상관관계 기법 등이 있다.

① **판단적 기법** : 마케터나 관련 분야의 전문가들 판단에 의존

② **고객반응 조사 기법** : 신상품을 개발하는 과정 중에 잠재구매자들의 반응을 조사하여 이를 기초로 매출액 예측

③ **시계열 기법** : 과거의 매출액 데이터만을 이용하여 미래의 매출액 예측

④ **상관관계 기법** : 매출액과 높은 상관관계를 가지고 있는 변수들을 이용하여 미래의 매출액 예측

성장률의 예측 정확성을 높이기 위해서는 적절한 예측 기법을 선택해서 적용해야 한다. 예측의 정확성을 높이기 위해서는 우선 시장, 제품, 기업조직 등과 같은 판매 예측에 관련된 모든 요소들을 고려하여야 한다. 예측 결과로 나타날 수 있는 가능한 모든 형태의 결과의 정확도나 범위에 관한 추정을 하는 것이므로 예측

을 행하는 관리자나 담당자는 예측이 행해지는 절차나 사용한 예측 기법의 특성 및 과정 등을 잘 이해하고 있어야 한다.

표에서 언급된 것을 기준으로 예측 기법을 선택하는 것도 좋은 방법이 될 수 있다. 각 예측 기법들의 장·단점을 파악하고, 예측에 요구되는 시간 등을 고려하여 선택하는 것이 중요하다. 또한 중요한 예측을 할 때에는 복수의 방법을 사용하여 결과를 상호 비교함으로써 그 정확도를 높이는 것도 좋은 방법일 것이다.

시장 매력도를 제품수명주기(Product Life Cycle, PLC)가 갖는 특성을 분석하여 판단하는 경우도 있다. 일반적으로 제품이 가지고 있는 생애주기 특성인 제품수명주기를 고려하여 판매 및 마케팅에 도입하면 많은 손실을 줄일 수 있다. 특히, 시장 매력도나 시장성장률 등을 고려할 때, 제품수명주기의 개념을 도입하여 판단하면 조금 더 명확한 예측을 할 수 있다.

[참고] 예측방법 비교

구분	판단적 기법			고객 반응 조사 기법		
	단순추세 연장법	판매사원 의견종합법	전문가 의견종합법	델파이 기법	콘셉트 테스트	시장 테스트
1. 예측 범위	단기 / 중기	단기 / 중기	단기 / 중기	중기 / 장기	중기	중기
2. 소요 시간	매우 짧음	짧음	내부전문가 / 외부전문가	상당함	상당함	상당함
3. 요구계량 지식 수준	최소한	최소한	최소한	최소한	높음	높음
4. 소요 비용	매우 낮음	낮음	내부전문가 / 외부전문가	경우에 따라 높아질 수 있음	높음	높음
5. 과거 데이터	약간 필요	불필요	불필요	불필요	불필요	불필요
6. 정확성	낮음	경우에 따라 다름	1인일 경우 낮음	환경이 급변할수록 유리함	환경이 안정적이면 높음	환경이 안정적이면 높음

구분	시계열 기법		상관관계 기법	
	이동 평균법	지수 평균법	회귀 분석	선행 지수
1. 예측 범위	단기 / 중기	단기 / 중기	단기 / 중기 / 장기	단기 / 중기 / 장기
2. 소요 시간	짧음	짧음	비교적 짧음	비교적 짧음
3. 요구계량 지식 수준	최소한	최소한	기본적인 수준	기본적인 수준
4. 소요 비용	낮음	낮음	보통 / 높음	보통
5. 과거 데이터	필요	필요	필요	필요
6. 정확성	환경이 안정적이면 높음	단기 예측일 경우 높음	환경이 안정적이면 높음	보통 수준

제품수명주기는 도입기, 성장기, 성숙기, 쇠퇴기의 4단계로 구분하며 각 단계에 따라 기업이 느끼는 시장의 매력도가 달라질 수 있다.

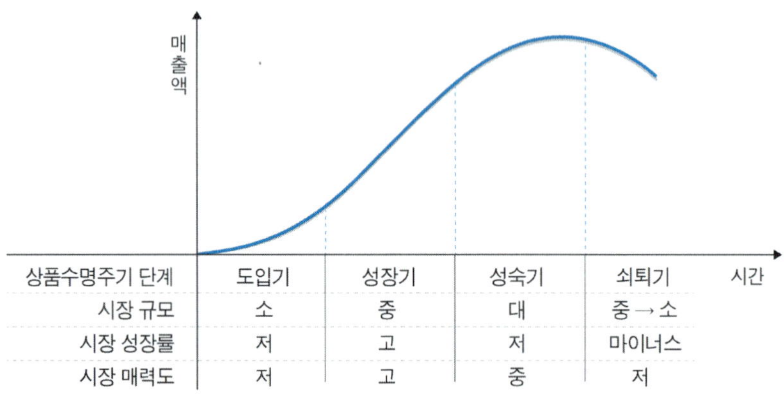

기업은 제품 판매의 주기에 따라 시장 매력도를 주기성 또는 계절성에 따라 판단하는 경우가 있는데, 주기성은 1년 이상의 기간, 계절성은 1년 이하의 기간으로 구분하면 된다. 주기성이 타 산업에 비해 높은 시장, 즉 호황기와 불황기 사이에 매출액 차이가 크게 벌어지는 시장(예 : 조선, 반도체, 자동차 등)은 매력도가 떨

어진다. 계절성이 타 산업에 비해 높은 시장, 즉 성수기와 비수기 사이에 매출액 차이가 크게 벌어지는 시장(예 : 냉·난방 기구, 장난감, 음료수 등)은 매력도가 떨어진다.

또한 시장 매력도는 현재의 수익성으로도 판단한다. 즉, 현 시점에서 수익성이 높다고 판명된 시장은 매력도가 높은 시장이 되는 것이다.

시장 매력도의 현재 시장 규모, 시장 잠재력, 시장 성장률, 제품수명주기, 현재의 수익성 등을 종합적으로 평가하는 것이 정확도를 높이는 데 도움이 된다.

| 시장의 외형적 요인과 시장 매력도 간의 관계 |

시장의 외형적 요인 (세부 항목)	시장의 매력도	
	높음	낮음
현재 시장 규모	+	−
시장 잠재력	+	−
성장률	+	−
상품 수명주기 단계	성장기	도입기 또는 쇠퇴기
주기성 또는 계절성	−	+
현재의 수익성	+	−

장면 #4

필립의 아이템은 새우 양식의 현대화와 양식장에서 직접 가공하여 생산과 제조를 병행하는 6차 산업 형태의 비즈니스였다. 따라서 기존의 경영 방식으로는 해결할 수 없는 미묘한 문제가 생겼다. 우선 제대로 경영 전략을 수립하기 위한 목표 설정과 이를 수행하기 위해 기업이 준비할 사항 등에 대해 난해한 분야라는 점이었다. 무엇보다도 양식과 생산을 위한 설비와 수산물 시장에 대한 정보, 생산된 새우를 가공할 제조시설 등에 대한 막연한 그림을 그리고 있었다. 필립은 우선 도서관에 가서, 새우 양식에 대한 책을 찾아보고 주변의 지인들에게 새우양식업을 하는 업자들과 접촉을 시도하였다. 몇 개월의 준비를 통해 이제 생산에 대한 전략을 수립하기로 한다.

4. 생산 전략

경영 전략은 상위 전략인 기업 전략과 하위 전략인 사업 전략 및 기능별 전략으로 나눈다.

기업 전략은 기업 전체적인 수준에서 기업의 목적과 목표의 설정, 사업의 선택 및 이를 위한 자원의 획득과 배분에 관한 전략을 말한다. 사업 전략은 사업부 수준에서 사업 영역의 정의, 목표의 설정, 경쟁우위의 성취 방안에 관한 전략을 말한다. 또 사업 전략은 원가, 차별화, 집중화 등의 형태에 따라 3가지로 구분한다. 기능별 전략은 생산 전략, 마케팅 전략, 재무 전략 등 각 기능부문 수준에서 목표의 설정과 경쟁력 제고방안에 관한 전략을 수립하는 것을 말한다.

생산 전략이란 기업 전략이나 사업 전략의 하위 전략으로 기업 또는 사업의 경쟁우위를 도모하기 위하여 생산 기능의 전반적인 방향을 설정하는 생산의사결정을 하는 것을 말한다. 이는 생산성 향상에서 생산 기능이 중심 역할을 하게 된다.

| 생산 전략의 유형 |

기능별 전략 \ 사업 전략		저원가 전략	제품혁신 전략
시장 여건		가격에 민감, 성숙한 시장, 높은 수량, 표준화된 제품	제품 특성에 민감, 새로 성장하는 시장, 낮은 수량, 고객 맞춤화된 제품
생산 전략	생산의 사명	성숙한 제품에 대한 낮은 원가 강조	신제품 도입을 위한 유연성 강조
	생산의 차별적 능력	우수한 공정기술과 수직적 통합을 통한 낮은 원가	제품개발팀과 유연자동화를 통한 신속한 신제품 도입
	생산 정책	우수한 공정, 전용 자동화, 변화에 서서히 반응, 규모의 경제, 작업자 참여	우수한 제품, 유연자동화, 변화에 신속히 반응, 범위의 경제, 제품개발팀 활용
마케팅 전략		대량 유통, 반복 판매, 판매 기회의 최대화, 전국적인 판매 인력	선택적 유통, 신시장 개발, 제품설계, 대리인을 통한 판매
재무 전략		낮은 위험, 낮은 이익 마진	높은 위험, 높은 이익 마진

미국 하버드대 경영학자인 스키너(W. Skinner) 교수는 "기업의 경쟁력은 동일한 자원을 가지고 제품, 기술, 서비스의 성과를 월등하게 수행하여 경쟁자를 앞서는 경쟁우위능력, 즉 차별적 경쟁능력(Distinctive competence)에 좌우된다"고 주장하고 있다. 이처럼 생산 전략은 기업이 보유하고 있는 생산시설이나 시스템과 공급사슬에 대한 의사결정의 일관된 방향을 설정하는 지침으로서 상위 기업 전략, 기업 목표, 다른 기능별 전략과 연계되어야 하며 기업의 경쟁우위를 달성할 수 있도록 수립되어야 한다.

생산 전략을 수립할 때 생산 공정과 생산 하부구조의 결정 시에는 세심한 주의

가 필요하다.

생산 공정은 우선 생산능력을 살펴보아야 한다. 설비의 생산량, 투자 시기, 유연성의 정도, 생산 용량(Capacity) 등이 그 대상이 된다. 생산공장 입지, 생산 규모, 공정배치(소품종 다량 또는 다품종 소량) 등이 고려되어야 한다. 또한 기능·성능, 설비의 유형, 자동화 수준 등 공정 기술을 파악하고, 공급구조인 공급망을 관리할 수 있어야 한다. 공급이 수직적인 통합이나 조달 및 공급 균형을 맞출 수 있도록 철저한 방안이 있어야 한다.

생산 하부구조 결정을 위해서는 인적자원, 품질, 생산 계획 및 자재관리와 조직에 대한 부분을 고려하여야 한다. 가장 중요한 인적자원은 작업자의 기능 수준, 임금 수준, 안전 수준을 살펴보고, 생산라인에서의 품질코스트 비중, 품질관리시스템 수준, 직원의 전문화 수준이나 훈련의 정도 등 품질에 영향을 미칠 수 있는 요인들을 꼼꼼히 살펴야 한다. 또한 생산 계획과 자재관리에 대한 부분은 재고관리, 아웃소싱관리, 구매관리, 일정 계획, 능력 계획, 개선의 여지 등을 판단해서 충분한 대안을 마련하고 조직과 시스템에서 구조와 부서 간 협업 및 조율 수준 등을 판단해서 생산하부구조를 결정하여야 한다.

생산 방침과 전략을 전개할 때 육하원칙을 통한 접근이 무난하다.

① 언제 : 생산 시기(일정 계획),

② 어디서 : 생산 장소(입지 선정, 설비/시설 배치)

③ 무엇을 : 생산 대상(제품 및 서비스)

④ 어떻게 : 생산 방법(공정설계, 직무설계) + 기존 제품 개선, 신제품 개발

⑤ 얼마나 : 생산 규모(수요 분석, 규모 결정, 능력 계획)

⑥ 왜 : 생산 목적(생산방침)

언급한 바와 같이 육하원칙에 대입하여 단계별로 생산 전략을 수립하고 체크하여 제품 생산과 유통에 차질이 생기지 않도록 최선을 다해야 한다.

생산 전략을 수립할 때 수반되는 경쟁 전략 및 경쟁우위 요소에 대해 설명하겠다.

기업은 경쟁우위를 통해 다른 기업들과 차별화되며, 또한 경쟁우위를 통해 성장하고 발전한다. 경쟁우위를 확보하지 못하는 기업은 생존할 수가 없다. 기업의 경쟁력은 미시적 차원의 경쟁력으로서 기업이 경쟁할 수 있는 능력, 즉 기업의 경쟁력과 성공을 바탕으로 시장점유율을 확보하고, 수익을 증가시키며 성장할 수 있는 능력을 의미한다고 한다.

기업의 경쟁력을 결정하는 요소로는 가격 및 원가뿐만 아니라 품질, 기술, 경영능력과 같은 비가격 경쟁력도 중요하며, 기업의 경쟁력은 기업 자체의 강점 요인에 달려 있기도 하지만 더욱 중요한 것은 외부 환경 요인들과의 상호작용에 달려 있다고 본다. 또한 기업 경쟁력의 네 가지 핵심결정변수로 원가절감, 차별화, 제품 다양성, 적시성을 제시하고, 이들 네 가지 핵심결정변수를 동시에 달성하는 기업이 보다 높은 경쟁우위를 확보하고 유지할 수 있다.

경쟁우위란 산업 내에서 수익성, 시장점유율, 성장성, 투자수익성 등에서 다른 기업을 능가하는 것을 의미한다. 한 기업이 다른 경쟁기업들보다 경제적인 가치를 더 창출할 때 경쟁우위를 가진다고 말한다. 또한 기업의 경쟁우위의 크기는 그 기업이 창출할 수 있는 경제적 가치와 다른 경쟁기업들이 창출할 수 있는 경제적 가치의 차이를 의미하며, 기업의 경쟁우위는 임시적일 수도 있고, 지속적일 수도 있다고 한다. 경제적인 가치는 제품이나 서비스를 제공함으로써 구매자가 인식하는 수익과 그 제품이나 서비스를 제공하는 데 드는 경제적 원가와의 차이를 말한다.

경쟁 환경에서 기업의 경쟁력은 해당기업이 속해 있는 산업의 구조에 의존하며, 진입장벽이 높고, 경쟁기업의 수가 적으며, 제품 차별화 정도가 높고, 수요의 탄력성이 낮은 산업에 속해 있는 기업이 그렇지 않은 기업에 비해 경쟁우위를 가지고 있다고 볼 수 있다.

마이클 포터(Michael Porter)는 이러한 산업구조를 둘러싼 경쟁 환경의 분석

활동으로 다섯 가지 요인 모델을 제시하고, 한 산업 내에서 경쟁하는 다섯 가지의 영향 요인으로 ① 진입장벽의 존재와 가치, ② 산업 내의 경쟁자와 수의 크기, ③ 구매자의 교섭력, ④ 공급자의 교섭력, ⑤ 대체재의 위협 등이 있다고 하였다.

형성되어 있는 산업에로의 새로운 진입은 시장점유 경쟁, 생산 능력 증가 경쟁 및 가격구조를 변화시켜 기업의 이익에 영향을 끼치고, 진입 위협의 정도는 진입장벽과 진입지연을 위한 가격정책 등 기존 기업들의 진입에 대한 대응에 의존한다. 진입장벽으로는 규모의 경제, 제품 차별화, 소요자본, 교체 비용, 유통경로에의 접근 등을 들 수 있다.

산업 내 기존 기업 간의 경쟁은 다양하다. 기존 기업 간의 경쟁강도는 경쟁기업의 수와 경쟁기업 간의 균형관계, 산업의 성장속도, 고정비나 재고 비용, 제품의 차별성이나 교체 비용, 철수장벽 및 전략적 이해관계 등에 따라 다르게 나타나며 이 요인들은 시간의 경과에 의해 변화하고 있다.

구매자 또는 공급자의 교섭력은 기업의 경쟁력에 커다란 영향력을 미치고 있다. 공급자에 의한 원자재의 가격과 품질은 기업제품의 가격 및 품질에 직접적인 영향을 끼치고 있으며, 구매자의 욕구충족은 기업의 이익에 절대적인 역할을 한다.

대체품에 대한 위협의 원천은 일반적으로 산업 외부에 있으며, 이것은 특정 산업에서 기업의 이윤에 상한을 설정하는 역할을 한다.

마이클 포터는 기업이 경쟁우위를 갖추기 위해서는 적절한 산업을 선택하거나, 다섯 가지 위협 요인의 환경 요인을 잘 분석한 경쟁 전략으로 경쟁 환경을 자사에 유리한 산업구조로 유도하라고 말한다. 또한 기업의 경쟁우위는 근본적으로 구매자를 위해서 기업이 창출한 가치로부터 발생하고, 이 가치는 가치창출에 소요된 비용을 초과해야 한다고 한다. 즉, 경쟁기업보다 낮은 가격을 제공하거나 보다 높은 가격을 상쇄할 수 있는 독특한 편익을 제공할 수 있어야 한다.

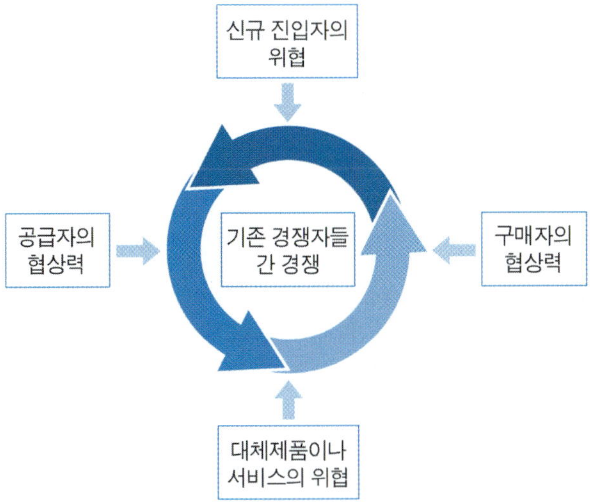

❙ 산업의 경쟁을 형성하는 다섯 가지 요인 ❙

이런 관점에서 기업의 경쟁우위는 비용상의 우위 또는 제품이나 용역의 차별화에 좌우되는데, 마이클 포터는 이러한 비용상의 우위 및 차별화는 그 기업이 속해 있는 산업구조라는 독특한 경쟁 환경에 의존한다고 보고, 산업 내에서 평균 이상의 성과를 거두기 위해서는 비용상의 우위 전략, 차별화 전략 및 중점화 전략이라는 경쟁 전략을 제시하고 있다.

마이클 포터의 본원적 경쟁 전략은 ① 원가우위, ② 차별화 및 ③ 집중화 전략으로 나눈다.

① **원가우위** : 원가우위 전략이란 비용구조 분석을 통하여 총체적 품질관리(Total Quality Management, TQM)나 업무 재설계(Business Process Reengineering, BPR) 등의 차별적 역량을 파악하는 것을 말하며, 원가우위 전략을 '가격인하를 주 경쟁수단'으로 하는 경우와 '가격인하를 자제하는 경우'로 크게 나누어 볼 수 있다.

가격인하를 주 경쟁수단으로 하는 경우는 가격탄력적인 수요, 높은 고정비용, 비용 우위, 초과 설비, 군소 경쟁자, 신규 진입자, 단일품목기업, 비밀리에 행하는 거래 등에 적용하는 전략이라 할 수 있다.

가격인하를 자제하는 경우는 비탄력적인 수요, 낮은 고정비용, 유연한 생산방식, 비용 열위, 설비 부족, 지배적 사업자, 시장에서 오랜 경험을 가진 기업, 다수품목기업(시장이 많을 경우 가격 노출)인 경우 실시하는 전략이라 할 수 있다.

가격인하를 주 경쟁수단으로 하는 경우	가격인하를 자제하는 경우
• 가격탄력적인 수요 • 높은 고정 비용, 비용 우위 • 초과 설비 • 군소 경쟁자, 신규 진입자 • 단일품목기업 • 비밀리에 행하는 거래	• 비탄력적인 수요 • 낮은 고정 비용, 유연한 생산방식, 비용 열위 • 설비 부족 • 지배적 사업자, 시장에서 오랜 경험을 가진 기업 • 다수품목기업(시장이 많을 경우 가격 노출)

② **차별화** : 제품, 서비스 차별화 → 소비자 욕구 만족

③ **집중화** : 특정 구매자, 특정 제품 또는 지역적으로 한정된 시장을 겨냥하는 것으로서 세분화된 시장(Segment market)이 존재해야 가능하다.

마이클 포터는 이러한 3가지 전략 중 어느 하나를 추구할 경우 기업은 산업에서 평균 이상의 경제적 성과를 확보할 수 있다고 한다. 비용우위 전략이란 타 기업보다 원가우위를 확보함으로써 산업 내 가격 측면에서 선도적인 위치를 확보하고 유지하는 것으로, 일단 비용우위를 달성한 기업은 강력한 경쟁 요인이 있다고 하더라도 평균 이상의 수익을 올릴 수 있으며 이러한 비용우위는 새로운 경쟁자의 출현을 억제할 수 있지만 이를 위해 제품이나 서비스 차별화 측면에서 경쟁자와 동등하거나 근사성이 있어야 한다.

차별화 전략이란 산업에서 기업이 품질, 납기, 융통성, 디자인, 신뢰성 등의 비가격 경쟁 요소 측면에서 구매자로부터 가치를 인정받는 유일성 확보를 위한 생산 전략을 의미하며 독특하고 유일한 가치 제공에 의한 비가격적 가치경쟁우위를 추구하지만 가격 프리미엄이 차별화를 위해 추가적으로 발생하는 비용을 능가할 때 기업은 경쟁력을 갖추게 된다.

중점화 전략은 구매자 집단이나 지역적으로 한정된 시장을 집중적인 목표로 삼는 것으로 산업 내의 한정된 좁은 범위에 대해서 비용우위 또는 차별화 전략을 적용함으로써 평균 이상의 성과를 올릴 수 있다.

기업은 이러한 세 가지 전략 중 2가지 이상을 동시에 추구하는 것은 바람직하지 않으며 지배적 경쟁요소와 대등적 경쟁요소의 차별적 우선순위 전략 개념을 적용한 특정 경쟁 요소를 목표로 하여 생산 전략을 추구하여야 한다.

경쟁우위와 생산 전략과의 관계를 살펴보면, 경쟁우위란 산업 내에서 수익성, 시장점유율, 성장성, 투자수익률 등에서 다른 기업을 능가하는 것을 뜻하며, 생산 전략은 생산 부문의 장기적인 목표 또는 생산과업을 설정하고 이를 달성하기 위한 대안을 선택하고 생산 부문이 자원을 분배하는 계획이다. 생산이란 제조 활동만이 아닌 경제적 가치를 창조하는 모든 활동을 말하며, 경쟁우위를 확보하기 위해서는 생산 전략을 충분히 반영하는 구체적인 생산 활동이 이루어져야 한다. 그리고 기업이 경쟁우위를 누리기 위해서는 어떤 순서에 반드시 맞추기보다는 동시에 이루어지는 것이 더 바람직하다. TQM은 품질, 납품, 비용, 유연성, 혁신성과 같은 경쟁우위를 동시에 제고할 수 있다.

기업 경쟁력의 원천은 제품력에 있으며 이러한 제품력은 생산 전략에 크게 의존하고, 생산 전략이 기업의 경쟁 전략과 일관성이 있을 때 기업은 경쟁우위를 확보할 수 있다. 그러므로 생산구조 및 그 운용은 기업의 전략 수준에서 검토되어야 하고 이러한 생산 전략은 생산 전략 목표 또는 생산과업의 명확화, 생산 전략 목표와 생산구조 간의 일관성 유지, 생산구조에 대한 의사결정 패턴, 전향적 입장에서의 전략 개발, 그리고 전략의 주기적 검토, 생산 전략과 기업 전략 간의 일관성 유지를 통해 이루어진다.

각 경쟁 요소 간의 트레이드-오프(Trade-off)가 발생되므로 경쟁우위 요소 간의 시너지 효과를 찾아야 한다. 반대로 모든 경쟁 요소를 고려할 경우 불필요한 낭비가 발생되므로 고객들의 요구, 경쟁사의 경쟁력, 제품 수명주기 등 경쟁우위 요소의 우선순위를 고려하여 결정하여야 한다.

생산 전략을 수립할 때에는 기업이 가지고 있는 핵심역량에 대한 판단이 중요하다. 기업의 핵심역량은 통상 기업을 전략적으로 차별화시키는 요소를 말한다. 핵심역량은 핵심기술 그 이상의 것이며 기업의 특화된 전문성의 기반들을 구성하는 다수의 주요 능력을 조화롭게 연계시키는 능력으로부터 융합되어 나온다.

일본의 전자업체인 소니(Sony)사는 무엇이든 작게 만들어 버리는 소형화 능력이 핵심역량이었다. 미국의 코닝(Corning)사는 과학적 도약을 이루어 낼 가능성이 큰 부서에 집중적으로 투자함으로써 핵심역량을 극대화하였다. 이러한 예처럼 핵심역량이 결합하여 핵심 제품이 탄생되며, 핵심 제품은 사업의 기초가 되는 것이다.

생산 전략에서 기업 활동이 경쟁우위를 확보하기 위해서 기업 전략을 수립하고 이를 실행하는 일련의 과정은 상당히 중요하다 하겠다. 기업 전략과 상호 부합한 생산 전략의 수립은 기업의 생존을 위해 매우 중요한 수단이며, 기업이 가지고 있는 산업구조와 자원, 환경, 조직 문화, 고객의 니즈 등 여러 가지 경쟁요소를 충분히 검토하고 반영하여 기업에 맞는 전략을 선택하여야 한다.

기업의 경쟁우위는 기업이 생산한 제품과 서비스의 가치에 의해 나타난다. 기업에 있어 제품은 생존의 원천이고 생산은 기업의 생존 원천을 만드는 활동이며, 마케팅은 또 다른 성장 원천을 만들어 내는 과정으로 볼 수 있다.

기업 활동에서 인적, 물적, 기술적 자원 요소를 중심으로 욕구, 관계성, 환경, 가치와 상호작용을 일으키는 창출된 제조, 시장 및 경영자는 기업 경쟁력의 원천이며, 이를 기업권력이라고 부른다. 이러한 경쟁관계에서 또 다른 기업권력의 원천을 창출하는 것은 곧 기업의 경쟁력으로 나타난다.

제조 기업이 비용 우위, 차별화, 중점화 전략 중 한 가지를 추구할 경우 이러한 기업은 산업에서 평균 이상의 경제적 성과를 거둘 수 있는데, 자원에 기반을 둔 경쟁 전략 역시 기업의 정체성, 고유성을 의미하는 보존 속성에 의해 유지될 수 있고, 기술혁신에 기반을 둔 경쟁 전략은 권력의 창조 속성에 의해 신기술 및 제품 개발을 추진할 수 있다.

생산 부문의 전략적 목표가 기업의 경쟁 전략과 일관성이 있을 때 경쟁우위를 누릴 수 있으며, 생산부서와 지원부서 간 원활한 업무 협조를 위해서 수평적 일관성을 유지해야 한다. 기업은 다른 기업에 비해 경쟁우위를 점유하고 지속적으로 유지할 수 있을 때 성장할 수 있다.

장면 #5

필립은 한국에 들어오면서 대학교에서 MBA를 마쳤다. 기본적인 경영에 대한 지식을 갖추었지만, 이상하게도 마케팅을 고민할 때마다 심각한 딜레마에 빠진다. 정말 이대로 판매를 해도 되는 것인지에 대한 의문이 항상 따라 다녔다. 마케팅 관련 책들을 보아도 명쾌하게 마케팅을 이렇게 해라 하고 제안해 주지 않는다. 어떻게 마케팅을 해야 할지 불안한 마음으로 이것저것 유사한 업체들의 사례를 찾아보면서 나름대로 마케팅 방안을 연구하였다. 결국 필립은 마케팅을 단순화하기로 결정하였다. 일단 유통업체를 뚫어서 판매망을 굳히고 다음으로 제품 이름을 알리면서 판매처를 넓혀 나가겠다는 정공법을 선택하기로 하였다.

5. 마케팅 전략

기업을 운영하는 경영자 중에서도 "마케팅은 광고다"라고 잘못 이해하는 경우가 있다. 현 시점에서 광고를 통해 제품이나 서비스가 성공적으로 판매되고 매출이 증대될 수 있기 때문에 틀린 말도 아닐 수 있다. 그러나 마케팅은 현 시점뿐 아니라 미래 시점까지도 염두에 두고 행하는 전략적 기업 이미지(브랜딩, Branding) 확산 활동이라 할 수 있다. 따라서 마케팅을 판매 촉진에만 국한하는 것은 소비자를 단순히 구매하는 사람으로만 여기는 단순한 판단에서 오는 소극적 마케팅의 한 측면만을 이해한 것이다.

광고는 마케팅의 한 분야인 프로모션 전략의 일부분이다. 마케팅에는 그 외에도 제품 선택 및 개발, 가격 결정, 배포 등 다양한 것들이 포함된다. 마케팅이란 결국 소비자의 마음을 움직이는 일이라고 볼 수 있다. 따라서 마케팅 관점의 전략적 활용이란 소비자가 아닌 고객을 대하는 태도의 변화로부터 시작된다 할 수 있다.

경영자나 판매를 고민하는 많은 사람들은 마케팅을 통해 대박을 기대하지만, 실제적으로 마케팅은 인내와 끈기, 그리고 적절한 고객과의 반응을 통한 반복된 활동이다. 마케팅은 순발력이 아닌 기본으로부터 시작해야 한다. 무엇인가 만능 해결책이 마케팅이라는 생각부터 고쳐야 할 것이다. 다시 말하지만 마케팅은 기업의 성장을 위한 여러 가지 방법 중의 하나인 것으로 보아야지, 마치 마케팅만 하면 모든 문제를 해결할 수 있는 열쇠라고 착각하는 어리석음은 버려야 할 것이다. 물론 단 한 번의 제대로 된 마케팅을 통해 단박에 성공한 기업이나 판매자도 존재할 수 있지만, 그러한 경우는 마치 로또 복권을 산다고 일등에 무조건 당첨될 것이라는 헛된 희망에 다름없다. 분명한 것은 마케팅은 기업에 있어서 필수적인 판매와 기업 발전을 위한 수단이라는 점이다. 따라서 마케팅의 기본 원리와 개념을 충분히 이해하여야 하고, 또 배운 그대로 수행하는 것이 아니라 기업에 맞게 좀 더 응용하고 발전시키면서 시장 환경과 트렌드를 정확하게 읽고 그에 맞는 최적화된 전략을 도출해 내야 할 것이다.

우선 마케팅에 대한 개념부터 확실하게 정의하도록 하겠다. 마케팅을 사전적 의미로 보면, 생산자가 상품 또는 서비스를 소비자에게 유통시키는 데 관련된 모든 체계적 경영 활동을 말한다.

미국마케팅협회(American Marketing Association, AMA)에서는 마케팅을 “the activity, set of institutions, and processes for creating, communicating, delivering, and exchanging offerings that have value for customers, clients, partners, and society at large”라고 정의하고 있다. 결국, 마케팅이란 ‘고객을 창조하고 고객을 만족시키며, 고객을 유지하는 활동’을 의미한다(Marketing is used to create the customers, to keep the customers and to satisfy the customers.).

마케팅은 1950년대 이후 고도 성장기에 생산이 수요를 초과하면서 과잉 생산력을 해결하기 위해 탄생하였다. 그 이후 본격적인 마케팅 활동이 전개된 것은 1970년대 이후로 볼 수 있다. 경제가 고도화되고 경쟁이 치열해짐에 따라 판매를 위한 다양한 수단과 방법이 이론적으로 제시되었고, 많은 영업 전선에서 시도된 방법과 경영자들의 전략적 방안들이 결합하여 현재의 마케팅에 이르게 된 것이다.

초기 마케팅은 영업의 보조 수단으로 여겨졌었다. 그러나 영업과 마케팅이 구분되기 시작했는데, 영업은 판매 활동의 한 수단으로서 만들어진 제품이나 서비스를 파는 것을 말하며, 마케팅은 어떻게 해야 소비자의 니즈를 파악할지, 어떻게 해야 소비자를 만족시킬지에 대한 계획을 수립하고 실행하는 것으로 판매를 포함한 선택을 위한 전반적인 전략을 포함하는 활동으로 구분할 수 있다.

앞서 설명한 바와 같이 마케팅은 단순히 판매만을 위한 활동이 아니다. 궁극적으로 고객에게 기업의 이미지와 브랜드 가치를 주어 제품을 선택하게 하는 일련의 활동으로서 그 영역은 다양하게 구분할 수 있다. 마케팅은 공익적 목적으로 하는 공익 마케팅, 스포츠 분야의 스포츠 마케팅, 문화 마케팅, 지역 마케팅, 국가 마케팅 등 그 범위와 대상에 따라 달라진다.

공익 마케팅(Social Marketing)의 예로는 금연 캠페인이나 음주운전 방지 캠페인 등을 들 수 있다. 스포츠 마케팅은 스포츠 자체를 마케팅하는 것과 스포츠를 마케팅 활동에 이용하는 것 등으로 두 가지 의미의 마케팅으로 구분한다.

문화 마케팅은 문화 행사를 더 많은 고객이 즐기게 하도록 하는 것을 말하며 지역 마케팅은 지역별 국제 영화제, 특산물 축제, 드라마 세트장 등의 홍보와 선전을 말한다. 국가 마케팅은 국가에 관련된 다양한 이미지와 국가 행사 등을 홍보할 목적으로 수행되는 마케팅을 말한다.

마케팅에서 가장 중요한 것은 고객 니즈(Needs)를 명확하게 알아야 한다는 것이다. 니즈를 마케팅 관점에서 정의하면 '충족시키고자 하는 욕구' 또는 '제품이나 서비스 구매를 촉발하는 요인'을 말한다. 이러한 니즈를 충족시키기 위해서는 기업은 가치(Value)를 고객에게 제공하여야 한다. 가치란 '소비자의 니즈를 충족시키기 위해 생산 판매자가 제공하는 것'이라고 할 수 있다.

마케팅 전략을 수립하기 위해서는 기본적으로 단계에 따라 진행하면 전체적인 흐름을 파악할 때 도움이 된다.

기본적으로 마케팅은 전략사업단위(Strategic Business Unit, SBU)[9]가 설정되면서 시작된다. 전략적 사업단위, SBU란 기업이 전략적 사업 영역을 설정하여 이를 효율적으로 기업 수준에서 마케팅 관리를 하고자 하는 사업부 단위로 보통 최고 경영자로부터 생산과 판매에 관한 권한을 위임받고 경영 성과에 대한 책임을 지는 독립적 사업단위를 의미한다. 즉, 기업이 그 시점에 필요하다고 판단된 제품의 생산이나 사업에 대해 독립적으로 구분한 것을 말한다. 이러한 전략사업단위가 확정되면, 그에 따른 시장성을 판단하고 필요하다면 새롭게 조직을 구성하기도 한다. 이러한 토대를 기본으로 하여 사업 전략을 수립하는 것이고, 그에 따른 다양한 마케팅 방법을 도출하기 위해서 STP 단계를 거쳐 4P 믹스로 단계별 절차 분석을 하여 정확도와 관련성을 높이고 수행할 수 있는 마케팅을 최종 도출하는 것이다.

여기서는 마케팅의 아버지라 불리는 필립 코틀러(Philip Kotler)[10]가 제시한 마케팅 프로세스를 통해 전략 수립에 활용하고자 한다.

필립 코틀러는 마케팅 프로세스 'R-STP-MM-I - C'를 제안하였다.

9) 전략사업단위(Strategic Business Unit, SBU) - 종래의 사업부제 조직의 한계를 극복하기 위해서 1970년대 초반에 미국의 GE사에 의해 최초로 채용된 조직 체제

10) 필립 코틀러(Philip Kotler) - 노스웨스턴 대학 켈로그 경영대학원 석좌교수. '마케팅의 아버지'라 불리는 마케팅의 대가이자 세계적인 경영사상가다.

첫째, 마케팅을 위한 계획을 수립하고 전략을 세우는 첫 단추는 "정보 수집과 분석(Research)"이다.

현재 상황과 환경을 분석하는 것이다. 우리의 고객이 누구인지, 고객의 니즈는 무엇인지, 우리의 경쟁자와 시장 환경은 어떤지 등을 분석하고 관련 자료를 수집하고 분석하는 단계를 말한다. 경쟁업체와의 치열한 살바 싸움과 도대체 만족할 줄 모르는 고객들의 니즈는 더욱더 다양하고 복잡하게 변화하고 있다. 이러한 전쟁과 같은 시장 환경 속에서 제대로 된 분석을 하지 않는다면 큰 실수를 겪게 될 것이다.

두 번째 단계는 "STP" 전략을 수립하는 것이다.

STP는 크게 3가지로 구분하는데, ① 시장 세분화(Segmentation), ② 목표 고객(Targeting) 선정, ③ 포지셔닝(Positioning) 전략 순으로 수행한다.

❶ Segmentation – 시장세분화

여기서 시장세분화란 관련 시장을 세분화시켜 전체 시장을 분류하는 것을 말한다. 마케팅을 진행하고자 하는 시장의 분석을 통해 전략을 도출해 내는 것이다. 시장세분화는 국내, 해외, 연령, 성별 등으로 나누어 분석하여 공략할 시장을 선택하는 과정으로서 관련된 시장 전체를 공략하는 것은 어렵다.

따라서 시장을 세분화하여 목표시장을 설정하면 되지만 목표시장에서 제외되어서 공략 가능성을 놓칠 수도 있으므로 신중한 조사와 분석이 필요하다.

❷ Targeting – 타깃팅

첫 번째 분석을 통해 시장세분화가 완료되면 두 번째 단계로 목표시장을 선택하는 과정을 갖는다. 시장 타깃의 특징과 같은 구체적인 목표를 설정하여야 한다. 만약 목표시장을 너무 넓게 잡으면 마케팅 효율성이 떨어질 수 있고 또 너무 좁으면 마케팅 효과가 줄어들 수 있으므로 적절한 마케팅 범위를 조절하는 것이 중요하다.

이러한 이유로 타깃팅을 '목표시장 선정'이라고 부르기도 한다.

❸ Positioning – 포지셔닝

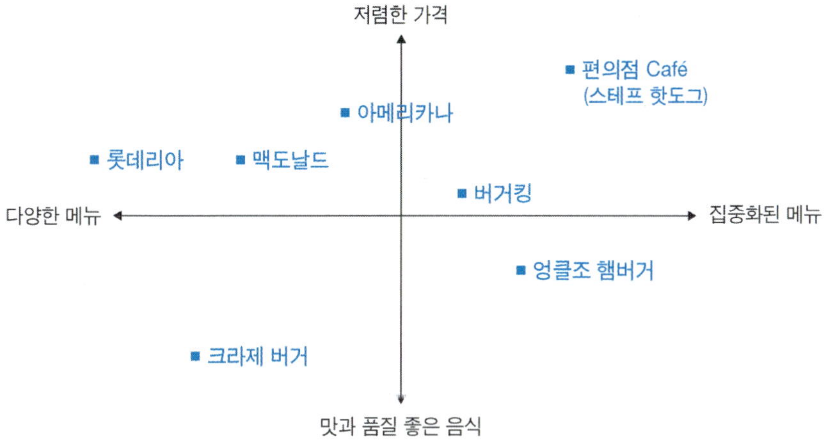

| 패스트푸드의 포지셔닝 맵(Map) 예시 |

STP의 마지막 단계인 포지셔닝은 설정한 목표시장에 속해 있는 고객의 Needs를 파악하고 충족시키기 위한 특별한 분석 단계이다. 이는 기업이나 제품의 위치를 시장에서 명확하게 자리 잡게 하는 과정이며, 마케팅의 기본이자 중요한 개념으로서 기업의 최종 목표가 되기도 한다.

고객들에게 기업에 대한 긍정적인 이미지를 심어줄 수 있는 포지셔닝이 바람직하다. 소비자에게 기업 혹은 제품의 이미지가 한번 각인되면 다시 바꾸기가 어려우므로 초기 포지셔닝은 아주 중요하다. 포지셔닝은 고객의 마음을 훔치는 기술이다. 따라서 포지셔닝을 시도할 때에는 절대적으로 고객의 입장에서 포지셔닝 콘셉트를 제안해야 한다.

한 예로 우리에게 잘 알려진 한신포차의 포지셔닝 방식을 살펴보면, 한국의 오랜 전통적 '포장마차' 하면 작고 메뉴도 별로 없는 초라한 이동주점이라는 개념이었는데, 이러한 개념을 대형 실내포장마차에서 먹는 독특한 메뉴라는 콘셉트를 포지셔닝했다고 볼 수 있다.

포지셔닝은 목적에 따라 '새로운 이미지를 창조할 것인지', '기존 이미지를 강화할 것인지', 아니면 '재포지셔닝을 통해서 기존의 이미지를 버리고 새로운 변화를 할 것인지' 등 크게 3가지로 분류할 수 있다.

포지셔닝의 기준은 서비스의 속성, 서비스의 용도, 가격, 품질, 서비스 등급, 경쟁자 등을 분석하고 활용하여 자사에 부합되는 포지셔닝 전략을 수립하는 것이 중요하다.

세 번째 마케팅 프로세스는 "4P Mix" 단계이다.

STP로 누구에게 어떤 혜택을 줄까에 대해서 고민하였다면 다음 단계인 4P 분석의 진행으로 STP를 현실화하는 것이다. 이 단계에서는 4P 분야에 맞는 전략을 생성하여 상호 보강을 통해 "마케팅 믹스(Marketing Mix)"를 최종 전략으로 도출해 내는 것이 목적이다.

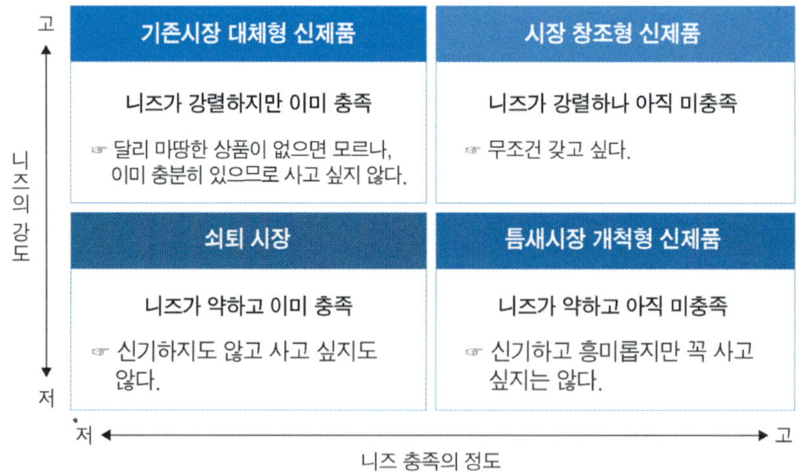

4P는 제품(Product), 가격(Price), 유통(Place), 촉진(Promotion)의 4가지 영역으로서 고객에게 실제 드러나게 되는 과정으로 전술적 마케팅이라고 불린다. 물질적인 재화를 포함하여 제품의 품질, 패키지, 브랜드, 서비스 등 고객의 만족도를 높이는 방안을 모색한다는 개념이다. 4P에 해당하는 목표를 달성하기 위한 마케팅 전략을 마케팅 믹스라고 한다.

네 번째 마케팅 프로세서는 도출된 마케팅 믹스를 실제적인 시장에 적용하기 위한 "실행" 단계이다. 즉, 시장 환경을 분석하고 구체적인 타깃을 설정한 후 4P를 통한 마케팅 목표 전략을 세웠다면 최종 전략의 방향에 의거하여 작성한 플랜을 실행하는 단계인 것이다.

마지막 다섯 번째 마케팅 프로세스는 "통제와 평가"의 과정이다.

이 마케팅 프로세스의 마지막 단계인 통제와 평가(Control)는 계획에 의해 실시한 마케팅 전략의 영향력과 반응을 평가하는 과정이기도 하다. 계획한 마케팅의 실행과 효과를 측정하고, 과정에서 시행착오를 반복하며 계속해서 좋은 마케팅 전략이 될 수 있도록 만들어나가는 과정으로서 가장 중요한 단계라 할 수 있다.

일반적으로 기업의 목적은 이윤 창출을 위한 것이고, 그러한 이윤 창출을 위해 사업을 한다.

사업은 곧 고객 창출에 의해서만 이루어진다. 이렇듯 이윤 창출을 위해서는 탄탄한 마케팅 전략을 실행해 나갈 수 있을 때 사업의 발전도 자연스럽게 이어질 것이다. 따라서 실행 가능한 목표와 임무를 설정하는 것, 바로 사업의 마케팅 전략, 계획 수립이 중요한 이유이다.

마케팅의 가장 중요한 포인트 중 하나는 경쟁자와 달라야 한다는 것이다. 우리는 이것을 "차별화"라고 한다. 차별화의 핵심은 고객이 자사의 제품에 대해 경쟁사의 제품과 다르게 생각할 때 가능한 것이다. 즉, 고객이 경쟁사에 비교하여 자사의 제품에 더 많은 가치를 부여해 줘야 한다는 것이다.

공급자 스스로 가치가 있다고 주장하는 것은 고객을 외면한 일방통행일 뿐이며 실제 사업을 전개하는 과정에서 큰 낭패를 당할 수 있다. 따라서 공급자 관점에서의 일방적 가치가 아니라, 고객이 느끼고 인정하는 가치여야만 의미 있다는 말이다.

구분	내용
물리적 (Physical)	• 편안함, 기쁨 같은 감정뿐만 아니라 근본적인 생존 니즈와 관련 • 시각, 청각, 미각, 촉각, 후각
감성적 (Emotional)	• 인간의 감정과 관련 • 변화가 심해서 예상하기 어려우며 매우 주관적인 평가
지적 (Intellectual)	• 학습하고, 좋아하는 것을 평가하고, 뛰어난 것을 감상하며, 완전한 것을 추구하는 것 등에 대한 평가
정신적 (Spiritual)	• 종교 등 인간 본질의 매우 핵심적인 가치에 대해서 평가 • 미, 예술, 창의력, 자기 발견 등

고객이 부여하는 가치를 예측할 때 가치 부등식(Perceived Value)을 활용하는 것도 좋은 방법이다. 가치 부등식은 소비자 잉여를 크게 해야 판매가 증가하며, 생산자 잉여를 크게 하면 이윤이 증가한다는 원리이다. 따라서 장기적으로 바람직한 방향으로 갈 수 있도록 가격과 원가를 결정해야 할 필요가 있다.

가치 부등식을 다른 말로 기업의 생존 부등식이라고도 한다. 즉, 원가보다 가격보다 가치가 중요하며, 이는 기업의 생존과 직결된다는 개념으로 보면 된다.

V 〉 P 〉 C
(Value 〉 Price 〉 Cost)

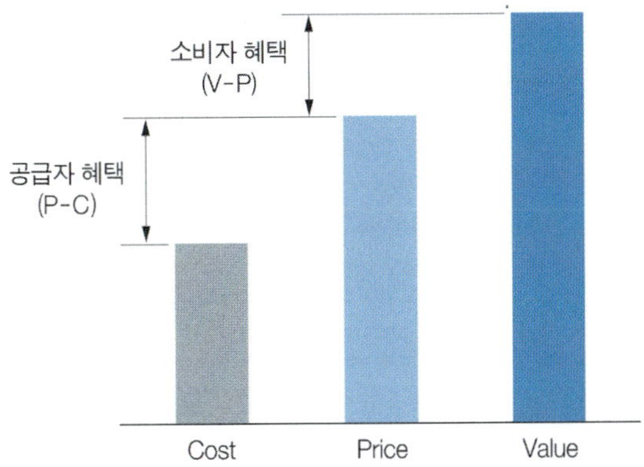

다시 말하면, 이 부등식이 유지되어야만 기업이 생존할 수 있다는 말이다. 고객이 느끼는 가치(V)가 가격(P)보다 높아야 고객이 구매를 선택하게 된다.

이러한 V와 P의 차이를 '소비자 효용'이라고 한다. 그리고 고객이 지불할 가격(P)이 기업이 들인 비용(C)보다 높을 때, 기업이 이익을 내서 사업을 지속할 수 있게 된다. 이를 '생산자 효용'이라고 한다.

당연한 이론이지만, 실제로 따르기에는 쉽지 않다. 독점적 기업들은 P를 V보다 높게 해서 소비자들에게 "폭리"를 취한다고 비판을 받기도 한다. 그리고 대부분의 스타트업(Start-Ups)들은 제작과 운영 비용(C)이 소비자들이 내는 가격(P)의 합인 매출보다 더 많이 발생하는 상황이 되므로, 적자에 허덕이다가 부도를 맞기도 한다.

일단 기업이 V > P > C의 관계를 달성하게 되면, 장기적으로도 지속적인 성장을 위하여 택할 수 있는 방향은 크게 두 가지가 있다. V와 P의 거리를 벌리거나, P와 C의 거리를 벌리는 것이다. 즉, 혁신과 창조를 통해 소비자들이 느끼는 가치를 높이고, 그에 맞춰 P도 함께 올리거나 아니면 원가를 낮춰서 C를 더욱 내리는 방법이다.

이상적으로는 V를 높이고 그에 맞춰 P도 따라 올라가는 것이 바람직하겠지만, 이를 행하는 것이 어렵다. 이미 안정적으로 V > P > C의 관계에 있는 기업에서 혁신적인 인재가 많이 있기도 힘들지만 당장 단기적인 이익 목표를 맞추어 상여금을 높이려면 V-P를 건드리는 것보다 C를 낮추는 게 더 쉽기 때문이기도 하다.

Illuminations사
단순한 백색 양초 vs. 향기 나는 양초 vs. 목욕탕에 꽃과 함께 놓인 양초
• 백색 양초(물리적) : 단순히 불을 밝히는 목적(왁스) – 2달러 • 향기 양초(감성적) : 기분 좋은 냄새를 제공 – 8달러 • 양초가 놓인 스파(정신적) : 향기 + 편안함을 느낄 수 있는 분위기를 제공 • 3가지(physical, emotional, spiritual) 수준에서 가치를 제공하고 합치면서 가치가 커짐
결과 : Value Maximization

사우스웨스트 항공사
차별화를 통한 고객 가치 구현
1. 포커스 : 친절한 서비스, 속도, 소도시 간 빈번한 운항 2. 차별성 : 중소 도시 간의 직항 노선 개척 (기존 항공사는 대도시 터미널 집중 방식으로 운항) 3. 슬로건 : "언제라도 당신이 원할 때, 자동차여행 비용으로 비행기 속도 여행을 즐겨라"
결과 : Value Maximization

IKEA의 새로운 가치 제안과 신시장 개척
IKEA의 새로운 Value Proposition
• 고객 : 신세대 혹은 젊은 가족, 가격에 민감한 특징 • 가치 : Scandinavia 스타일의 디자인 신속한 배송, 집 같은 디스플레이 맞춤형 조립식으로 DIY 제공 • 방식 : 자체 디자인으로 핵심역량 강화 물류 전산화, 재고 다량 확보로 배송시간 단축 단순한 디스플레이와 손쉬운 제작 방식으로 고객이 직접 조립할 수 있도록 함 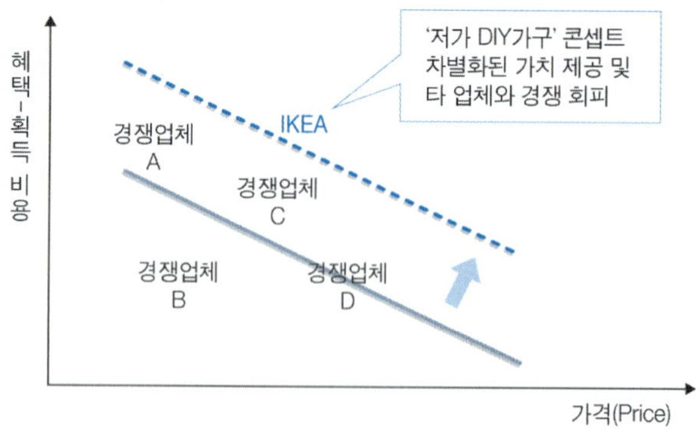
결과 : Value Maximization

최근의 경영환경은 과거와는 확실히 다른 양상을 보여 주고 있다. 특히, 4차 산업혁명이라 불릴 만한 기술적 융합 시대를 경험하고 있는 시점과 그에 호흡을 같이하는 경제의 진화는 새롭게 가치에 대한 개념도 바뀌는 추세이다. 일례로 가치는 상품에서 경험으로 이동 중이며, 경험 경제와 마케팅의 대응도 놀라운 속도로 변화하고 있다. 한번 정해졌다고 그 가치가 영원할 것이라는 착각은 하지 않아야 한다. 특히, 소니, 코닥, AT&T, 대우자동차 등 전통적 기반의 산업을 이끌었던 글로벌 기업들의 침몰은 어찌 보면 현재의 시대적 변화에 적응하지 못하고 몽니를 부리는 산업 리더들에 대한 고객들의 역습일 수 있다.

이러한 추세를 반영하듯 미래 기술과 신 소비문화로 무장된 구글, 페이스북, 트위터, 아마존 등 인터넷 신흥기업들이 속속 등장하고 있는 것도 무관하지는 않을 것이다. 또 GE나 GM, 현대자동차, 포드 같은 전통적 기반의 기업들이 30년 이상의 오랜 기간에 걸쳐 이룩한 기업구조를 알리바바, 페이스북, 샤오미 등과 같이 불과 10년이 되지 않는 기간에 단숨에 돌파하는 신생기업들이 나타나기 시작했다.

여기서 마케팅 관전에서 조심스럽게 다가서야 할 부분이 있다. 우선 고전적 마케팅에서 발견하지 못한 새로운 시대에 맞는 숨겨진 니즈(Needs)와 가치(Value)를 재발견할 시점이 되었다는 것이다.

예전에 코카콜라는 펩시의 도약에 맞서 기존제품의 생산을 중단하고 새로운 맛의 'New Coke'를 출시하였으나, 소비자들의 강한 불만에 부딪혀 실패하게 된다. 'New Coke'의 실패는 다음의 표에서와 같은 이유도 있지만, 궁극적으로는 고객의 변심과 숨겨진 니즈를 파악하지 못한 전통적 기업들이 갖는 폐단일 수 있다.

출시 배경	• 1970년대 후반, 펩시는 젊은 층을 주요 타깃으로 'Pepsi Challenge' 이벤트를 대대적으로 개최하면서 코카콜라의 아성에 도전 • 그 결과, 1972~1982년 사이 코카콜라만 마시는 소비자 비율은 6% 줄어든 반면, 펩시만 마시는 비율은 7% 증가 • 펩시의 도약에 위기감을 느낀 코카콜라는 'New Coke'라는 새로운 제품 개발을 통해 시장 1위의 위치를 굳히고자 함
출시 결과	• 소비자들의 항의 급증과 저항 심리 확산 – 7월에 실시한 여론조사 결과, 응답자의 70%가 신제품에 대해 부정적 – 일부 시민들은 "신성한 미국의 상징이 훼손당했다"고 성토 • 테스트 제품과 시판된 제품의 음용 환경 차이도 영향 – 테스트에 사용된 콜라는 섭씨 0℃ 제품이었으나, 실제 소비자들이 구입하는 콜라의 온도는 이보다 약간 높음
시사점	• 결국, 1985년 7월 전통 코카콜라를 'Coca-Cola Classic'이란 이름으로 재출시하게 됨

산토리의 DAKARA

새로운 제품의 개발

DAKARA의 신제품 전략

[전략 목표]
스포츠 음료시장의 포카리스웨트와 아쿠아리스의 아성을 깰 새로운 제품을 개발해 내기로 결정

[상황]
포카리스웨트와 아쿠아리스 시장점유율: 90%

1차 콘셉트 도출 → 기각
- 개발 시작 2년 후 '한 번 더 힘내어 일하는 남자의 스포츠 음료'라는 개념을 도출했으나 기각
- 현장 조사 결과, 운동 전후보다 숙취 시나 업무 중에 마신다는 응답이 압도적

발상의 전환 → 재출발
- 경쟁 논리에서 벗어나, 소비자가 스포츠 음료를 마시는 근본 원인에 대해 연구 및 분석하기 시작
- 포카리스웨트의 '탁한 기운을 띤 무색'이라는 특성이 모유와 같은 이미지를 준다는 사실을 파악

신규 콘셉트 도출 → 제품 개발
- Mother 음료라는 기본 콘셉트 도출
  '나를치 유해 주고 지켜주는 요소'라는 개념 강조
- 생활의 동반자 DAKARA' 출시
  '영양의 불균형과 불규칙적인 생활로부터 현대인의 삶을 지켜주는 신체 균형 음료'

결과 : Value Maximization

소비자가 갖는 충성도도 예전과는 판이한 양상이다. 브랜드 충성도가 심각하게 훼손되고 있는 것은 고객의 탓이 아니라 변화하는 소비자 문화에 대한 안일하고

잘못된 판단의 산물이다.

잠재적 고객들에 대한 평가도 달라지고 있다. 소비자가 반드시 어느 일정한 제품이나 브랜드에 충성적으로 반응해야 한다는 논리는 사실 설득력이 없는 주장이다. 고객은 크게 고객과 비고객(Non-Customer)으로 나뉘며, 고객의 가치는 현재로서는 크나 향후 미래의 고객 가능성에 대해서 회원이나 페이백(Pay-Back) 등의 장치를 준다고 해서 묶어 둘 수 있는 것이 아니다. 또 비고객의 가치는 잠재적인 수요와 지속적 기업 성장을 위해서는 끊임없이 확보해야 하는 기업의 숙제가 된다. 특히, 비고객의 가치를 현재 시점과 미래 시점으로 이분화하여 마케팅을 적용하여 잠재 고객의 가치 충족을 통한 시장 확대에 기업의 역량을 할당할 가치와 필요가 충분한 것이다.

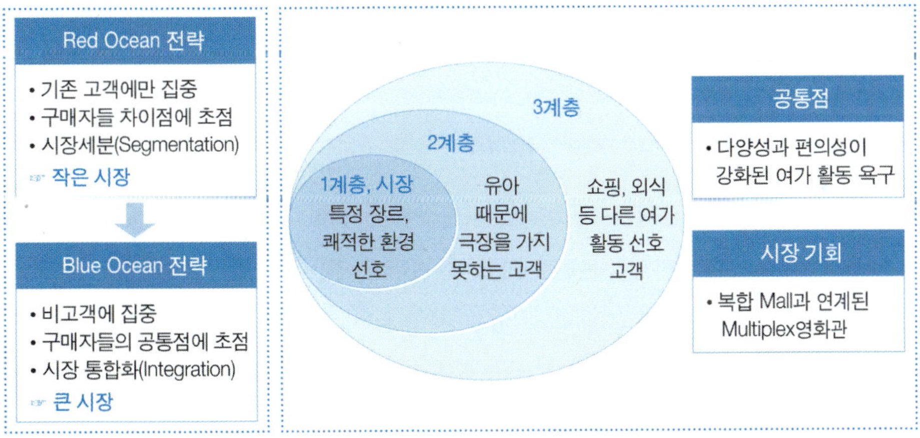

기업에 있어서 가장 핵심적인 목표는 마케팅을 통해 고객의 마음을 사는 것, 이것이 궁극적인 목표일 것이다. 그러기 위해서는 기업은 경쟁사뿐 아니라 경쟁 제품에 대한 차별화를 구현해야 하며, 기업만의 브랜드를 인지하도록 성립시키는 것이다. 따라서 앞으로는 제품 및 서비스 확장, 집중화가 점점 더 중요해질 것이다.

	의미	사례
기술적 차별화	• 기술적 차별화 • 산업 성숙 및 제품 수명의 단축으로 점차 어려워짐 • Cost 절감이 동반된 기술적 차별화가 필수	• PDP-TV, LCD-TV 등 디지털 TV는 기존 TV보다 화질이 월등하면서 두께는 현저히 얇아서 소비자가 좋아함
커뮤니케이션 차별화	• 광고 등을 통한 브랜드 이미지 제고 • 기존 방법은 많은 광고비가 드는 데다 광고 효과도 불투명함 • BTL에 주목	• 대부분의 Luxury Goods, Fashionable Goods
제품 및 서비스 개념의 확장	• 기존 제품에 부가 서비스를 제공하거나 다른 기업과의 제휴 등 • 막대한 연구개발비나 광고비가 필요하지 않음. 따라서 창의적 아이디어가 필요	• 주유소의 세차 서비스 • 마트의 주유소
제품 및 서비스 개념의 단순화	• 집중화된 콘셉트로 복잡한 시장에 지친 소비자들에게 소구	• Walmart, Costco • 외팅어 맥주, 구글

마케팅은 시대와 환경에 따라 적절한 대응과 방안을 마련해야 하지만 가장 중요한 차별화를 통해 가치를 생성하는 수단이 되어야 한다. 차별화의 여러 사례 중에서 단순화된 차별화의 사례로 외팅어 맥주를 들 수 있다. 외팅어는 맥주 사업에 있어서 '오직 맛으로 승부한다.'라는 콘셉트로 차별화하여 기존 강자들을 위협하면서 독일 맥주시장에서 M/S 4위의 회사로 부상하였다.

구글의 경우는 인터넷 검색 플랫폼을 통해 차별화에 성공한 경우이다. 인터넷 열풍이 일던 시대에 야후나 라이코스 등 경쟁사들이 자료수집과 다양성에 집중하면서 등한시한 검색엔진의 기술혁신과 검색 기능에 구글은 상당한 기술과 노력을 집중하였다. 이러한 검색 방식과 기술의 차별화된 콘셉트를 통해 구글은 글로벌 검색시장에서 성공할 수 있었다.

2016년 구글의 가장 큰 성공과 실패 사례를 통해 기업의 차별화 콘셉트를 보도록 하겠다.

시장 상황
- 독일맥주 시장의 쇠퇴기
- '97~'02년 기간 동안 7.5% 감소
- 경쟁심화로 다수회사퇴출

콘셉트
- 맛 있는 맥주를 빨리, 싼 가격으로공급
- 마케팅 등 소모적 비용 요소 과감히 포기

성과
- 벡스, 크롬바커 등 2대 맥주회사를 위협하면서 M/S 4위 입지로 부상

경쟁사 (벡스, 크롬바커 등)	전략(4P)	외팅어 맥주
• 세련된 포장, 환상적인 맛, 품격 있는 제품	제품	• 투박하고 단순하지만 맛있음 • 저가 정책: 1박스 6유로 vs. 경쟁사 11유로
• 고객의 눈에 띄게 함 TV광고, 자동차 경주나 프로 축구 스폰서 등 활용	판촉	• 고객은 광고에 싫증이 나 있음 • 맛, 입소문으로 승부 / 무 광고 • 맥주병 자체의 디자인도 평범
• 줄어드는 맥주 시장에서 승부하기 위해 최대한 몸집 불리기 시도	조직 운영	• 최소의 고급인력 유지 • 정통 양조기술을 갖춘 공장만 운영 최신 설비 집중투자 → 최상 생산성 유지
• 기존 중간 유통망뿐 아니라, 작은 소매점에 이르는 폭넓은 다양한 유통 경로 확보	유통	• 대형 할인 매장과의 직거래로 유통 비용 절감 • 여러 곳에서 찾을 순 없지만 그곳에 가면 꼭 찾을 수 있음

| 외팅어 맥주의 전략 |

먼저 성공 사례로서, '반짝 빛난 구글포토스'를 들 수 있다. 구글포토스는 이미 2015년에 무제한 스토리지와 무서울 정도로 정확한 얼굴 인식 덕분에 반짝반짝 빛을 발하고 있었다. 그리고 훨씬 더 좋은 기능과 함께 사용자에게 꾸준한 인기를 끌고 있다.

새로운 분류 기능, 비디오 기반 애니메이션 기능, iOS 라이브 포토스 지원 기능이 추가됐다. 또 다른 사용자와 훨씬 더 쉽게 콘텐츠를 공유할 수 있게 됐고, 인쇄 사진을 쉽게 디지털화할 수 있는 기능이 도입되었다. 사실 이미지 관리는 말을 할 줄 아는 가상 비서, 새 스마트폰만큼 주목을 받기에는 힘든 기술이지만, 누구나 중요하게 이용하는 서비스이며, 구글은 이 부문에서 큰 성공을 거두었다.

구글의 실패 사례로는 '웨어러블과 안드로이드 TV'에 대한 부분이 있다. 2016년에 구글이 스마트폰과 스마트 홈을 위한 AI를 더욱 중시하면서 웨어러블과 스트

리밍 TV 디바이스는 뒷전으로 물러나게 된다.

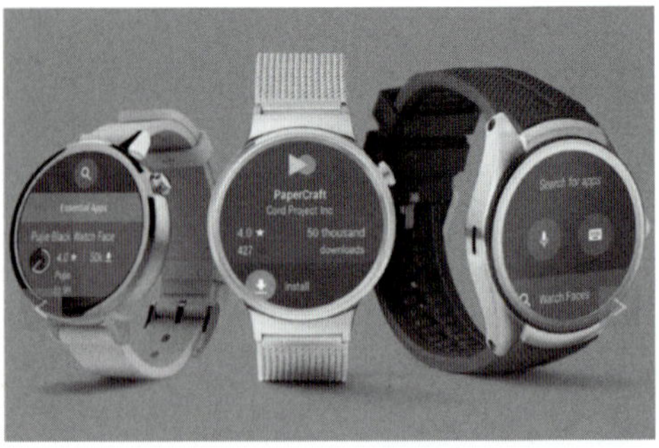

그해 5월로 계획되었던 스마트워치 시스템의 대대적인 업그레이드인 안드로이드 웨어 2.0 발표가 다음연도로 연기됐다. 또 오랜 하드웨어 파트너인 모토로라는 새 스마트워치 출시 계획이 없다고 발표했다.

안드로이드 TV 프로젝트에도 큰 관심이 없는 듯 보인다. 중요한 소프트웨어 업데이트가 전혀 없었다. 또 새로 출시된 셋톱박스는 샤오미의 미(MI) 박스가 유일했다. 구글은 아무런 홍보 활동도 하지 않았고, 월마트에서 조용히 팔리기 시작했을 뿐이다. 이러한 잘못 실시한 기술과 판매 전략은 막대한 비용을 지불하고 결국은 실패로 귀결되었다.

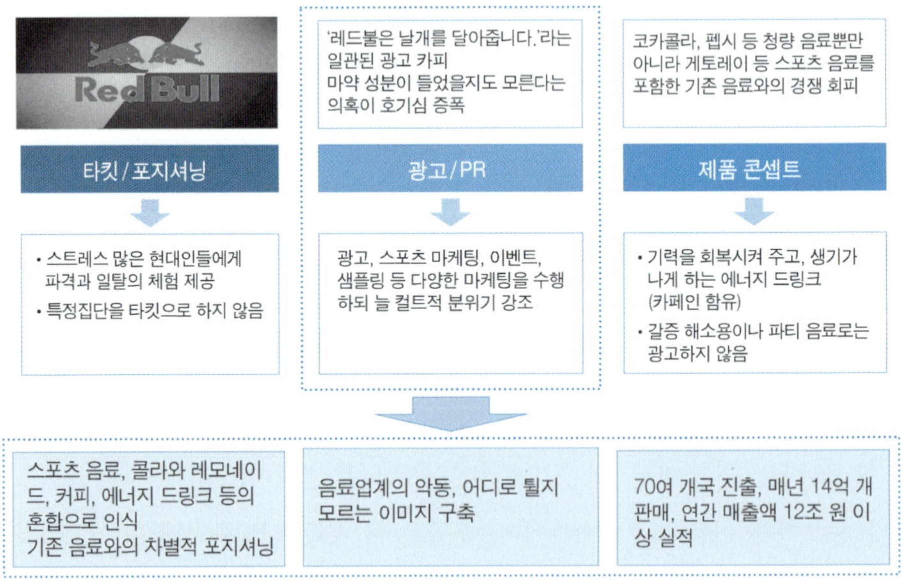

차별화의 또 다른 사례로 일관된 차별화를 시도한 레드불의 차별화 전략을 살펴볼 수 있다. 레드불은 작은 회사로서의 조건을 잘 살려 컬트적 분위기의 톡톡 튀는 마케팅을 전개함으로써 음료업계의 새로운 강자로 부상할 수 있었다.

차세대 마케팅의 필수 요소는 소비자 문화와 사회적 변화, 기술적 진보가 가져오는 다양한 경영 환경에 얼마나 빠르고 적합하게 적응하였는가가 관건일 것이다. 차세대 온라인 마케팅에 있어서 소셜미디어와 위치 서비스, 모바일의 결합이 필수가 될 것이다.

미국 디지털 마케팅 회사인 아이크로싱(iCrossing)의 모바일 부분 책임자인 맥링은 세 가지 툴을 결합하는 것은 각각의 용도를 진화시킨 것이라면서, "인터넷이 그러했던 것처럼 새로운 미디어가 고객과 소통하는 새로운 방법이 시작되는 것을 목격하고 있다. 스마트폰이라는 놀랍고 아름다운 기기가 우리 손에 있기 때문이다"라고 말했다.

미국의 일부 도시에서 아이스크림 트럭을 운영하는 쿨 하우스(Cool Haus)의 지역적으로 타깃이 된 소셜미디어 마케팅 전략을 보면, 쿨 하우스는 아이스크림 트럭의 위치를 사전에 결정하고, 해당 지역의 '소셜 영향력이 있는 사람, 소셜 인플루엔서(Social Influencer)나 소셜 네트워크에서 거대한 관계를 맺고 있는 사람을 찾는다. 그리고 이 사람에게 아이스크림 쿠폰을 제공하고, 트럭이 근처에 있다는 사실을 소셜미디어를 통해 알리도록 한다. 소셜 네트워크와 위치 기반 툴이 결합된 사례는 포스퀘어(Foursquare)에서 확인할 수 있다. 포스퀘어에 체크인을 한 사람에게 쿠폰이나 다양한 프로그램들을 제공하는 것이다.

이런 방법의 마케팅은 작은 회사에 가장 유리할 수 있다. 왜냐하면 대형 업체는 간단한 테스트에도 직원 교육에 많은 시간이 걸리고, 실패했을 경우 복구도 상당한 어려움이 있으므로 이런 테스트에는 어려움이 있기 때문이다. 그러나 작은 규모의 업체들은 간단히 10명의 카운터 담당 직원들에게 고객이 오면 모바일에 있는 쿠폰을 사용할 것인지 물어보라고 지시하기만 하면 된다.

실제로 너무 많은 새로운 서비스들이 한꺼번에 등장하면서, 어떤 것이 적합한

지 찾는 것이 힘들 수 있다. 기업이 경쟁사와의 시장에서 승자가 되기 위해서는 차별화된 마케팅을 통해 신제품 인지도를 높이는 것이 중요한 생존 전략이 될 수 있다. 따라서 신제품 초기 인지도 향상을 위해 신경 써야 할 것이다.

기업이 신제품 마케팅을 성공적으로 하려면 신제품 론칭 마케팅을 성공적으로 수행한 회사들이 활용했던 방법을 조사하고 분석해야 한다. 이를 통해 적절한 모델을 선택하고, 실행해 보고, 피드백한다. 그러한 과정을 통해서 가장 효과가 좋은 방법을 찾아 회사의 마케팅 프로세스에 적용하는 것이다. 대대적인 마케팅 활동에 앞서 이러한 과정을 진행하면, 유료광고와 콘텐츠 마케팅의 효과도 커질 수 있다.

❑ 신제품 출시에 적합한 성공적인 마케팅 방법

첫 번째로 신제품 출시 전에 VIP 고객에게 먼저 알리는 것이다.

신제품 출시 전 가장 먼저 할 일은, 충성고객에게 신제품 소식을 알리는 것이다. 충성고객은 팬과 같다. 회사의 제품에 관심이 제일 많고, 자주 반복해서 구매하는 사람들로서 신제품 소식을 이메일 등 가용한 방법으로 충성고객에게 가장 먼저 보내는 것이 중요하다. 이들은 가장 먼저 샀다는 뿌듯함을 느끼고, 주변에 알리며, 브랜드를 더 좋아하게 될 것이기 때문이다.

충성고객에게 신제품 소식을 전할 때 중요한 점은 이들이 특별한 사람이라고 느끼게 해야 한다. 아직 출시도 안 된 제품을 먼저 쓴다는 얼리어답터(Early adopter)의 특권을 즐기게 해주는 것이다. 또 충성고객이 먼저 써보면서 피드백을 주면서 브랜드를 돕는다는 사실을 인지하도록 해야 한다. 이메일, 카카오톡, 메신저 등을 통해 특별 할인쿠폰을 제공하거나, 구매 혜택을 포함하는 것도 좋은 방법일 것이다.

두 번째는 제품 촬영을 계획적으로 하는 것이다.

신제품은 비주얼이 상당히 중요하다. 잠재고객이 제품의 특징과 장점을 명확히 이해해야 한다. 그들이 잘 이해할 수 있도록 촬영 비주얼과 콘셉트가 중요한 것이다. 제품 출시 전에 꼭 제대로 된 제품 사진을, 가능하면 영상까지 준비하는 것이 좋다. 향후 마케팅에 활용하기 위해서 필요한 콘텐츠 종류를 먼저 기획하여 촬영 계획을 세우는 것도 잊어서는 안 된다. 사진, 영상, 기타 인터랙티브 미디어 소스를 촬영 일에 모두 촬영해 놓도록 한다. 소셜미디어, 이메일, 광고에 어떻게 사용할지도 미리 계획하고 이에 맞춰 촬영하는 것이 중요하다.

세 번째로는 인플루언서의 도움을 받도록 하는 것이다.

온라인 쇼핑의 경쟁이 날로 치열해지고 있고, 더 많은 브랜드들이 새로운 오디언스를 확보하기 위해 인플루언서를 활용하고 있는 추세이다. 이제는 쇼핑몰을 잘 만들어놓고 검색 광고를 운영한다고 다 성공적이지 않다. 제품을 중심으로 커뮤니티를 만들어야 하는 이유이다. 이러한 이유로 인플루언서가 꼭 필요한 것이다. 인플루언서를 활용하면 커뮤니티에서 신뢰도가 높아질 수 있다. 신제품은 아직 써본 사람이 적기 때문에 팬층도 적을 수밖에 없다. 이럴 때 인플루언서의 도움을 받으면 효과를 볼 수 있는 것이다.

네 번째는 제품에 히스토리, 즉 탄생 스토리를 만드는 것이다.

성공한 브랜드들은 저마다 스토리가 있다. 요즈음의 소비자들은 제품을 사지 않는다. 제품이 가지고 있는 스토리와 경험을 사고, 제품과의 연결되는 것을 중시하는 경향이 있다. 제품의 스토리를 통해 사람 냄새를 풍기고, 감성을 보여주어야 한다. 이러한 작업을 통해 경쟁사와 차별화 포인트를 만들어 낼 수 있다.

제품 탄생 스토리는 제품을 왜 만들게 되었는지, 어떤 의미가 있는지, 누구를 위한 제품인지를 말해주며, 제품 스토리를 잘 만들면 제작자의 정성과 마음이 느껴지고, 사람들은 이런 제품을 더 선호하게 되는 것이다. 회사 소개나 제품 특징 나열이 아니라 진짜 스토리를 만들어 보는 것도 중요하다.

다섯 번째는 응모 이벤트 등을 통해 참여를 유도하는 것이다.

마케팅에서 이벤트는 흔한 방법이지만 반면에 그만큼 효과적인 방법이다. 하지만 이벤트를 할 때는 유념해야 할 것들이 있다.

- 스타벅스나 아이패드가 아니라 제품 자체를 경품으로 거는 방법으로 진행한다. 잘못된 사

례로 자사의 제품이 아닌 스타벅스, 애플 등 고가의 제품을 경품으로 걸면 자사의 제품에 관심이 없는 체리피커만 모일 수 있다. 모객은 성공이나 제대로 된 효과는 실제 판매에 대한 기여가 높지 않을 수 있다.

- 고객을 편하게 만들어야 한다. 특히, 인스타그램에서 팔로우-라이크-리포스트 등을 너무 많이 요구하는 이벤트가 많은데, 이벤트에 퀴즈, 이스터 에그 등 재미있는 요소를 포함할 수 있는 방안을 활용하라.
- 이벤트 응모의 중요한 목적은 잠재고객에 대한 정보 수집이다. 이벤트 응모 고객 정보를 향후 광고나 홍보 타깃팅에 활용하도록 한다. 이벤트 응모는 제품에 대한 관심 표현이므로 응모자들은 잠재고객이자 가망고객이 될 수 있다.

여섯 번째로는 다양한 방식으로 콜라보를 만들어 보는 것이다.

제품이나 브랜드에 어울리는 파트너와 협업 등을 통해 시너지를 높인다. 파트너의 팬들에게 소식을 알리는 기회가 되기도 한다. 콜라보 방식은 다양하다. 제품 론칭 기념파티를 함께 열어도 되고, 제품 패키징을 통해 콜라보를 해도 된다. 반드시 기업 대 기업의 콜라보일 필요는 없다. 인플루언서 중 우리 제품과 어울리는 셀럽을 선정해 그들과 함께 창작활동, 이벤트를 함께 진행하는 것도 좋은 방법이다. 중요한 것은 좋은 파트너를 찾는 일이다. 무조건 유명하고 알려진 파트너를 찾을 필요는 없으며, 제품 영역이 겹치지 않으면서 신제품에 관심을 가질만한 고객(오디언스)을 둔 파트너를 찾는 것이 더 좋은 효과를 기대할 수 있다.

일곱 번째는 온라인을 통한 신제품 행사를 진행하는 것이다.

페이스북, 인스타그램, 기타 소셜미디어나 채널의 라이브 기능을 활용한다. 콘텐츠 경쟁이 치열해지면서, 라이브 방송을 사용하는 회사들이 늘고 있다. 미국의 경우, 비단 대기업뿐 아니라 스타트업 및 개인도 유튜브 등을 통한 라이브 기능을 적극 활용한다. 대행사가 만들어 놓은 서비스뿐 아니라 기업 스스로 새로운 방법을 모색한다면 그 자체로 신제품 행사의 차별화를 만들 수 있다.

유튜브 동영상 제작이나 라이브 방송은 복잡하지 않게 심플하고 효과적인 방향으로 진행한다.

- 본사나 회사와 관계 있는 장소와 관계자들과 행사의 행사를 진행한다. 브랜드 고객, 유통사, 협력사, 제품을 개발한 직원 등 관계자들이 돌아가면서 제품 얘기도 하고, 참석자들

끼리 제품에 대한 이야기를 나누는 네트워크 및 교류 시간을 갖는다.

- 라이브 방송을 본 사람에게만 특별한 혜택을 제공한다.
- 라이브 이벤트 때 영상을 따로 녹화하고, 유튜브나 다른 소셜미디어를 통해 제공함으로써 참석하지 못한 사람들에게 다음 행사에 대한 기대감을 줄 수 있고 새로운 광고 소재가 될 수 있다.

여덟 번째는 예약 주문을 활용하여 고객에게 혜택을 제공하는 것이다.

예약 주문자에게 혜택을 제공할 수 있다면 활용하는 것이 좋다. 미리 알리는 효과에 더해 제품의 반응도 살피고 출시 준비를 더 철저히 할 수 있다. 또한 예약 주문을 할 때는 시간이나 수량에 제한을 두도록 해서, 상대적 가치를 높이는 것도 좋은 방법이다.

아홉 번째는 정보 제공 콘텐츠를 구축하고 활용하라는 것이다.

신제품이 고객의 문제를 어떻게 해결해줄 수 있는지를 알기 쉬운 콘텐츠를 제공하라. 관련 분야나 주제에 대해 정보를 제공하거나, 제품의 강점을 나열하는 홍보성 콘텐츠 대신 흥미를 끌 만하고 가치를 더해주는 콘텐츠가 더 효과적이다.

마지막으로 고객 체험단을 만들고, 고객 사용기 등 참여형 루트를 개발하라는 것이다.

정보사회에서의 특징은 회사가 주는 정보보다는 스스로 찾는 정보, 또 다른 사용 고객의 경험담을 더 신뢰하는 경향이 강해지고 있다. 후기나 사용기를 올려줄 만한 고객에게 제품을 제공하고, 실제 써본 소감을 받아 웹사이트와 기타 채널에 노출될 수 있도록 하는 것이 좋다. 다만, 온라인 노출을 위해서 꼭 온라인에서 후기를 진행할 필요는 없다. 오프라인에서 진행 후 그 과정을 온라인으로 옮겨 별도로 콘텐츠로 만드는 방법도 활용할 만하다.

앞서의 예처럼, 글로벌 시장에 진출하고자 하는 기업이나 전략 마케팅을 구상하는 단계에서 검증된 마케팅에 대한 사례를 찾는다면 미국의 온라인 마케팅 전략을 살펴볼 필요가 있다.

출처: State of the U.S. Online Retail Economy in Q3 2013, U.S. Digital Future in Focus 2014.

최근의 경향을 보면, 미국의 소매 판매 중 온라인 판매 비중이 지속적으로 증가하고 있음을 알 수 있다. 시장조사 업체인 comScore Networks에 따르면, 미국의 온라인 판매 매출의 동향은 지난해 여행 관련 상품, 경매, 그리고 기업들의 대규모 구매 거래를 제외한 미국의 온라인 판매 매출액은 약 1021억 달러를 기록했으며, 전년 대비 약 24% 증가했고, 처음으로 온라인 판매가 1,000억 달러를 넘어 본격적인 성장 발판을 마련한 것으로 평가되고 있다. 이 중에서 미국의 최대 소매 판매 시즌 중 하나인 온라인 연말 판매는 전년 대비 약 26% 증가한 약 246억 달러를 기록해 높은 온라인 판매 증가에 크게 일조하고 있음을 알 수 있다.

소비자들이 온라인의 여러 가지 장점으로 인해 온라인으로 빠른 속도로 몰려들어 높은 매출 증가율을 보여 주는 것이다. 온라인 판매의 장점은 시간에 구애받지 않고 보다 좋은 물건을 보다 값싸고 편리하게 구매하려는 소비자들의 욕구를 충족시킬 수 있다는 점이다. 또 온라인 소매업체들의 수익성도 크게 개선되고 있음을 보여 주고 있다. 온라인 판매가 급격히 성장함에 따라 많은 온라인 소매업체들의 수익성이 크게 개선되고 있다.

이렇듯 미국 온라인시장은 크게 팽창하며 성장하고 있으며 미국 온라인 소매업체들은 다양한 판매 마케팅 전략을 구사하고 있다. 실시된 많은 마케팅 중에서 검증된 것을 보면, 소비자 대상 이메일 홍보 전략이 가장 많고 효과적이라는 사실을 알려 준다. 특히, 온라인 소매업체들은 일반 소매업체와 달리 비교적 자주

시장 상황에 따라 마케팅 계획을 수정 또는 변경하고 있으며 주로 검색엔진 사이트에 홍보 또는 소비자에게 직접 이메일 홍보 확대 관련 사항인 것으로 나타났다. 온라인 소매업체들은 확보된 고객 명단을 통한 이메일을 활용하여 홍보 마케팅을 하며, 이 방법이 가장 높은 효과를 발휘하고 있다. 구글과 같은 유명 검색엔진에 최상의 검색이 될 수 있도록 마케팅을 통해 그 효과를 높이고 있다.

온라인 소매업체들의 오프라인을 통한 마케팅 방법은 주로 자체 카탈로그를 잠재 고객에게 우편으로 제공하는 방법이 가장 효과가 높았으며, 여러 업체가 공동으로 제작한 카탈로그 송부 방법도 효과가 높은 것으로 나타나고 있다.

가장 효과가 좋은 프로모션 방법은 배송비에 대한 무료 제공과 같은 정책이다. 온라인 업체들이 가장 효과가 높은 프로모션 방법은 무조건 무료 배송 제공인 것으로 나타났으며 조건부 무료 배송은 높은 효과와 함께 가장 많이 사용되는 프로모션인 것으로 파악되었다. 이러한 현상은 미국에만 국한되는 것이 아니고 한국의 온라인 쇼핑 업체들에게도 나타나고 있다. 따라서 온라인 업체 판매 확대를 위해서는 다양한 마케팅 전략을 구사해야 함을 알 수 있다.

중요한 점은 이러한 다양한 마케팅 전략을 가지고 적극적으로 실시한다 하더라도 반드시 고객이 편안하고 안전하게 쇼핑할 수 있도록 제공하여 고객 만족도를 높이는 것이 성공의 최대 관건이며, 인터넷 기술 발전과 소비자들의 온라인 구매 비중의 확대에 맞는 전략 마케팅을 수행하는 것이다. 특히, 소셜 인플루언서의 등장과 그의 활용이 중요한 시점이 되었다. 인플루언서(Influencer)란 소셜미디어에서 유난히 많은 영향력과 파급 효과를 가지고 오는 사람들을 말한다. 놀랄만한 사실은 이들이 만들어 내는 콘텐츠는 이제는 자신들의 브랜딩을 넘어선 커머스(Commerce) 광고 효과를 발휘하고 있다는 점이다.

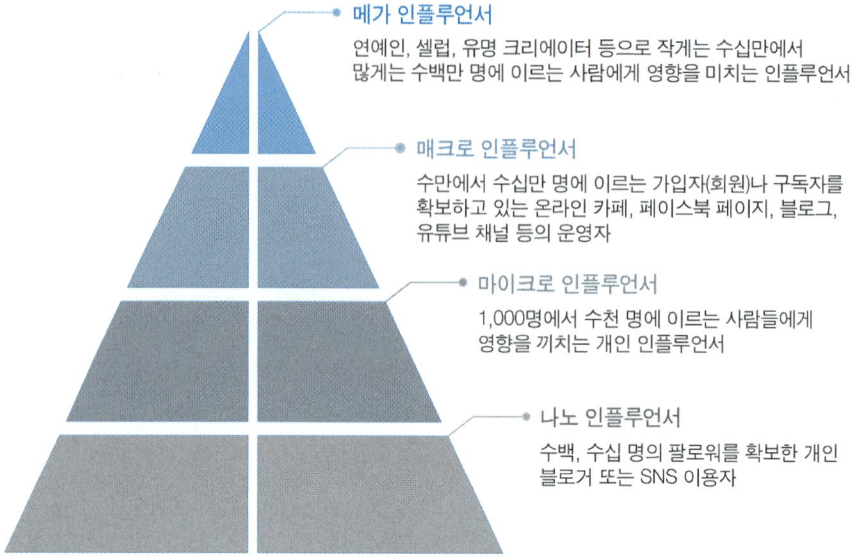

출처: 소셜 인플루언서를 활용한 미국 시장 진출전략(KOTRA 2017. 9)

이들을 활용한 마케팅을 '인플루언서 마케팅'이라고 하며 세계적으로 기업들이 가장 주목하는 마케팅 기법의 하나로 떠오르고 있다. 광고회사 및 각종 브랜드 회사들은 해당 전략을 이 시대의 떠오르는 마케팅 전략으로 주목하고 있다. 미국 내 가장 큰 인플루언서 마케팅 기관 중 하나인 매디아킥스(Mediakix)의 조사에 따르면, 인스타그램을 활용한 소셜 인플루언서 마케팅 규모는 2016년 약 10억 달러 규모이며 2019년까지 20억 달러 규모까지 4년간 총 100%의 성장률을 기록할 것으로 전망하고 있다. 2016년 미국의 브랜드들 중에 인플루언서 마케팅을 활용하는 브랜드들은 전체의 약 60%로 조사되었다. 이처럼 높은 수요로 인해 지난 1년간 인플루언서(유튜브 스타, 인스타그램 스타, 블로거, 셀렙)들의 값은 폭발적인 증가를 기록하고 있다. 미국인 중 약 74% 소비자들이 소셜 네트워크를 활용해 구매결정의사를 정한다고 보고될 만큼 인플루언서의 영향력은 가히 상상할 수 없는 수준이다. 48%의 소비자들은 인플루언서의 구매 추천을 통해 다양한 제품을 구매할 의사가 있으며, 실제로 트위터의 설문조사에 따르면 40%의 미국 소비자들은 인스타그램, 유튜브, Vine과 같은 플랫폼에서 활동하는 인플루언서의 추천으로 구매를 경험했다고 한다. 미국 내 10대들은 소셜 인플루언서 마케팅의 타깃 소비자들로, 이들이 유튜브 인플루언서들에게 느끼는 친밀도는 기존의 미국 연예인들에게 느끼는 친밀도보다 약 7배 높은 것으로 조사되기도 하였다.

미국에서 소셜 인플루언서 발굴을 위한 채널은 다음과 같다.

❑ 1인 미디어(Youtube) 시대

구글(Google)의 자체적 조사에 따르면, 동영상 공유 플랫폼인 유튜브(Youtube) 인플루언서들은 기존의 TV 광고에 나오거나 영화에 나오는 유명 연예인들보다 광고에 더 효율적이라고 한다. 이는 이들과 팬들은 지속적인 소통으로 친밀도가 무척 높으며, 기존의 스타와 팬들 간에는 보기 힘든 관계가 만들어졌기 때문이다. 실제로 70%의 미국의 10대 소비자들은 유튜브 인플루언서들과 더욱 친밀도를 느낀다고 전했으며, 밀레니엄 세대 중 70% 유튜브 인플루언서들이 트렌드와 문화를 선도하는 리더들이라고 믿고 있다.

또한 60% 이상의 유튜브 사용자들은 인플루언서들의 조언에 따라 제품을 구매한다고 한다. 특히, 유튜브에서 제품의 포장을 뜯고 사용 및 후기를 직접 동영상으로 전해주는 '언-박스(Unbox)'를 전문적으로 하는 인플루언서는 한국 업체들의 제품을 리뷰하기 등으로 활용할 수 있다.

❑ 인스타그램(Instagram)

인스타그램은 현재 미국에서 가장 인기가 높은 소셜 네트워크 중 하나로 사진과 동영상을 통해 다양한 제품 및 서비스를 인플루언서들이 자신들의 팬과 소비자들에게 전달해 줄 수 있는 공간이다. 특히 인스타그램에서 팔로워 10만 명이 넘는 유명 스타들보다 마이크로 인플루언서의 참여도가 2~5배 더 많은 참여를 이끌어 내는 것으로 조사되었다. 따라서 이들을 활용할 수 있는 전략이 필요하다. 블로그나 팔로워 수가 500~1만 명 내외인 마이크로-인플루언서는 기존의 마케팅 메시지에 별다른 반응을 보이지 않는 고객들이 마이크로-인플루언서의 이야기에는 귀 기울이는 것으로 조사되고 있다. 따라서 마이크로-인플루언서 마케팅은 비교적 저렴한 가격으로 초창기 회사의 제품 및 서비스의 인지도를 높일 수 있는 가장 좋은 방법이 될 수 있다.

이러한 인플루언서 마케팅을 통해 성공적인 론칭을 한 한국기업 U사는 코트라(KOTRA) 로스앤젤레스 무역관을 통해 마이크로 인플루언서와 연결되면서, 글로벌 여성 패션잡지 코스모폴리탄(Cosmopolitan)[11]에 소개되기도 하였다. 이를 통해 수요가 급격하게 상승해 미국 내 폭발적인 구매 주문까지 이어진 사례가 있었다.

일회용 플라스틱 용기 제조회사 'Dixie Quick Takes'는 마컬리(Makerly)라는 인플루언서와 함께 제품 홍보를 위해 '음식과 육아'를 주제로 인플루언서 캠페인을 진행했고, 총 1만 달러를 지출하였는데, 이 광고를 통해 무려 7,700만 명의 소비자에게 홍보 효과가 전달됐으며 블로그 게시글과 핀터레스트(Pinterest)의 팬들은 계속해서 확산되고 있다.

❑ 아마존 최초의 인플루언서 프로그램 사업 시작

세계 최대 쇼핑몰인 아마존이 인플루언서 마케팅을 시작한다고 발표한 것도 이와 맥락을 같이한다. 최근 아마존은 유튜브나 인스타그램 등에서 영향력 있는 사람들, 즉 인플루언서와 제휴해 상품을 판매하는 형식의 '아마존 인플루언서 프로그램'의 베타 서비스를 론칭하였고, 이 인플루언서를 대상으로 하는 이번 프로그램은 영향력이 있는 사람들만 참여할 수 있으며 인플루언서가 프로그램 참가 신

11) 코스모폴리탄(Cosmopolitan) - 20~30대 젊은 여성을 대상으로 한 패션 잡지이다. 전 세계 66개 에디션(Edition), 35개의 언어로 110개 이상의 국가에 발행된다.

청을 하면 아마존에서는 이들의 팬 규모, 콘텐츠의 수준, 아마존과의 연관성 등을 평가해 엄격한 선발과정을 하는 등 새로운 마케팅에 전력을 쏟고 있다.

앞서의 인플루언서 마케팅 등을 활용한다면 글로벌 시장에 전략적으로 진출할 수 있는 한 방법이 될 것이다. 기업은 브랜드를 론칭하고 홍보하기 위해서 투자 대비 마케팅 효과에 대한 ROI(Marketing Return of Investment),[12] 즉 투자자본수익률을 높이며 효율적인 마케팅을 하려고 한다. 소셜 인플루언서 마케팅에서 ROI를 높이기 위해서는 끊임없는 조사를 통해 자사의 제품 및 서비스에 가장 알맞은 인플루언서를 정하는 것이 첫 번째로 가장 중요하다. 또한 인플루언서가 제품과 이미지가 잘 맞을 경우, 인플루언서가 제시하는 가격이 효율적인가를 생각할 필요가 있다. 인스타그램(Instagram)의 한 장의 사진이 광고 비용으로 5만 달러일 경우, 투자자본수익률이 높을 경우는 거의 없다고 할 수 있다. 이에 따라 마케팅을 하는 브랜드나 중소기업들은 자신들이 사용 가능한 자본금을 깊게 생각해 가격과 이미지를 둘 다 잡을 수 있는 인플루언서를 발굴하는 것이 가장 중요한 것이다.

좋은 방법으로는 아마존을 활용해 소비까지 이어지게 하는 마케팅을 활용한 구매 전략을 활용할 필요가 있다. 미국에서 인플루언서 마케팅의 중요성과 효율성이 더욱 인정받게 되며, 미국 최대 온라인 상거래 기업 아마존 또한 아마존 인플루언서 프로그램을 론칭하고 있다. 이를 통해 인플루언서 마케팅을 목표로 하는 기업들은 마케팅의 연장선으로 직접 물품을 판매까지 하고 있다. 이러한 점을 활용하여 한국에서 인플루언서 마케팅을 통해 미국 내에 인지도를 높이며, B2C 판매를 목표로 소비자들에게 직접 구매를 지향하는 기업들은 인플루언서의 독립 아마존 페이지를 방문하게 만들어 소비를 만들 수 있을 것이다.

12) ROI(Return On Investment) - 투자자본수익률을 말한다. 어느 회사든 투자를 한다. 건물, 기계, 유가증권 등 투자의 대상이 아닌 것은 아무 것도 없다. 따라서 투자는 자산이라는 등식이 성립한다. 그러나 투자재원은 주주들이 납입한 자기자본과 외부 차입금으로 나누어진다. 문제는 투자가 얼마나 수익성이 있는가에 달려 있다.

III PART

궁리 기본

개인이 또는 단체가 아이디어를 가지고 사업을 운영하는 것을 경영이라고 한다. 창업은 국가를 경영하는 것이나 기업을 운영하는 것이나 다름이 없다. 즉, 하나의 조직을 만들고 운영하여 이익을 창출하는 창조적 과정이다. 국가가 골격을 갖추기 위해서는 조직을 운영할 통치세력(정부), 국민과 영토, 통치자금이 마련되어야 한다. 마찬가지로 기업 창업은 창업자(창업팀), 아이디어, 자본의 3요소에 시장이라는 요소를 포함하여 창업의 4대 요소라 한다. 국가의 창업과 마찬가지로 기업의 창업은 도입부터 성장과 성숙 그리고 쇠퇴기의 과정을 거친다. 이를 기업의 생명주기라고도 한다. 국가의 창업이든 기업의 창업이든 최초 생성 시기부터 성장과 성숙기, 쇠퇴기인 경영의 과정을 거쳐 그 생명을 다하는 시점이 오는 것이다. 따라서 국가나 기업은 그 생명을 연장하고 이왕이면 성장과 성숙기를 오랜 기간 유지하기 위한 다양한 방법을 모색하여야 하며, 유지하는 시기에서 더욱 도약할 수 있는 혁신적인 전략과 아이템을 찾아 노력하지 않으면 결국은 쇠퇴하여 사라지게 되는 것이다.

창업을 성공적으로 수행하고 궁극적으로 성공한 기업이 되기 위해서는 창업과정에서부터 경영까지 기본적인 지식과 실무에 대한 이해가 필요하다. 순서는 약간 차이가 있을 수 있으나 창업을 위해서는 아이디어를 발굴하고 구체화하는 과정을 거친다. 따라서 창업자는 창업하기에 앞서 최초의 아이디어 단계에서부터 아이디어가 적용될 현 시장의 환경 분석과 관련 업체 또는 미래의 경쟁자에 대한 분석, 벤치마킹, 산업경향을 통해 아이디어가 충분히 사업적 가치를 가질 수 있는지를 검토하는 단계를 거친다. 이를 예비 사업 타당성 분석이라고도 한다.

본 편에서는 아이디어 발굴에서부터 회사 경영과 제품 판매, 그리고 성장 전략까지 단계별로 창업에서 경영까지 필요한 부분에 대한 실무 방안을 제시하고자 한다.

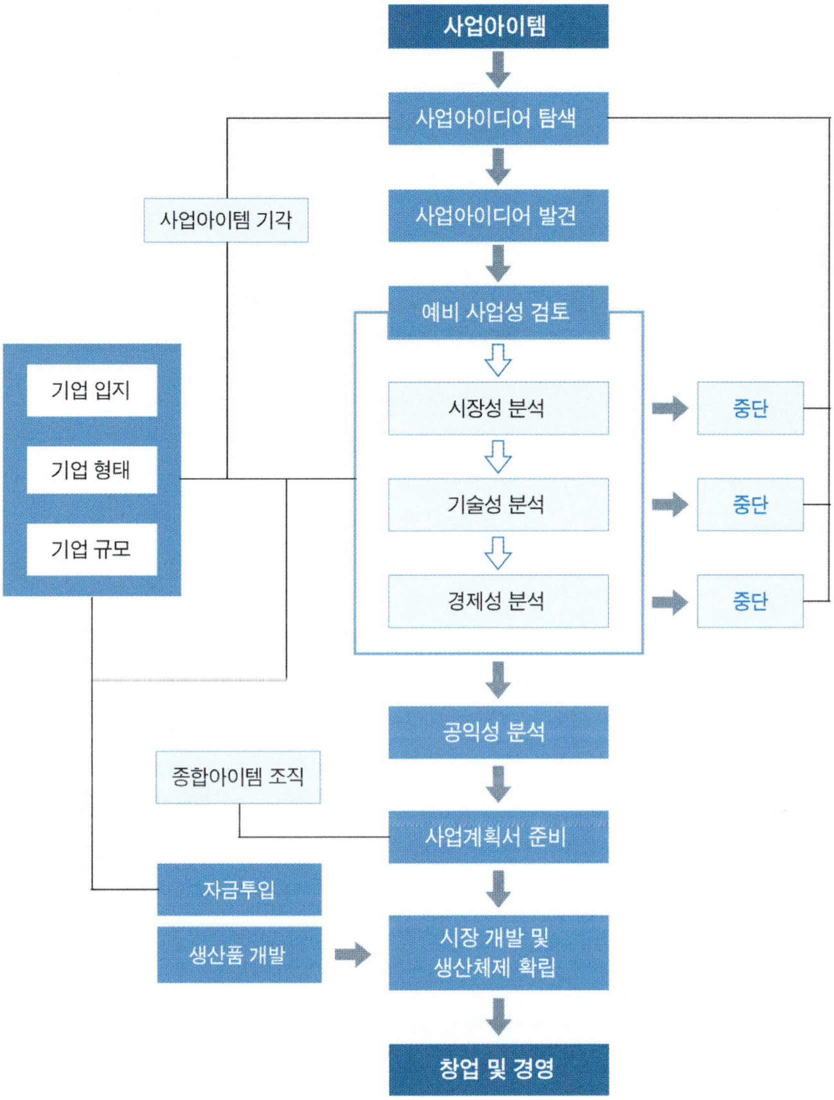
사업아이템
사업아이디어 탐색
사업아이템 기각
사업아이디어 발견
예비 사업성 검토
기업 입지
기업 형태
기업 규모
시장성 분석
중단
기술성 분석
중단
경제성 분석
중단
공익성 분석
종합아이템 조직
사업계획서 준비
자금투입
생산품 개발
시장 개발 및
생산체제 확립
창업 및 경영

일반창업 기본절차도

Ⅰ 창업 구상 단계

① 창업팀 분석
- 강점 · 약점 분석
- 투자능력 확인
- 사업수행능력 평가

② 사업아이템 탐색
- 기존제품 탐색
- 신제품 탐색
- 고객욕구 탐색

③ 특허 검색/출원
- 특허 검색
- 법적 문제점 검토
- 특허출원

④ 소비자/시장 검토
- 소비자 특성
- 목표시장
- 미래시장

Ⅱ 창업 계획 단계

① 사업아이템 선정
- 아이템 정보 수집
- 3~5개 아이템 선정
- 사업아이템 최종 선정

② 사업타당성 분석
- 기초자료 조사
- 사업수행능력 평가
- 시장성
- 기술성
- 수익성 및 경제성
- 자금수지 및 성장성
- 사업 의사결정

③ 마케팅전략 수립
- 사업 목적 및 방향 설정
- 조직 및 인력 계획
- 제품 및 생산 계획
- 마케팅 전략
- 자금조달 및 운용 계획
- 추정재무제표 작성

Ⅲ 사업 실행 단계

① 회사 설립
- 법인 설립
- 사업 인 · 허가
- 사업자 등록

② 입지/설비 분석
- 입지 선정
- 공장 설립 승인
- 공장 건축 및 제조시설
- 공장 등록

③ 회사설립
- 조직 구성
- 직원 채용
- 직원 교육

④ 경영전략 분석
- 경영시스템 구축
- 재무관리
- 생산 및 기술관리
- 마케팅 관리
- 인사관리

기술창업 기본 절차도

1. 아이디어 발굴을 위한 사전 조건

지금은 '창조'와 '혁신'을 만들어 내야만 성공할 수 있는 시대이다. 이러한 시대 분위기에 맞추어 사업을 준비하는 사람들은 누구나 자신이 창조한 사업아이디어로 성공하기를 원한다. 그러한 이유로 대부분의 사람들이 성공 가능성이 높은 아이디어를 찾기 위해 많은 시간과 돈을 기꺼이 투자하는 것이다. 그러나 창업자들은 혁신적인 아이디어나 아이템을 찾는 데 상당한 어려움을 겪고 있다. 실제의 경우 아무리 노력해도 좋은 상품 하나도 만들어 내지 못하는 경우가 허다하다.

혁신으로의 변신에 성공한 기업들은 어떻게 혁신을 만들어 내고, 혁신적이지 못한 기업들은 항상 그 자리에 머물러 있는 것인가? 혁신적인 사업아이디어는 어디에서 발견할 수 있는가? 누구나 좋은 아이디어를 발굴할 수 있는 것인가? 이렇게 쉽지 않게만 여겨지는 아이디어 발굴에 있어서 아이러니하게도 신사업을 위한 아이디어를 발견하는 방법은 매우 다양하고 효과적인 것들이 많다. 문득 지나가다가 떠오른 생각이 아이디어가 될 수 있고, 해외에서 이제 막 시작한 아이디어를 통해서도 발견될 수 있다. 또 고객의 요구를 통해서 아이디어가 생기기도 하고 직장에서 특정 문제를 해결하면서 아이디어가 발견되기도 한다. 이렇듯 아이디어를 발견하는 모양은 다양하지만 그렇다고 알아서 아이디어가 떠오르지는 않는다. 따라서 실무를 하면서 시간을 절약하고 효과적으로 아이디어를 발굴할 수 있는 검증된 몇 가지 규칙이나 정례화된 방법을 활용할 수만 있다면 조금 더 쉽게 찾아낼 수 있을 것이다.

신사업 아이디어는 기존 시장에서 볼 수 없었던 새로운 아이디어를 말한다. 여기서 우리가 간과해서는 안 될 것이 한 가지가 있다. 그것은 바로 '새로운 아이디어가 꼭 좋은 아이디어가 될 수는 없다'라는 것이다. 그래서 우리는 새로운 아이디어를 발굴하는 것을 넘어 항상 '좋은 아이디어'를 발굴하도록 노력해야 한다.

좋은 아이디어를 발굴하기 위해서는 사전 컨디션을 조절해야 한다. 그리고 아이디어라는 것이 문득 떠오르는 경우가 있지만, 대부분은 어느 목적에 맞는 생각에 집중하면서 발견되는 것들이 대부분일 것이다. 따라서 이러한 목적을 가지고 사전에 아이디어가 세지 않도록 조건을 조정해서 집중된 생각을 가져야 한다. 아이디어의 실효성을 위해 필요한 사전 조건에 해당하는 요소들은 다음과 같다.

☐ 오픈 마인드(Open Mind)

사람들이 좋은 아이디어를 잘 발견하지 못하는 이유는 자신만의 생각 속에 갇혀 있기 때문이다. 좋은 아이디어를 발견하고자 하는 사람들은 철저히 자신의 마음을 오픈해야 한다. 닫혀 있는 마음에서는 절대로 새로운 생각이 들어갈 수 없고 좋은 아이디어를 기대할 수 없다. 마음을 열고 다른 사람의 생각과 아이디어를 수용할 수 있는 상태가 되도록 하는 것이 중요하다. 그러나 마음을 여는 것이 말처럼 쉽게 되는 것은 아니다. 마음이 열려 있어 보이는 사람조차 대부분 자기 생각의 틀이 존재하고 그 바깥의 것들을 배척하는 경향이 있다.

☐ 시장 트렌드의 발견

비즈니스 아이디어를 발굴하기 위해서는 오픈 마인드를 갖는 것과 함께 중요한 것이 시장을 바로 볼 수 있는 안목이 있어야 한다. 기업가는 시장을 제대로 바라보는 안목을 키워야 한다. 시장을 바라보는 안목은 시장의 흐름을 정확하게 파악하는 것이라 말할 수 있다. 즉, 시장의 판세를 결정하는 '소비 트렌드'를 명확하게 숙지하고 트렌드에 부합되는 전략을 도출할 때 기업을 성공으로 이끌 수 있는 것이다. 시장의 흐름을 제대로 파악하고 소비 트렌드를 명확하게 숙지하고 있다면 그만큼 더 좋은 아이디어를 발견할 가능성이 커질 수 있다. 따라서 혁신적이고 매력적인 아이디어 발굴을 원한다면 반드시 시장 친화적이고 고객 친화적인 마인드와 함께 목표시장을 정확히 인지하고 그에 맞는 방향으로 시작해야 한다.

❑ 관련 정보와 비관련 정보의 수집

아이디어의 수는 수집된 정보의 수와 비례한다고 한다. 수집된 정보의 양이 많을수록 다양한 아이디어를 발굴할 수 있다. 정보 탐색은 많은 시간이 필요하며 이러한 정보를 수집하기 위해서 TV, 신문, 잡지, 온라인 채널 등 다양한 매체를 통해서 끊임없이 정보를 수집할 수 있고, 대화를 통한 수집도 그 한 방법이 될 것이다. 주의할 것은 꼭 필요한 정보만을 수집하는 것이 아니라 필요하지 않은 정보를 포함한 다양하고 폭넓은 정보를 수집해야 한다는 점이다. 혁신적인 아이디어는 자신이 설정한 영역 바깥에서 나오는 경우가 훨씬 많으므로 다양한 영역의 정보를 되도록 많이 수집하는 것이 필요하다. 관심 있는 영역과 전혀 무관한 영역의 정보를 통해 융합된 아이디어가 도출될 수 있는 것이다.

❑ 다양한 분야와의 융합

매력적인 아이디어를 만들어 내는 가장 효과적인 방법은 바로 다양한 분야의 아이디어를 서로 융합해 보는 것이다. 융합한다는 것은 말처럼 쉽지는 않다. 아이디어는 상상의 영역이기 때문에 가능하다면 그 범위에 제한을 두어서는 안 된다. 융합은 다양하게 해보는 것이 중요하다. 수집된 정보의 양이 많을수록 융합의 가짓수가 많아지고 새로운 아이디어의 융합이 나올 수 있다. 주의할 점은 서로 다른 영역의 아이디어들을 적극적으로 융합해야 한다는 것이다.

❑ 인터넷 활용

인터넷은 정보를 수집하는 데 가장 최적화된 도구이다. 특히, 구글링을 통한 정보 수집의 방법은 정보의 바다 인터넷에서 최상의 정보 수집과 생각지도 못한 다른 사람들의 생각을 관찰하고 비교할 수 있는 데 최적화되어 있다. 이와 같이 인터넷은 우리에게 무한한 가능성을 열어 주고 있다. 누구든지 인터넷 검색포털 사이트를 통해서 필요한 정보를 손쉽게 얻을 수 있다. 인터넷은 수많은 아이디어를 담고 있는 정보의 바다이다. 손쉽게 아이디어들를 얻을 수 있을 뿐 아니라 아이디어와 유관한 많은 사람과의 연결이 가능해진다.

❑ 네트워크를 통한 정보 교환

혁신적인 아이디어는 혁신적인 사고에서 기인한다. 좋은 아이디어의 발견은 개인이 발견할 확률보다는 다양한 네트워크 교류에서 발견되는 경우가 많다. 개인이 정보를 수집해서 찾은 아이디어라 할지라도 그 아이디어가 사업화되어 시장에 선보일 때까지의 과정은 단순하지 않다. 다양한 분야의 사람들과 아이디어를 공유하고, 초기의 아이디어에 다른 사람들의 생각이 더해지고 부딪히면서 가능성을 높여 주어야 한다.

혁신적인 아이디어를 만들어 내는 것은 결국은 자신의 사고를 오픈하고 정보를 다양하게 수집하며 적절한 네트워크를 통해 지속적인 아이디어의 교정과 세련의 과정을 해나가야 한다.

2. 창업아이템 발굴

창업아이템은 아이디어가 사업성이 있다고 판단되어 비즈니스 모델로서 가치를 가진 것을 말한다. 따라서 아이디어가 창업아이템이 되기 위해서는 시기별 시장의 흐름, 상품의 유행성, 시장 변화에 따른 트렌드에 대한 관심 정도, 지속적인 시장 관찰이 선행되어야 한다. 창업 희망자들은 창업을 준비하는 과정 중 창업아이템 선정에서 가장 큰 애로사항을 겪는다고 한다.

매년 국내 창업아이템은 약 2만여 종이 넘는다. 이미 실전을 경험한 창업자들은 모든 창업아이템이 다 성공할 수 없다는 점을 잘 알고 있다. 따라서 이러한 아이템이 창업으로서 가치를 가질 수 있고 궁극적으로 성공하기 위해서는 아이템 선정에서부터 신중할 필요가 있는 것이다.

아이템을 선정할 때 첫 번째로 고려할 사항은 창업 트렌드의 변화와 아이템의 연관성이다.

최근의 아이템들은 인터넷의 발달과 국가 창업 정책에 힘입어 점차 다양화되는 추세이다. 또 외식, 관광업에 대한 수요 증대와 웰빙시장 규모가 계속 성장세에 있다. 또한 힐링산업, 웰에이징에 대한 관심의 증가, 실버산업의 발달이 창업아이템으로 주목받고 있다. 이밖에도 여가선용 아이템, 스마트폰과 인공지능, 빅데이터 같은 디지털 혁명과 같은 미래기술의 융합이 급속도로 진행되고 있고 첨단 기술의 발전에 따른 과학과 기술, 지식을 융합한 최신 창업아이템이 시장을 선도하는 트렌드로 출현하고 있다.

과거와 달리 하드웨어적 개념의 창업아이템이 점차 소프트웨어적 지식과 기술을 바탕으로 한 시장 트렌드에 영향을 받고 있다. 아울러 창업 트렌드 변화에 따른 최적 아이템의 발굴이 시장에 빠르게 퍼지고 있는 점을 감안할 필요가 있다.

일반적으로 선발된 아이디어에서 창업아이템으로 진행하는 방법은 다음과 같이 8단계로 나누어 볼 수 있다.

단계	단계별 순서	구체적 조사방법
1	창업정보 수집	신문, TV, 잡지, 창업서적, 박람회, 전문가 상담, 창업동아리 브레인스토밍, 브레인스토밍 작성, 창업일지 작성
2	창업자 경력 및 적성검사	근무경력, 자격증, 취미에 관한 리스트 만들어 분석 적성검사 정보 ☞ 노동부, 소상공인시장진흥공단
3	창업지원정보 및 관련 정보 조사	정부기관 창업부문 유관기관 ☞ 소상공인시장진흥공단, 여성경제인협회, 여성인력개발센터, 창업진흥원, 기술보증기금, 중소기업진흥공단, 정보산업진흥원, 디자인센터, 테크노파크, 인적자원개발원
4	수집정보 분석	성장성, 수익성, 유통과정
5	최종아이템 선정	아이템 선정 후 관련 사항 수집 및 조사
6	창업시뮬레이션	관련 업체탐방 및 전문기술 습득
7	사업계획서 작성	자금, 상권입지조사, 인적자원구성도, 시장 상황, 사업성 분석, 사업장 확보, 인허가관계조사
8	창업 준비 및 실행	OPEN 3개월 영업전략 수립 및 마케팅 프로그램 전략적 실행

창업에 적합한 아이템 선정은 시장에 대한 정보와 창업자의 적성, 그리고 수집된 정보에 따른 사업성을 평가해 보는 것이다. 이러한 절차를 통해 창업이 가능한 아이템을 시뮬레이션해 보고 사업 가능성을 예측해 보는 것이다. 이러한 일련의 과정을 거쳐 최종적으로 사업아이템을 선정해야 한다. 이러한 절차에 맞추어 구체적으로 창업아이템을 선정할 때 고려하여야 할 사항들은 다음과 같다.

첫 번째는 아이템과 관련된 시장에 대한 조사이다.

창업하려는 아이템에 대한 수요 조사, 주 고객층은 어떻게 되는가, 판매하는 제품이나 서비스 예상가격은 얼마 정도로 책정할 것인가 등 조사할 항목들을 분명히 정한다. 또한 구상한 아이템이 과연 시장에서 성공적으로 진입할 수 있겠는가? 등에 대해 시장 상황을 분석하고 세밀한 관찰을 해야 한다. 특히, 내가 창업하려는 아이템에 대한 자료 수집은 다양하고 방대하게 할 수 있어야 한다. 준비하고 있는 아이템과 관계가 되는 상품, 서비스의 관련 통계 실적 등을 신문·잡지·방송·미디어·인터넷 등을 망라하여 기초 자료를 수집한다. 그리고 현장을 발로 뛰면서 해당 정보에 대한 실체를 적극적으로 파악한다. 이러한 과정을 통해 수집되고 조사된 자료에 대하여 분석과정을 거친다. 이 분석과정은 가능하면 현장에서 사람들의 행동 관찰을 통해 실시하는 것이 좋다. 문헌 자료 및 인터넷 자료를 정량적·정성적 방법으로 분석해야 한다. 그리고 가능하다면, 유관 협회나 단체 등에 대한 자료도 조사한다. 시장 조사란 충분한 검증 가능한 자료를 분석하는 것이지만, 여기서 핵심적인 부분은 가능하다면 동종 업종의 성공 경영자를 직접 만나보고, 경험담이나 인터뷰를 통해 실질적인 분석을 할 수 있다면 더 좋은 창업아이템을 선정하도록 하는 데 실질적인 도움이 될 것이다.

두 번째는 창업자 성향과 적성에 따라서 아이템을 선정할 수 있다.

구분	창업스타일	적합아이템 예시
외향, 사교형	인간 관계형 업종	유통업, 웨딩이벤트업, 여행알선업 등
내향, 소극형	고객 내방형 업종	생활용품점, 독서실, 숙박업 등
침착, 연구형	지식집약형 업종	체인학원, 로봇학습센터, 교육사업 등
탐구형, 아이디어 성향	발명가적 업종	정보통신업, 과학모형기기전문점 등
인내적 성격	성실형 업종	음식점, 채소과일점, 의류판매점 등
원칙주의형	관리형 스타일 업종	청소용역업, 자동차수리업, 컴퓨터수리업 등
저돌적 추진형	적극적인 공격형	건설업, 레저업, 이벤트업 등

※ 예비창업자의 성향이 아니더라도 관심이 있는 업종이나 창업아이템이 요구하는 조건의 경영자로서 자질을 갖추기 위해 역할 훈련과정을 거치는 것이 필요하다.

세 번째로 아이템에 대하여 사업타당성 검토를 실시하여야 한다.

시장에 대한 기초 자료가 조사되고 어느 정도 최종적인 판단이 서면 구체적인 사업타당성 분석에 들어가야 한다. 과연 이 사업으로 내가 시장에 뛰어들 경우, 사업이 잘 되겠는가? 이러한 질문을 통해서 창업자인 '나'를 객관적인 시각에서 바라보아야 한다.

아이템에 대한 확신을 가지는 것이 필요하다. 구체적으로 경제적인 측면을 살펴보고, 기술력이나 사회 문화적인 외부 환경요인 등 시장의 환경을 분석해야 한다. 창업시장을 선도하는 트렌드가 무엇인지를 직접 듣고, 보고, 잡아채야 한다. 이를 메모하고 정리해야 한다. 정리된 것을 바탕으로 해서 아이템에 대한 사업타당성을 검토한다면 창업아이템 선정을 잘 마칠 수 있다.

네 번째로 진출 목표시장에 맞추어서 아이템의 상품화 기획을 하여야 한다.

사업타당성 검토가 끝나면 곧바로 아이템 상품화 기획이 필요하다. 목표 고객 세분화도 필요하다. 주요 공략 대상자가 진정 원하는 소비 욕구가 무엇인지를 구체화하도록 해야 한다. 그러면 아이템의 차별성이 최대한 표현된 상품화기획이 가능해진다. 요컨대 경쟁우위를 확보해야 한다는 이야기다. 다시 말해, 차별적 우위를 확보하기 위한 상품 자체의 특성이나 기능, 가격 측면에서 시장의 부정적 요소를 하나하나 최대한 지워나가면 된다.

아이템 상품화 기획의 핵심은 시장(Market)에 있다. 시장을 움직이는 트렌드 변화 추이를 관찰하고 성공업소를 찾아서 그 현장을 미리미리 답사하고 인터뷰하면서 생각하고 있는 창업아이템에 대해서 상품화 기획을 현실적으로 구체화하면 되는 것이다.

아이템 평가 시 검토 항목 및 선정

핵심 요소	평가 항목	세부 검토 사항
상품력	상품 및 서비스의 적합성	• 예비창업자가 잘 아는 상품이나 업종인가? • 상품 및 서비스가 비필수품이거나 사치품은 아닌가?
	상품 및 서비스의 독립성	• 창업소호기업의 참여를 배제하는 사실상의 독점은 없는가? • 정부의 인·허가로 창업이 제한되어 있지 않은가?
시장경쟁력	시장의 규모	• 예상되는 고객의 수는 어느 정도인가? • 국내 및 해외 시장규모는 어느 정도인가?
	경쟁성	• 경쟁자의 세력 및 지역별 분포는 어떠한가? • 경쟁제품과 비교했을 때 품질과 가격 등 경쟁에서 유리한가? • 판매유통이 용이하고 물류배송은 원활한가?
	시장의 장래성	• 잠재고객 수의 증가는 있는가? • 새로운 창업의 침투 가능성은 어느 정도인가? • 소비자 성향이 안정적이고 필요성이 증가하는가?
수익력	제품생산 비용의 효율성	• 적정비용으로 제품을 생산할 수 있는 요인이 있는가? • 생산이 복잡하지 않고 효율성은 있는가?
	적정이윤 보장성	• 원자재 조달이 쉽고 값은 안정적인가? • 필요한 노동력에 대한 공급이 쉽고 싼가? • 제조원가, 관리비, 인건비 등 공제 후 적정이윤이 보장되는가?
안정성 여부	위험 수준	• 경제순환과정에서 불황 적응력은 어느 정도인가? • 기술력 진보 수준은 어느 정도이며, 기술적 변화에 쉽게 대처할 수 있는가?
	자금투입 적정성	• 초기투자액은 어느 정도이며, 자금조달이 가능한 범위인가? • 손익분기점 및 자본회수기간은 어느 정도인가? • 6개월 정도 버틸 수 있는 운영자금은 확보되어 있는가?
	재고 수준	• 원자재 조달, 유통과정상 평균재고 수준은 어느 정도이며, 재고상품 및 서비스의 회전기간은 어느 정도인가? • 수요의 계절성은 없는가?

창업벤치마킹 해외 신사업아이디어 창업아이템

테마	아이템
건강 웰빙 (Well-Being)	• 노인 가정방문 건강진단서비스 • 몸으로 표현하여 치유하는 힐링모션 • 심리 상담 테라피 카페 • 세제를 리필해 주는 친환경리필숍 • 한의사가 만드는 맞춤형 티 카페
어린이	• 아이가 직접 만드는 인형공작소 • 아이의 성장에 맞춘 도서 정기구독 • 어린이의 안전관리 서비스 • 어린이방 전문 인테리어숍 • 유모차, 카시트 대여 전문점
여성, 뷰티	• 맞춤형 주문 제작 샴퓨 • 액세서리 위탁판매 박스숍 • 여성 전문 홈케어 서비스 • 유료 파우더룸
유통/판매	• 상표 없이 좋은 제품을 판매하는 매장 • 상품성 낮은 청과물 판매 매장 • 여행자가 배달부가 되는 해외배송서비스 • 옷에 원하는 이미지를 프린트해 주는 DIY 쇼핑몰
전문서비스	• 멘토링 스페이스 • 사무실 공유 매칭 서비스 • 신개념 주거모델 셰어하우스 • 애완동물 비만 클리닉 • 외국인 대상 문화 생활 체험 매칭 서비스 • 웨딩 역경매 서비스 • 캠핑카를 이용한 지역관광 서비스
국내신사업 창업성공아이템	• 여성을 위한 카페형 카센터 • 기부하는 소셜커머스 쇼핑몰 • 기내식을 파는 레스토랑 • 쉬어가는 산소 캡슐 전용방 • 버려진 물건을 새로운 가구로 제작

사업의 시작은 아이디어를 발굴하는 것에서 시작된다. 그러나 아무리 좋은 아이디어가 있다 하더라도 구체화하여 시장에 나오지 않는다면 의미가 없을 것이다. 아이디어를 구체화하는 과정을 '아이디어 쿠킹(Idea Cooking)'이라 하며, 창업자는 이러한 과정을 통해서 사업화가 가능한지에 대한 판단이 중요하다. 신규창업자뿐 아니라 기존에 사업을 운영하면서 새로운 사업에 진출하고자 하는 경우도 발굴된 아이디어를 사업으로 발전시키지 못하게 되면 다른 창업자가 기업인 경쟁자에게 그 기회를 빼앗기기도 한다. 좋은 아이디어는 나만 생각할 수 있는 것이 아니라는 사실이다. 사업 분야에 대한 사람들의 생각이 여러 부분에서는 유사하게 작동하기 때문에 아이디어의 구체화를 통한 사업화는 그 시기가 중요할 수 있다.

앞서 언급한 바와 같이 아이디어는 구체화를 통한 사업화의 시점이 중요하다. 특히, 아이디어의 구체화 시기를 놓쳐 다른 경쟁자에게 사업 기회를 준 사례가 무수히 많다. 그중에 대표적인 것으로 개인용 컴퓨터 시장을 들 수 있다. 개인용 컴퓨터인 PC(Personal Computer)에 대한 아이디어를 제일 먼저 생각한 곳은 제록스였다. 제록스는 미국의 팔로알토에 PARC라는 연구소를 세우고 1만여 명의 연구원들이 PC와 하드디스크, 마우스 등을 개발했다. 하지만 개발한 결과물은 연구소 밖으로 나오지 못했다. 적극적인 사업화 의지가 없었기 때문이다. 결국 PC를 사업화한 것은 애플이었고 마이크로소프트와 인텔이 가장 큰 수익을 가져갔다.

코닥과 노키아도 아이디어를 사업으로 발전시키지 못하였다. 디지털카메라에 대한 아이디어를 맨 처음 개발한 곳은 코닥이다. 코닥은 디지털카메라를 먼저 개발했었지만 주력 상품인 필름 분야에 집중했다. 디지털 시대의 흐름에 적응하지 못했고 새로운 제품의 기획과 생산 시기를 놓친 코닥은 파산했으며 캐논과 니콘은 그야말로 디지털카메라 시장에서 성공적인 기업이 되었다.

스마트폰을 개발한 노키아도 마찬가지다. 기존 휴대폰 시장에 연연하며 새로운 시장에 새로운 상품을 선보이지 못하고 애플과 삼성에 선두기업의 자리를 내주게 되었다.

제록스, 코닥, 노키아는 '선발자의 불이익(First Mover's Disadvantage)'을 당했다고 말한다. 새로운 아이디어를 가지고 있었고 개발까지 하였으나, 주변 여건이 갖추어지지 않아서 사업에 실패했다고 평가한다. 하지만 좋은 아이디어를 구체화하는 과정까지 이끌어 가지 못한 것에서 실패의 원인을 찾을 수도 있다.

앞에서 다룬 실패 사례를 통해 아이디어가 사업화를 추진하지 않음으로써 크나큰 기회비용의 손실과 심한 경우 기업이 파산할 수도 있다는 사실을 알 수 있었다.

다행하게도 신규창업자나 사업 초기에 있는 기업들은 이미 규모가 커진 기업들이나 성공한 기업들이 새로운 아이디어를 사업화하는 데 사업화 결정의 속도가 느리고 유보적인 것에 비해 상대적으로 작은 규모로 가볍게 시작할 수 있다는 점에서 장점을 가지고 있다. 다만 자금적인 부분과 기회시장에서의 경험이 적다는 것 등은 사업화에 대한 불안한 요소일 수는 있다.

아이디어 쿠킹은 불완전한 아이디어를 완성된 아이디어로 발전시켜 나가는 모델을 요리과정에 비유한 아이디어 구체화 프로세스 모델이다. '초기 아이디어'는 불완전한 상태를 벗어나 점차 '완성된 아이디어'로 발전한다. 이 과정을 통해서 고대 그리스인들이 말한 이데아(Idea, 신의 세계에 존재하는 사물의 원형)의 세계가 현실 속에서 구현된다. 이를 단계별로 착상 단계, 수집 단계, 구체화 단계, 숙성 단계, 마지막으로 착상 단계로 나누어 설명하겠다.

착상단계는 어느 순간 아이디어가 최초로 떠오르는 단계이다. 이 순간을 놓치지 않고 메모를 하는 게 이 단계의 핵심으로 볼 수 있다. 기발한 아이디어가 언제 어떻게 나타날지 모르므로 언제든지 쉽게 메모할 수 있거나 기억할 수 있는 도구를 마련해 두는 것이 좋다.

수집 단계는 착상 단계에서 떠오른 아이디어의 씨앗과 관련된 정보를 수집하는 단계이다. 만약, 사장님이 "이번 주까지 아이디어 하나 제출해!"라고 한 암울한 상황이라면, 집중적으로 정보를 수집해야 하지만 그게 아니라면 평소대로 이것저것 보다가 아이디어와 관련된 정보를 차곡차곡 쌓아두게 된다. 즉, 동시에 N개의 아이디어에 N개의 정보 집합이 존재하게 된다.

구체화 단계는 실제 사업화가 가능한 아이템을 선정해서 프로토타입의 아이템을 만들어 보는 단계이다. 앞서의 착상 단계를 거쳐 수집 단계에서 모여진 정보들을 다시 한번 복습할 필요가 있다. 새로운 정보를 취합할 때 이미 쌓은 정보를 다시 볼 기회도 생기게 된다. 이러한 과정에서 한 순간 번쩍하고 무엇인가 나타나게 된다. 이러한 경우를 통찰이라고 하는데, 이러한 현상은 적절한 시점에 이르렀을 때 경험하게 되는 것이다. 정보와 통찰을 통해 아이디어가 구체화된다고 볼 수 있다.

숙성단계는 새로운 것을 창조하기 위해서는 의식과 무의식의 협업이 필수적이다. 미국의 신경과학자 안토니오 다마지오의 '소매틱 마커' 가설에 의하면 뇌의 신경세포의 자발적 활동은 창조의 전제 조건이며 자발적 활동을 창조적인 프로세스로 연결하는 메커니즘이 필요한데, 감정이 일부 그 역할을 수행한다고 한다. 감정은 무의식의 영역이다. 따라서 구체화된 아이디어를 실현하기 전에 먼저 무의식 내에서 아이디어가 반복되는 것이 좋다. 숙성 단계에서는 그냥 아무것도 안 하고 잊어버리면 된다. 단, 이 숙성 단계에서 아이디어가 폐기될 수도 있다.

끝으로, 실현 단계로서 구체적인 계획을 잡고, 멤버를 꾸리고, 실현하면 된다. 이 과정에서 자신의 아이디어를 고집할 필요는 없으며, 얼마든지 더 좋은 아이디어가 생길 수 있도록 열린 마음으로 커뮤니케이션을 이루고 보다 더 좋은 아이템을 만들어 내도록 해야 한다.

3. 기업 환경 분석과 기법

기업 환경 분석은 사업을 시작하기 위한 기본적인 환경 분석의 한 분야로서, 반드시 이 분석을 통해 다가올 위협적 요소나 기업의 성장 저해 요인들을 사전에 예측하고 대비하도록 한다.

이 기업 환경 분석의 순서는 우선 거시 환경 분석, 외부 환경 및 내부 환경에 대한 기초적인 분석을 수행한 후, 기업의 목표에 맞는 경영 전략을 수립하여야 한다.

거시 환경 분석은 정치, 경제, 사회 및 기술에서 발생하는 변화와 영향에 대한 분석으로 기업의 능력으로는 통제하기 어려운 영역에 해당하는 요인들이다. 특히, 정치적인 문제와 사회의 변화는 특히 그러한 부분이 크다.

외부 환경 분석은 기업이 갖는 외적 환경으로서 기업과의 경쟁 환경에 있는 기업들에도 동시에 적용될 수 있는 요인으로 볼 수 있다. 내부 환경 분석은 기업의 내부적 요인들로, 기업의 기술력, 인력, 리더십, 직원의 역량, 시스템 등으로 충분히 기업이 주도적인 관리가 가능한 영역으로 볼 수 있다.

외부 환경과 내부 환경에 대한 분석으로는 7S, 5-Force, SWOT(TOWS) 등의 도구를 활용하여 분석할 수 있으며, 가능한 객관적인 관점을 유지하면서 자체적으로 기업이나 제품의 기회, 위협, 강점, 약점을 가능한 한 객관적인 지표에 맞추어 분석하는 활동이다.

이러한 방식을 통해 기업은 자체적인 내·외부 환경 분석을 통해 기업의 핵심역량(Critical Success Factor, CSF)[1]을 도출하고 전략 수립을 하여 기업의 의사결정에 활용할 수 있다.

1) 핵심역량(Critical Success Factor,CSF) - 기업이나 개인이 성공하기 위하여 반드시 수행해야 하는 핵심적인 요소. 주요 성공 요인은 숫자가 제한되어 있으며, 이들 관리만 잘하면, 개인·부서 또는 기업 전체의 성과가 향상되는 특징을 가지고 있다.

❑ 거시 환경 분석

거시 환경 분석 도구로서 PEST라 불리는 분석이 잘 알려져 있다. PEST 분석은 정치 및 정책(Political), 경제(Economic), 사회 및 문화(Social), 그리고 기술(Technological)에 관련된 4가지 영역을 조사하여 비교하는 것으로서 기업이 통제 불가능한 정치적, 경제적, 사회문화적, 기술의 흐름을 분석하는 것이다.

❑ PEST 분석(거시 환경 외부 분석)

기본적으로 성공적인 사업화 추진을 위해서는 거시 환경에 대한 분석이 필요하다. 이 거시 환경 분석에 가장 많이 활용되는 PEST 분석은 사업화 추진 분야의 해당 산업을 둘러싼 거시 환경 영향 요인을 추출하여 기업의 현재와 미래에 영향을 미치는 기회, 위협 요인을 분석하는 것을 목적으로 한다.

거시 환경은 정치적 환경(Political Environment), 경제적 환경(Economical Environment), 사회문화적 환경(Social-Culture Environment), 기술적 환경(Technological Environment)을 말하며, 이 네 가지 영역의 첫 글자를 따서 PEST 분석이라고 한다.

PEST 분석을 하는 이유는 기업에 영향을 미치는 현재의 외부 요인을 찾고, 미래에 바뀔 수 있는 외부 요인을 식별하고자 할 때와 변화나 기회를 이용하거나 더 빨리 위협으로부터 방어할 수 있도록 활용되는 도구이다. 그리고 여기에 생태학적 환경(Ecological Environment)을 더한 개념이 바로 STEEP 분석이다. 이들 요소는 일반적으로 개별 기업의 직접적인 영향권을 넘어서는 것으로 여겨진다.

PEST 분석을 위한 세부 내용은 다음과 같다.

① **정치적 환경** : 정치적·법률적 환경 변화가 시장의 규칙이나 전제를 변화시키기도 하고, 경쟁의 구조를 변화시키는 등 기업 경영 환경에 미치는 영향을 분석하는 것이다.

② **경제적 환경** : 외부 경제 환경 요인의 변화도 기업에 상당한 영향을 미치게 된다. 일례로 경제성장 또는 정체는 기업의 제품 수요에 영향을 미치고, 원화가치의 상승은 수입 및 수출기업에 기회와 위협을 초래하게 된다.

③ **사회적 환경** : 인구통계학적 구조의 변화와 소비자 기호의 변화는 기업경영에 큰 영향을 미친다. 최근 출산율의 저하, 맞벌이 가구의 증대, 노인 인구의 증대 등은 관련 비즈니스에 영향을 미치고, 제품이나 서비스에 대한 소비자 기호의 변화 또한 큰 영향을 미치게 된다.

④ **기술적 환경** : 기술적인 혁신이나 비약적인 개선 등의 변화가 기업의 비즈니스 시스템에 영향을 미치게 되며, 이러한 부분이 경쟁 상황을 변화시키기도 한다. 즉, IT 인프라의 발달에 따라 비용 절감, 부가가치의 증대 등의 효과로 경쟁력이 향상되는 것 등이 이에 해당된다.

많은 기업이 환경의 중요성을 잘 알고 있음에도 이에 대한 분석의 영향이 전략 분석과 전략 수립에만 국한되어 미미한 기여를 하고 있는 경우가 대부분이다. 이는 기업 입장에서 환경이라는 것이 어떤 조치를 취하기에는 너무 불확실하거나, 또는 많은 환경 요소들이 기업에 미치는 영향이 느리거나 체감하기에는 간접적이다 보니 크게 신경쓰지 않는 경우가 많기 때문이다.

일반적으로 환경을 세 가지 수준으로 뚜렷이 구분한다. 일반 환경, 운영 환경, 내부 환경이 그것이다. 이들은 각 단계 상호 간의 관계 및 기업과 맺는 관계를 나타낸다. 경영자는 이러한 환경의 수준을 자각하고, 각 수준에 포함되는 요소들이 무엇인지를 알며, 각 요소와 요소들 간의 관계가 창업기업의 성과에 어떻게 영향을 미치는지를 파악하도록 노력해야 한다.

일반 환경은 그 범위가 넓고 기업과 기업의 전략에 장기적인 영향을 미친다. 이들 영향은 대개 개별 기업의 직접적인 영향권을 넘어서는 것으로 이해된다. 정부와 법률이 개별 산업에서 차지하는 역할 등을 그 예로 들 수 있다. 일반 환경은 몇 개의 하위 범주 또는 부문으로 나뉘는데, 그중 효과적인 분류법이 STEEP 분석에 의한 분류이다. 이렇게 여러 부문 또는 하위 범주로 나누는 1차적인 목적이 전반적인 분석에 있어서 일반 환경의 주요 측면들을 간과하지 않기 위함이라는 것을 인식하는 것이 중요하다.

❑ STEEP 분석

거시 환경 분석은 기업에서 통제 불가능한 요인들을 파악하여 전략을 수립하는 데 유용할 수 있다. 예를 들어, 현재 우리나라 상황을 볼 때, 최근의 사드 배치가 대표적인 기업 외적인 통제 불가능한 요인으로 발생했었는데, 중국을 거대 시장으로 보고 진출을 준비했던 그리고 진행해 오던 대형 엔터테인먼트 회사인 SM이 사드(THAAD)[2] 문제가 발생하자 중국 관련 공연을 포기하고, 일본으로 타깃을 돌렸던 전략도 하나의 거시 환경 분석의 결과라고도 볼 수 있다.

여기서 소개하는 STEEP 분석은 산업 내의 기업의 경쟁력에 영향을 끼칠 수 있는 거시적인 환경 요인이 무엇인지를 파악하기 위한 분석 도구이다. 일반적으로 사회・문화, 기술, 경제, 생태학적 환경, 정책・법규의 다섯 가지 영역으로 분류해 영향력을 상호 비교하여 평가한다.

이를 통해 각 환경적 특성을 이해하고 중요한 동향과 주요한 이슈를 연결함으로써 정확하고 객관적인 미래 방향을 예측할 때 도움을 받을 수 있다.

STEEP을 분석하기 위해서는 거시 환경의 5가지 영역인 영역별 고려사항을 조사하고 평가해야 한다.

사회・문화(Social) 영역은 인구 통계적 사항인 출생률, 사망률, 평균수명, 나이, 지리적 인구분포, 인구구조 등에 대한 부분과 사회문화, 교육 수준, 행동 양식 및 규범과 사회 전반의 가치와 라이프사이클에 대한 부분이 고려 대상이 된다.

2) 사드(Terminal High Altitude Area Defense, THAAD) - 고고도 미사일 방어체계로, 미국이 추진하고 있는 미사일 방어체계의 핵심요소 중 하나이다. 이러한 사드는 중단거리 탄도미사일로부터 군 병력과 장비, 인구밀집지역, 핵심시설 등을 방어하는데 사용된다.

기술・정보(Technological) 영역은 보유한 특허, 정부 및 학계의 R&D 예산, 대학 숫자 등과 함께 기술 변화 속도, 신기술과 정보기술, 기술 클러스터의 존재 여부 등이 고려할 대상이다.

경제(Economic) 영역은 환율, 금리, 무역수지 및 예산 운영 정도와 취업률, 인플레이션 증가율, 신용경색 정도, GDP 대비 가계부채, 가처분소득 수준, 실업률, 임금 수준 및 소비성향 등 경제의 전반적인 부분에 대한 충분한 자료가 필요하다.

정책・법률(Political) 영역은 정당의 정책, 정책성향, 규제기관의 활동과 투표율, 동향, 여론 등의 정치적 요건과 지원정책, 규제, 민영화, 조세 등 정책에 따른 다양한 법적 요인들에 대해 고려해야 한다.

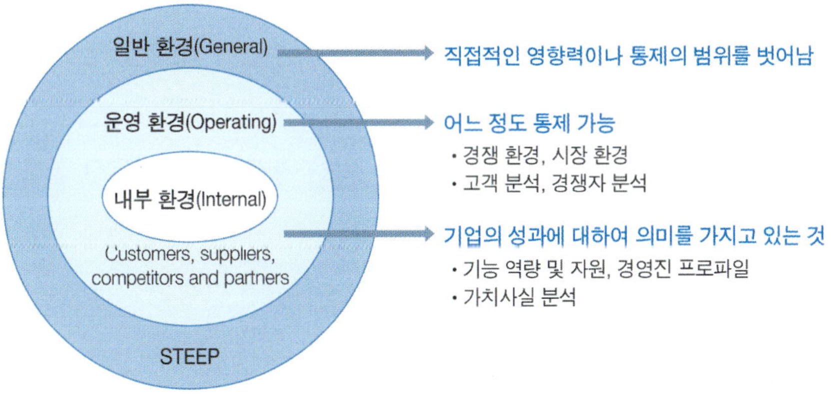

거시 환경 분석에서 고려할 사항이 크게 5가지 영역이다 보니 상당히 광범위한 분석이 필요하다. 그러나 기업이 갖는 한계성과 자원의 효율적인 운영을 위해서는 범위를 너무 크게 해서 분석할 필요는 없다. 따라서 시간과 리소스 등을 고려하여 적당한 범위를 선정하여 분석하는 것이 좋다. 미래 예측을 위한 분석이므로 너무 단기적인 접근은 피하고 단기와 중장기로 나눠서 접근하도록 한다. 따라서 분석을 위한 분석 프레임워크를 사용하는 것이 좋다.

| STEEP 분석 프레임워크 |

영역	주요 고려사항	현재	미래	기회	위협
Social					
Technological					
Economic					
Ecological					
Political					

앞서 설명한 것처럼 전략 수립을 위한 환경 분석은 중요한 기본 분석이다. 특히, 정치, 경제, 사회문화, 기술적 환경의 요인을 분석하는 것은 외적 요인으로 인해 발생할 수 있는 통제 불가능한 문제를 사전에 인지함으로써 기업이 추진할 사업에 대한 확고한 방향성을 수립하고 안정적으로 수립된 계획에 맞추어 사업을 진행하기 위해서는 필수적인 분석인 것이다.

이러한 것을 통해 전략을 수립하기는 쉽지 않은 과제이지만 반드시 선행적으로 수행해야 할 것이다.

❑ 3C 분석(3C Analysis)

대중적으로 잘 알려진 3C 분석은 일본의 전략가겸 컨설턴트인 케니치 오메(Kenichi Ohmae)가 제시한 분석 기법이다. 그는 성공적인 전략을 위해서는 '고객', '자사', '경쟁사'로 구성된 3가지 핵심요소에 집중해야 한다고 강조하였고, 이를 '3C' 또는 '전략 삼각형'(Strategic Triangle)으로 정의하였다.

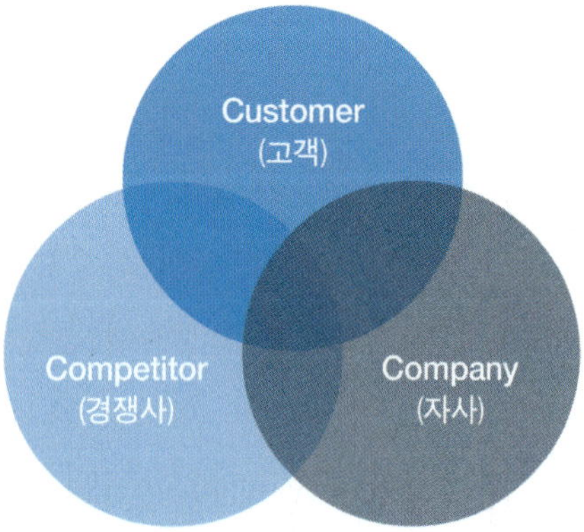

시장세분화 분석 후에 기업은 세분된 시장 내에서 마케팅 전략을 펼칠 시장인

표적시장을 선정해야 한다. 이때 기업은 표적시장을 선정하기 위하여 각 세분시장별 매력도를 평가한다. 이 평가를 위해 고려해야 할 사항이 고객(Customer), 경쟁사(Competitor), 자사(Company)의 3C이다.

기업들은 시장 규모와 시장 성장률, 현재의 경쟁사와 잠재적 경쟁사, 자사와의 적합성 분석 등을 통해 세분시장별 매력도를 평가하고 자사와 가장 적합한 시장, 즉 표적 시장을 선정하는 것이다.

일반적으로 각 평가요소는 5점 또는 7점 척도를 사용하여 평가하고, 평가 요소별 중요도를 감안해서 각 세분시장의 매력도를 산출한다. 그리고 각 평가 요소의 중요도는 기업 및 사용 기준에 따라 다르게 나타날 수 있다.

| 3C 분석 평가 기준 |

3C	평가 요소	평가 기준
고객 (Customer)	시장규모 시장 성장률	• 해당 세분시장이 적절한 규모인가? • 성장 가능성이 높은 시장인가? • 각 세분시장별 잠재수요는 어느 정도인가?
경쟁 (Competitor)	현재의 경쟁자 잠재적 경쟁자	• 현재의 경쟁사들이 공격적이고 강력한가? • 새로운 경쟁자의 진입 가능성이 높은가?
자사 (Company)	기업목표, 자원 시너지 효과	• 기업의 목표와 일치하는가? • 인적, 물적, 기술적 자원을 갖추고 있는가? • 기존 브랜드의 마케팅믹스 요소를 연계하여 시너지 효과를 가져올 수 있는가?

❑ 3C 분석의 거시적 환경 분석 보완 기법, FAW(Force At Work)

3C 분석(Company, Customer, Competitor)의 부족한 부분이었던 거시 환경 분석을 보완하기 위해서 나온 것이 3C/FAW 분석이다. FAW는 거시적인 환경을 분석하는 것으로서, 3C 분석에 나온 영역에 거시적인 환경 부분을 대입해서 예측해 보는 분석이라 할 수 있다. 3C/FAW 분석이란 3C 분석을 수행하면서 동시에 경제, 규제, 시장, 국제관계 등 4가지 요소가 3C 분야에 미치는 영향력을 분석하여

Macro한 경영 환경과 사업의 발전 방향을 도출할 수 있다. 국내 고객, 자사, 경쟁사를 분석하여 전략을 도출해 내는 3C 분석과 환경 요소를 분석하는 FAW 기법을 함께 활용하면 보다 입체적인 전략을 도출해 낼 수 있는 장점이 있다.

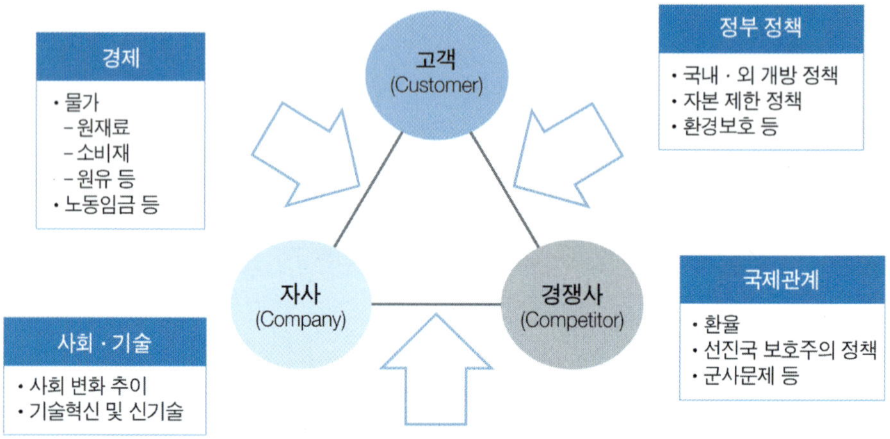

| 3C와 FAW의 관계도 |

앞서 설명한 바와 같이, FAW(Force At Work)는 경영과 사업 환경의 변혁이나 변화를 일으키는 거시적인 요인들이다. 경제 부분은 원재료, 소비재, 원유 등과 노동임금 등 물가에 영향을 주는 요인들이다. 사회 및 기술 부분은 사회 변화 추이나 기술혁신 등에 따른 사회기술의 변화 요인이다. 정부정책은 국가의 개방 정책, 환경보호 정책, 벤처 육성 등 국가가 제시하는 정책 방향에 따른 요인 변수이다. 국제관계 부분은 환율, 글로벌 추세, 선진국의 보호 및 자국 정책 등에 의한 변화 요인으로 볼 수 있다.

제시된 3C와 FAW(Force at Work) 관계도에서 보여 주는 것처럼, 실질적으로 자사의 경쟁 구도에서 고객과 경쟁사 간의 문제만을 해결한다고 해서 좋은 우위를 갖는 것이 아님을 알 수 있다. 따라서 FAW가 갖는 여러 요인을 분석할 필요가 있다. 우선 사업 전체에 영향을 미치고 있는 환경 요인은 무엇이며, 그 요인을 움직이는 메커니즘(Mechanism)이 무엇인지를 파악해야 한다. 또한 자사의 관점에서 자사의 주요 제품, 서비스 실적(매출, 이익 및 공헌도)을 조사해보고, 자사의 사업 운영 흐름 및 조직체계를 정리하고 강점 등을 정량화해서 파악할 수 있어야 한다. 고객에 대한 영향 인자로서 시장의 규모 및 추이에 대한 부분과 주 고객은 누구이며, 그 고객들의 특성과 속성을 찾아내야 한다. 마지막으로 경쟁사에 대한 부분으로 자사의 주 경쟁사가 누구이며, 그 경쟁사가 가지고 있는 약점과 동종업계에서 모델이 되는 선도기업의 성공 요인이 무엇인지 등을 파악해 볼 필요가 있다.

| 3C 분석의 종류 |

❑ 마이클 포터의 5 Force

산업 분석에 대한 논의는 주로 산업 조직론에서 발전되었으며, 산업구조 분석을 처음으로 경영 전략에 도입한 사람은 하버드 경영대학원의 마이클 포터(Michael E. Porter) 교수이다. 그는 1980년 《경쟁 전략(Competitive Strategy)》이라는 저서에서 산업조직론에서 발전된 산업구조 분석을 기업에 적용하기 쉽도록 변형시킨 분석 도구인 The Five Forces(5 Force) 분석 틀을 제시하였다. 기업은 장기적으로 산업의 구조적 특성에 의하여 영향을 받으며, 특정 산업의 수익성 및 매력도는 구조적 특성인 5가지의 힘(Five Forces)에 의하여 결정된다고 하였다.

여기서 5가지의 힘은 신규 진입자의 위협, 공급자의 협상력, 구매자의 협상력, 대체재의 위협, 산업 내 기존 경쟁자 간 경쟁 강도를 말한다.

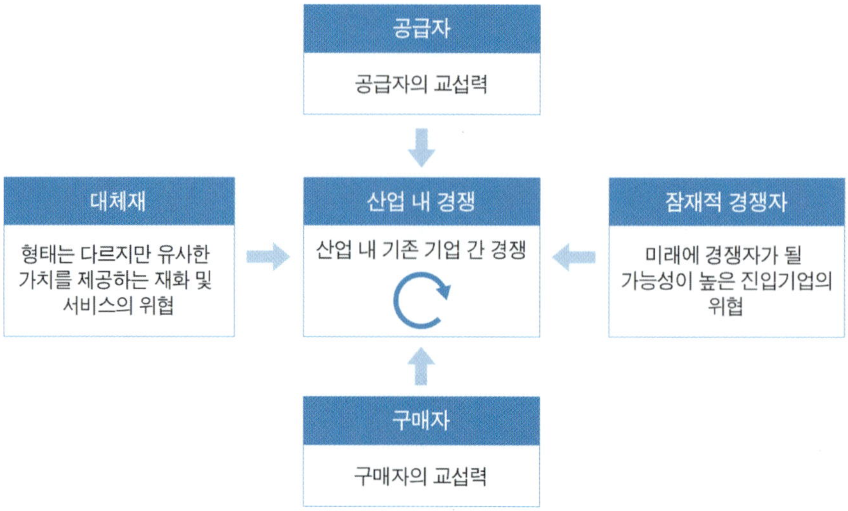

이 5가지 힘을 분석함으로써 산업의 경쟁 강도와 수익성(Intensity of industry competition & profitability) 및 산업의 구조적 매력도(Industry's structural attractiveness)를 결정하는 5가지 경쟁 요인을 분석하여 경쟁 전략 수립의 기초 자료로 활용할 수 있다.

5F를 분석하기 위해서는 5가지 위협의 개념을 이해하여야 한다.

첫 번째 개념인 신규 진입자의 위협(Threat of new entrants)이란 Market Share 및 실질적인 자원을 획득하려 하거나, 새로운 능력을 산업에 가져올 신규 경쟁자의 출현을 의미한다. 이 신규 진입자의 출현에 따라 수익성은 가격 경쟁이나 원가 인플레이션 등으로 낮아질 수 있기 때문에 위협적 요인으로 보는 것이다. 진입장벽은 규모의 경제, 제품 차별성, 브랜드, 교체 비용, 소요 자본, 유통채널 접근, 원가우위, 학습곡선, 투입원재료, 저원가제품 디자인, 정부 정책, 예상되는 보복 등에 의해 신규 시장에 진입하기 어렵게 만드는 것으로서 그 위협의 정도를 측정하고 예측할 수 있다.

두 번째 기존 경쟁자 간 경쟁강도(Intensity of rivalry among existing competitors)에서 경쟁은 경쟁자들이 경쟁 위치(competitive position) 개선에 대한 압력을 느끼거나, 그 기회를 찾고 있을 때 일어나는 것이다. 그 경쟁의 양상은 가격경쟁,

광고, 홍보 전쟁, 제품 출시 등으로 나타날 수 있다. 대부분의 산업에서 경쟁강도와 산업 전체의 수익성을 결정하는 가장 중요한 요인은 그 산업 내에서 이미 경쟁하고 있는 시장 참여자들(기존 경쟁자) 간의 경쟁관계로 볼 수 있다. 이러한 기존 기업 간의 경쟁 강도를 결정하는 요인으로는 산업 성장, 고정비, 과잉생산능력, 설비, 제품 차별성, 브랜드, 교체 비용, 집중과 균형, 정보의 복잡성, 경쟁자의 다양성, 이해관계자, 철수장벽 등이 있다.

세 번째 공급자의 협상력(Bargaining power of suppliers)은 심각한 위협 요인이 될 수 있다. 공급자들은 가격을 인상하거나 품질을 저하시키는 위협으로 협상력을 제고할 수 있다. 특히, 강력한 협상력을 가지고 있는 공급자들은 더 이상 원가를 상승시킬 수 없을 정도로 수익성을 잠식할 수도 있으므로 상당히 두려운 위협 요인이 된다.

이러한 공급자의 협상력을 결정하는 요인은 투입 원재료 차별성, 교체 비용, 대체 원재료의 출현, 공급자 집중도, 공급물량의 규모, 총 구매가 차지하는 상대적 비용, 원가 또는 차별화에 관한 원재료의 영향도, 전후방 통합 위협 등이 있다.

네 번째 구매자의 협상력(Bargaining power of buyers)에 대한 부분이다. 구매자들은 가격 인하 및 품질 제고 압력을 통하여 또는 판매 경쟁자 간 수익성을 훼손시키도록 조정하면서 산업과 경쟁하려는 경향이 있다. 이런 구매자의 교섭력을 결정하는 데에는 다음의 두 가지 요소가 중요하다. 하나는 구매자들이 얼마나 가격에 민감한가의 정도이고, 다른 것은 공급자에 대한 구매자들의 상대적인 교섭능력의 정도이다. 이러한 구매자들의 협상력을 결정하는 요인으로는 구매 비중, 구매 규모, 교체 비용, 구매자의 정보력, 후방통합능력, 대체품의 존재, 가격 민감도, 총 구매물량·가격, 제품 차별성, 브랜드, 품질 및 성능 효과에 관한 영향 정도, 구매자 이익, 구매의사 결정자의 인센티브 등이 있다.

다섯 번째로 대체재의 위협(Threat of substitute product or services)이 있다. 대체재는 기업이 용인할 수 있는 가격의 상한선을 설정하게 함으로써 기존 기업의 잠재적 수익을 제한한다. 만일 산업의 수익성이 구매자가 그 제품이나 서비스에 대해 기꺼이 지불하고자 하는 가격에 따라 결정된다면, 산업의 수익성은 대체재의 유무에 따라 매우 달라질 수 있다. 즉, 대체재가 많으면 많을수록 기업들이 자신의 제품이나 서비스에 높은 가격을 받을 수 있는 가능성이 줄어드는 것이다. 이러한 대체재 위협을 결정하는 요인은 대체재의 상대적 가격, 성능 효과, 교체 비용, 대체재에 대한 구매자의 성향, 대체품의 특성이 있다.

이러한 특성을 가진 5가지 위협 요소에 대하여 분석할 때 분석표를 활용하는 것이 도움이 된다.

구분	분석 요소 (결정 요인)	검토사항	현재 위협	미래 위협
신규 진입자의 위협	• 규모의 경제	규모의 경제가 작용하는 경우 진입장벽		
	• 독점적 제품 차별			
	•			
	경쟁강도 종합	경쟁강도에 대한 종합 정리	중	상
기존 경쟁자 간 경쟁강도	• 산업 성장률			
	• 브랜드 이미지			
	•			
	경쟁강도 종합	경쟁강도에 대한 종합 정리	상	상
공급자 협상력	• 공급물품의 차별성			
	• 공급물량			
	•			
	경쟁강도 종합	경쟁강도에 대한 종합 정리	약	약
구매자 협상력	• 구매물량			
	• 가격 민감도			
	•			
	경쟁강도 종합	경쟁강도에 대한 종합 정리	약	약
대체재의 위협	• 대체재의 상대적 가격			
	•			
	경쟁강도 종합	경쟁강도에 대한 종합 정리	약	약

※ 현재 및 미래 위협 : 그 정도를 3등급(상중하) 또는 5등급(상/중상/중/중하/하)으로 표시하고, 종합은 그 평균을 기록함

특히, 5가지 경쟁요인이 현재와 미래에 있어서 그 경쟁 강도가 어떠한가를 분석하고, 자사의 전략 방향을 도출하는 데 도움이 된다. 또한 산업의 수익성에 영향을 주는 산업의 구조, 환경, 트랜드를 분석하기 위한 체크리스트를 확보할 수 있다.

Five Forces 분석의 문제점은 산업의 구조적 매력도, 경쟁 강도 및 수익성을 결정하는 요인은 5가지의 힘(5 Forces) 이외에도 정부·정치적 요소, 글로벌 경제, 철수장벽 등 또 다른 많은 요소들이 있다는 점이다. 또한 동일한 산업 내에서도 세부 세그먼트(전략집단)에 따라 매력도는 다양하고, 산업구조는 산업 내 기업들의 전략적 의사결정과 기업들 간의 경쟁에 따라 얼마든지 다양하게 변화 가능하고, 따라서 기업의 전략과 산업의 구조는 서로 상호작용하며 계속적으로 변화한다는 점도 문제이다.

기업들의 구체적인 경쟁 전략을 묘사하기에 부족한 분석이 될 수 있고, 산업 트렌드 변화에 따른 산업구조 변화를 제대로 설명하지 못하는 정태적(static) 분석이라는 한계점을 가지고 있다.

포터의 산업구조 분석기법의 가장 큰 문제점은 기본적으로 정태적 모형이며, 이 모형에서는 경쟁과 산업구조가 동태적으로 변하한다는 사실을 충분히 구체적으로 고려하지 못하고 있는 점은 여전히 문제점으로 지적받고 있다. 이러한 문제점을 보완하기 위해서 현재뿐만 아니라 미래의 위협 정도를 동시에 분석한 트렌드 분석(미래 산업 환경 분석)이 될 수 있도록 하여야 한다.

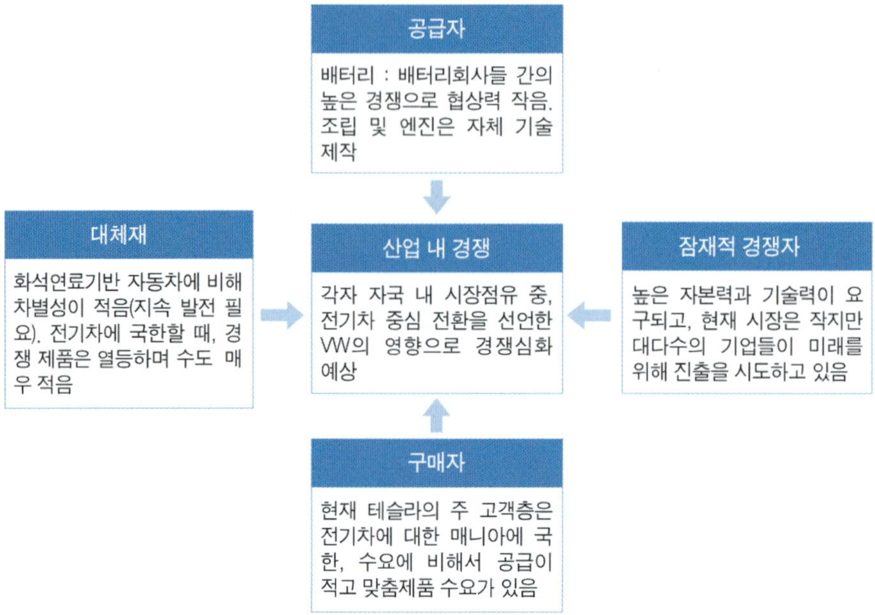

| 테슬라사의 5F 분석 사례 |

❑ SWOT & TOWS 분석

창업과 경영 현장에서 환경 분석 가운데 하나인 SWOT 분석은 기본적인 분석으로 활용되고 있다. 외부적 요소인 거시환경에 대한 분석을 실시하고, 기업 내·외부 환경을 분석한 후 최종적으로 해당 요인들을 통한 전략을 수립해야 한다. 이러한 전략 수립을 위해 일반적으로 많이 활용되는 것이 바로 SWOT 분석이다. SWOT 분석의 목적은 환경 요인들의 변화를 통해 창출할 수 있는 기회를 도출하고 환경 기회와 부합되는 자원과 능력을 갖춘 기업들이 갖는 차별적 우위를 확보하기 위한 전략 도출에 활용한다.

SWOT 분석이란 Strength(강점), Weakness(약점), Opportunity(기회), Threat(위험)의 앞글자만 따서 표기한 것이다. 즉, 자사의 경영 환경을 기준으로 내·외부 환경하에서 발생하는 긍정적인 면과 위협적인 면을 분석하여 사업의 방향을 바로 잡고 대처하기 위해 쓰이는 분석 방법이다.

SWOT 분석은 내부 환경(Internal Origin)과 외부 환경(External Origin)에 의해 구분된다.

내부환경이란 경쟁사와 비교하여 자사가 기술을 보유하고 있거나 동원이 가능한 것 또는 활용 가능한 인적·물적 자원 등을 말하며, 이를 가치사슬(Value Chain)이나 7S 등으로 분석하여 활용할 수 있다.

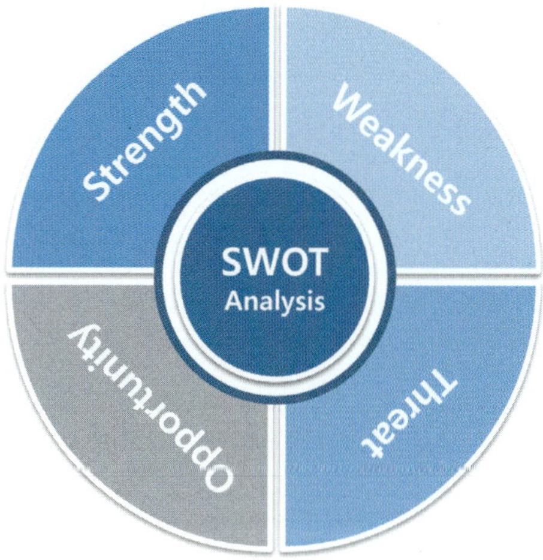

내부 환경 분석을 통해 자사의 강점과 약점을 분석하는 것이다. 여기서 강점(Strengths)이란 자사가 갖는 브랜드 경쟁력, 압도적인 유통 파워, 많은 특허 보유 등을 의미하며, 약점(Weaknesses)은 자사의 부족한 브랜드 이미지, 부족한 R&D 경쟁력 등에 대한 평가이다.

외부 환경 분석에서는 외부의 기회를 파악하여, 명확하게 기술할 필요가 있다. 외부 환경 분석에는 거시 환경 분석 및 5 Force 등으로 분석한 결과를 활용하면 도움이 된다.

외부환경 분석을 통해 미래의 기회 요소와 위험 요소를 파악하는데에 주력해야 한다.

여기서 기회(Opportunities) 요소란 예를 들어 엔고 현상으로 인한 일본시장 변화에 따라 경쟁력이 상대적으로 증가하는 경우와 같은 것을 말한다. 위협(Threats) 요소란 미국과 한국이 사드 배치 문제가 대두되자 중국의 민감한 반응으로 인한 중국과의 무역 및 외교적 마찰 등의 문제가 발생했던 점 등의 미래 위협적 요소가 된다.

강점은 경쟁기업과 비교하여 소비자로부터 강점으로 인식되는 것은 무엇인지, 약점은 경쟁기업과 비교하여 소비자로부터 약점으로 인식되는 것은 무엇인지, 기회는 외부 환경에서 유리한 기회 요인은 무엇인지, 위협은 외부 환경에서 불리한 위협요인은 무엇인지를 찾아낸다. 기업 내부의 강점과 약점을, 기업 외부의 기회와 위협을 대응시켜 기업의 목표를 달성하려는 SWOT 분석에 의한 마케팅 전략의 특성은 다음과 같다.

SWOT 분석 전략 작성법

외부환경 / 내부역량	Opportunity(기회)	Threat(위협)
Strength(강점)	① SO 전략	② ST 전략
	기회로부터 이익을 얻기 위해 강점을 활용하는 전략을 5~7 개 정도 작성	위협을 회피하기 위해 강점을 활용하는 전략을 5~7개 정도 작성
Weakness(약점)	③ WO 전략	④ WT 전략
	약점을 극복하면서 기회를 살리는 전략을 5~7개 정도 작성	약점을 최소화하고 위협을 회피하는 전략을 5~7개 정도 작성

① SO 전략(강점 - 기회) : 시장의 기회를 활용하기 위해 강점을 사용하는 전략을 선택한다.

② ST 전략(강점 - 위협) : 시장의 위협을 회피하기 위해 강점을 사용하는 전략을 선택한다.

③ WO 전략(약점 - 기회) : 약점을 극복함으로써 시장의 기회를 활용하는 전략을 선택한다.

④ WT 전략(약점 - 위협) : 시장의 위협을 회피하고 약점을 최소화하는 전략을 선택한다.

학자에 따라서는 기업 자체보다는 기업을 둘러싸고 있는 외부환경을 강조한다는 점에서 위협·기회·약점·강점(TOWS)으로 부르기도 한다.

| SK telecom SWOT 분석 |

내부 환경 / 외부 환경		강점	약점
		• 막대한 자본력과 뛰어난 기술력 • 무선통신업계 시장점유율 1위 • 미디어산업과 관련된 다양한 자회사 소유로 인한 유·무선 통신 인프라 보유 • 국내 최초의 콘텐츠 오픈 마켓 보유	• 세계적 경쟁력을 갖춘 서비스 미비 • 경쟁사에 비해 높은 사용 요금으로 인해 사용자들에게 부정적인 이미지 • 현재로선 SKT계열사 간 통합이 불가 • 높은 이동통신 사업의존도
기회	• 미디어법 통과로 대기업의 지상파 10%, 종합편성채널 30%의 지분 소유가 가능해짐 • T스토어의 오픈으로 다양한 콘텐츠 확보가 가능해짐 • IPTV의 가입자 수 증가 • 방통위의 해외진출 지원	〈우선수행 과제〉 • 자본력을 이용하여 지상파 지분 소유 및 종합편성채널의 유치로 매체 경쟁력을 높임 • T스토어에 지속적인 투자와 공격적인 마케팅으로 오픈 마겟 활성화	〈우선 보완 과제〉 • SKT계열사 간 공통 IT 인프라 및 해외 IT 체계 마련 • 다양한 방송 산업으로 진출이 가능해짐으로써 글로벌미디어 그룹으로 성장
위협	• LG, KT의 지사 합병으로 인한 경쟁구도가 심화 • 글로벌업체(구글, 아마존 등)의 국내시장 진출 • 시장 독점으로 인한 정부의 제제 • 경쟁사 KT의 FMC 서비스 도입 • 경쟁사의 '아이폰' 출시로 가입자 이탈 발생	〈RISK 해결 과제〉 • 막대한 자본력과 우수한 서비스를 기반으로 차세대 미디어 산업에서의 경쟁력을 확보 • ICT 기반의 기술개발로 KT의 FMC 서비스에 대응할 수 있는 서비스 도입	〈장기 보완 과제〉 • SKT계열사 간의 통합으로 인한 시너지 효과로 심화된 경쟁구도에 대처 • 공정한 거래 내역을 공개하여 고객의 불신을 감화시키고 가입자 이탈을 방지 • 글로벌업체와의 협력으로 세계적인 서비스 확보

SWOT의 가장 큰 강점은 내부와 외부의 면들을 동시에 판단할 수 있다는 점이다. SWOT 분석 이외에 다른 분석들은 내부와 외부 환경 중 하나만을 집중하는 경향이 있지만, SWOT의 경우는 내부와 외부의 모습을 동시에 판단할 수 있기에

장기적인 안목에서도 유리하다. 또한 분석 자체가 간단 명료하게 정리되기 때문에 쉽게 문제점을 파악할 수 있다.

기업 경영 현장에서는 긴 설명문보다 짧고 명료한 요약문을 선호하는 경향이 있다. 마찬가지로 SWOT 분석은 장황한 사업 환경과 내부적인 요인들을 원-페이퍼(One Paper)로 명료하게 볼 수 있는 장점이 있다. 그렇다고 해서 항상 SWOT 분석이 편리한 것만은 아니다. SWOT 분석을 정확하게 이해하기 위해서는 제반 사항에 관한 지식이 필요하다. 그 이유는 이 분석이 장황한 설명문 형식이 아니라 짧은 문장으로 끝나고 추가 설명이 들어 있지 않기에 기초적인 지식이 없는 상태에서는 분석 자체를 이해하지 못할 수가 있으며 이해하더라도 부분적인 면에서 그릇된 해석을 할 수 있기 때문이다.

사업을 진행할 때는 분석된 내용을 기본으로 하여 발생할 수 있는 문제를 사전에 파악하고 대비하여야 한다. 따라서 분석상에서 단점과 위협이 있다면 먼저 이 점을 명확하게 해결하고 넘어가야 한다. 발생한 또는 예측된 문제를 해결할 수 없는 경우라면, 그 사업 자체가 큰 문제가 있다고 판단할 수 있다. 그 이유는 첫 번째 문제가 크게 걸린다면 그 위협은 누구나 다 알 수 있는 것으로서 너무 일반적인 문제일 것이며, 두 번째 방법으로도 해결할 수 없다면 상당히 난해해질 것이며 자칫 해결하는 것이 불가능할 수 있다.

SWOT 분석은 사업의 분석을 돕는 부분적인 분석방법이다. 실제로 우리가 사용하고 있는 많은 분석 방법 중에서 매우 효과적인 분석의 하나가 SWOT 분석인 것은 사실이다. 그러나 SWOT 분석의 내용을 절대적인 판단 기준으로 삼는 것은 무리가 있으며, 또한 모든 사업을 SWOT 분석만으로 해결하려고 하는 것은 더욱이 어리석은 행동일 수 있다.

SWOT 분석 Matrix	
Strength (강점)	Weakness (약점)
Opportunity (기회 요인)	Threat (위협 요인)

SWOT 분석을 활용한 전략 도출		
기회 · 위협 (외부 환경) / 강 · 약점 (내부역량)	Opportunity (기회)	Threat (위협)
Strength (강점)	SO 전략	ST 전략
Weakness (약점)	WO 전략	WT 전략

❑ 내부 환경 분석

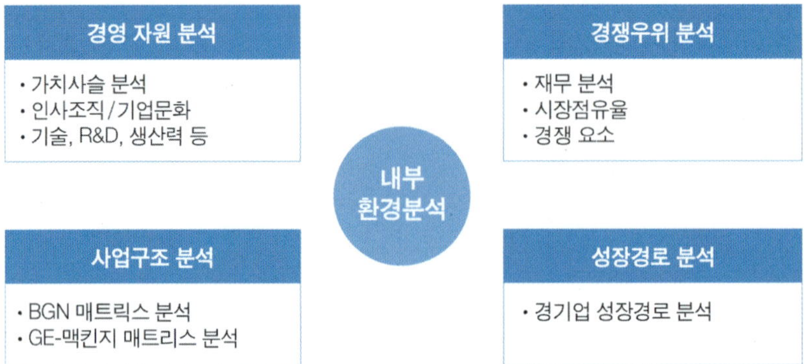

내부 환경이란 기업이 보유하고 있는 역량과 가치를 창출할 수 있는 능력과 환경이다. 이러한 내부 환경은 기업의 입장에서는 가장 잘 통제할 수 있는 영역이고 목적에 따라 해당 요인들을 발전시키거나 때로는 다운시킬 수 있기도 하다. 이러한 내부 환경은 기업이 비즈니스 모델을 수립하는 데 있어서 가장 핵심적인 기준이 될 것이다.

비즈니스 모델에 가장 많은 영향을 미치는 요소로는 가치사슬, 핵심역량(CSF), 고객 분석, 시장세분화 등이다. 이 부분에 대한 정확한 분석을 통해 실질적인 비즈니스 모델을 수립하도록 하여야 한다.

가치사슬이란 고객에게 가치를 주는 기업 활동과 이러한 활동을 가능하게 하는 생산과정이 밀접하게 연결되어 고객의 욕구(needs)를 충족시키는 일련의 과정을 말한다. 기업 활동은 고객과 직·간접적으로 만나게 되고 끊임없는 만족을 주기 위한 활동이며, 생산과정이란 이러한 기업 활동이 가능하게 하는 제품이나 서비스 등을 만들거나 제공을 위한 기초 작업을 말한다. 궁극적으로 고객은 기업의 활동을 통해 만족을 얻는다. 이러한 이유로 고객이 중요시하는 가치를 생산과정에 반영할 때만이 기업 활동이 가치를 가질 수 있는 것이다. 고객의 욕구를 포착하고, 이를 생산과정에 적합하게 반영할 때 제대로 된 가치사슬이 작동했다고 말할 수 있다.

1980년대부터 여러 가지 가치사슬 모형이 만들어졌으나, 하버드 대학 교수인 마이클 포터의 가치사슬 모형이 가장 대표적인 모형이다. 모형의 이름이 가치사슬(Value Chain)인 이유는 기업이 부가가치를 창출하는 과정이 마치 사슬이 이어져 있듯이 서로 연관성을 가지며 이어져 있다는 의미이다.

❑ 가치사슬(Value Chain) 분석

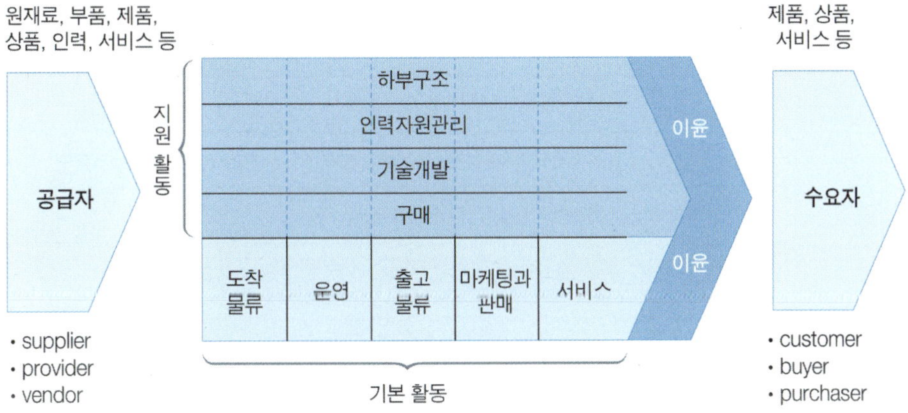

고객에게 가치를 제공함에 있어서 부가가치 창출에 직·간접적으로 관련된 일련의 활동·기능·프로세스를 연계하여 분석하는 기법을 가치사슬 분석이라 한다. 특히, 기업이 고객에게 가치(Value)를 전달하기 위해 수행하는 주요 활동인 주 활동(Primary Activities, 또는 본원적 활동)과 그 외의 지원 활동(Support Activities, 또는 보조 활동)으로 나누어 정리한 것이 기업가치 분석 모델이라 한다.

이 분석 모델은 한 기업이 하는 여러 활동 중에서 어느 활동이 그 기업의 경쟁력을 창출하는지를 분석하는 데 이용되는 모델이라 할 수 있다.

가치사슬 분석은 비용우위를 확보하기 위한 기회를 파악, 경쟁우위 구축을 위한 도구로 활용, 그리고 기업의 내부역량 분석 도구로 활용한다. 가치사슬 분석의 특징은 가치 사슬 모형을 통해 회사의 상품 및 서비스를 위한 가치의 마진을 분석할 수 있다는 점이다.

가치사슬 모델의 확장된 범위로서 공급사슬관리와, 고객관계관리가 포함될 수 있고 가치사슬 모델의 주요 활동은 본원적 활동인 주요 활동과 보조적 활동인 지원 활동으로 구분한다.

가치사슬 모델 및 가치창출 활동에는 마이클 포터의 가치사슬 모델을 활용한다. 앞서 설명한 바와 같이 가치사슬은 크게 전반적인 활동을 본원적 활동(주 활동)과 보조 활동(지원 활동)으로 나누어 요인을 분석한다.

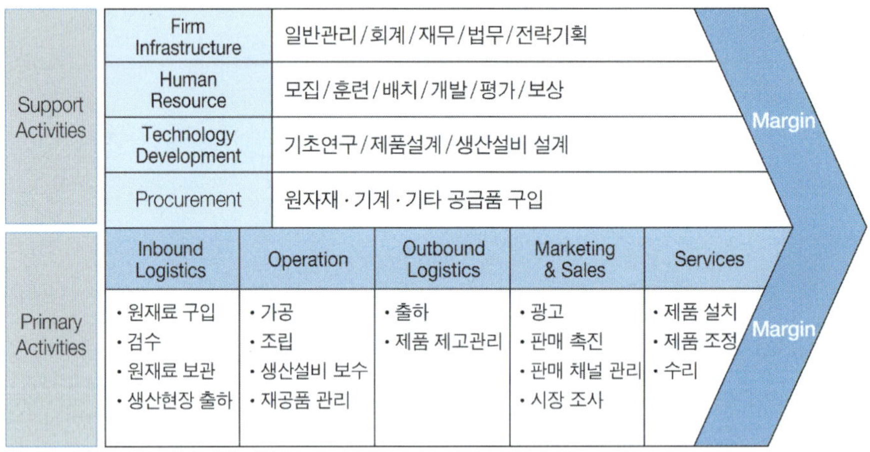

본원적 활동에는 원재료의 구입, 검수, 원재료 보관과 생산현장 출하와 접수, 보관, 재고관리, 수송계획을 포함한 입고 등 ① 구매(Inbound Logistics) 활동과 투입된 물건을 최종 제품으로 변환시키는 가공, 포장, 조립, 장비 유지, 검사 및 다른 모든 가치 창출 활동 등의 생산 및 처리 활동인 ② 운영(Operation), 최종 제품을 고객에게 전달하는 데 필요한 활동으로서 창고관리, 주문실행, 배송, 유통관리 등의 저장 및 분배 활동인 ③ 출고(Outbound Logistics), 구매자들이 제품을 구매하도록 하는 데 관련된 일련의 활동으로서 채널 선택, 광고, 프로모션, 판매, 가격설정, 소매관리 등의 ④ 마케팅 및 판매(Marketing & Sales) 활동과 마지막으로, 제품의 가치 유지 및 강화 활동인 고객 지원, 수리업무, 설치, 훈련, 예비부품 관리, 업그레이드 등의 고객관리 활동인 ⑤ 서비스(Services)로 구성된다.

입고(물류) 활동 내의 원재료는 입고 처리됨으로써 조직에서의 기본적인 가치가 부가된다. 그리고 그 가치는 생산 활동을 통하여 제품으로 제조됨으로써 또 다시 새로운 가치를 더하게 되고, 포장, 저장, 선적을 거쳐 배달을 기다리게 되며, 이 과정에서 역시 새로운 가치가 부가된다. 마케팅 및 판매 활동에 의해 제품을 고객에게 조달하며, 최종적으로 고객에게 서비스가 수행된다. 이들 주 활동은 순차적인 흐름으로 연결되어 있고, 모든 활동의 결과 축적된 가치는 기업의 이익을 형성한다.

지원 활동(Support Activities)은 본원적 활동을 보조하는 활동으로서 기업의 일반관리, 기획관리, 법, 재무, 회계, 공무, 품질관리 등을 포함한 ① 인프라스트럭처(Firm Infrastructure, 인프라), 직원 및 관리자의 보충, 자기계발(교육), 보유 및 보상 등의 ② 인적자원 관리(Human Resource Management), 가치사슬 활동을 지원하는 기술개발을 포함하여 연구개발, 프로세스 자동화, 설계, 재설계 등의 활동인 ③ 기술 개발(Technology Development), 원료, 서비스, 예비 부품, 건물, 기계 등의 ④ 조달 프로세스(Procurement) 등에 의해 골고루 지원된다.

이러한 지원 활동은 모든 본원적 활동을 지원할 뿐 아니라 지원 활동 간에도 서로 지원하는 성격을 갖는다.

이케아의 가치사슬을 통한 혁신 사례를 예로 들어 보겠다.

일반적인 가구점들의 가치창출은 가구를 선택, 가구 구입, 배송 및 설치하는 과정을 가지게 된다. 이케아도 예외는 아니었다. 이 과정에서 가구점의 점원들과 고객 사이에는 상당한 에너지가 소비된다.

고객은 좋은 제품을 싸게 구입하기 위해서는 발품을 팔았고, 점원은 비싸게 판매하려고 하며 흥정을 해야 했으며, 흥정을 한 뒤 트럭을 이용해서 배송하고 설치해 줘야 했다.

이러한 불합리한 공급과 서비스 방식에 대해서 이케아는 가치사슬을 재배치하였다.

가구를 선택, 조립식 가구 구입, 개인 배송이라는 가치혁신 절약으로 가격을 낮추는 전략을 수립한다. 우선, 가구는 고객들이 혼자서 선택하도록 했고, 모듈 가구의 설계를 통해 가구를 조립식으로 바꿔서 구입하도록 했으며 개인 배송을 통해서 가구점에서 배송하지 않도록 했다. 이러한 일련의 조치를 통해 이케아는 가치사슬을 재배치하고 새로운 시장을 만들 수 있었다.

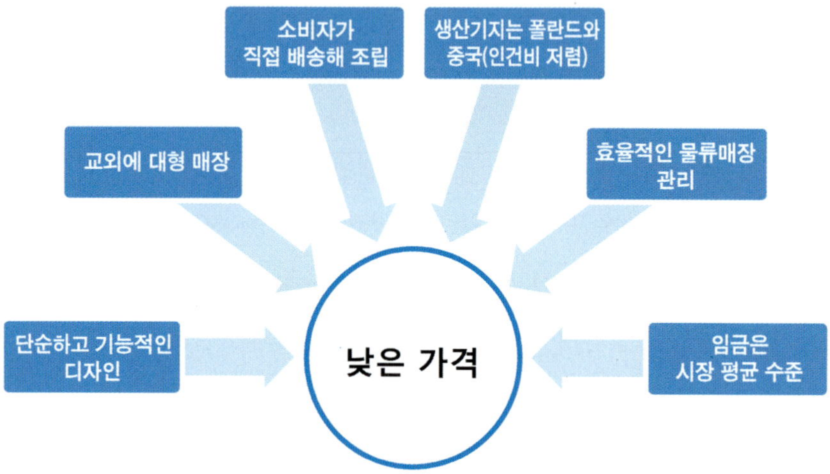

| 이케아 비즈니스 모델 |

❑ 7S 분석(하드 분야 및 소프트 분야 분석)

내부 환경을 분석할 때 가장 많이 활용되는 분석 도구는 맥킨지에서 개발한 7S 분석이다. 이 7S 분석은 전략적 분석 틀이라고 한다. 7S는 S로 시작되는 단어 7개로 이루어진 것으로, 3개의 하드 분야와 4개의 소프트 분야로 구성되어 있다.

7개의 구성 요소는 전략(Strategy), 시스템(System), 구조(Structure), 스타일(Style), 능력(Skill), 직원(Staff), 공유가치(Shared values)가 있다. 이 분석의 특징은 하드웨어적인 3요소와 소프트웨어적인 4요소를 분석한다는 것이다. 하드 분야에 들어가는 것은, Strategy(전략), Structure(조직), System(시스템)을 말한다. 소프트 분야로 분류되는 것은 Style(스타일), Skill(능력), Staff(직원), Shared values(공유가치)가 된다.

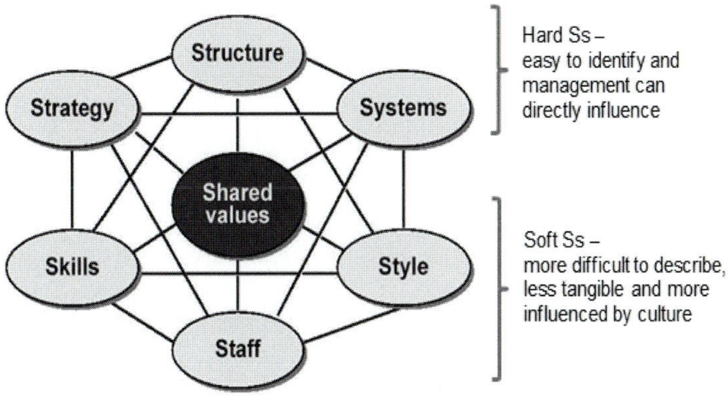

이 7S 분석을 활용하기 전에 맥킨지에서 정의한 7개의 개념을 이해해야 한다. 7S에 대비해서 자사의 강점과 약점을 분석하여 구체적인 개선책과 강화책을 검토해야 한다. 7S 모델은 조직을 이해하고 설계하는 데 있어서 중요한 사항을 밝혀내는 데 유용할 수 있으며, 조직의 강점과 약점, 회사 문화와의 일체성을 확인하는데 도움이 되는 분석 모델이라 할 수 있다.

분석에서 주의할 점은 하드 분야의 3S는 전략이 수립되면 빠르게 바꿀 수 있는 반면에, 소프트 분야의 3S는 많은 시간과 노력이 필요하다는 점이다. 이러한 이유로 하드 3S를 바꿀 때 소프트 3S를 어떻게 바꿀지가 중요한 고려 요소가 된다.

7S 분석 구성 요소 항목에 대한 영향력과 분야를 조금 더 자세하게 살펴보도록 하겠다.

하드 3분야에는 전략, 조직, 시스템이 있다.

① 전략(Strategy)은 조직이 추구하는 목표를 달성하기 위한 방향 및 계획이다. 어떤 전략을 취하느냐에 따라 조직의 예산 및 자원배분 방안이 달라진다. 전략은 시스템과 구조 등에 영향을 미친다.

② 시스템(System)은 조직의 관리체계, 운영 절차, 제도 등을 말한다. 시스템은 전략을 실행하기 위해 필요한 것으로서 성과관리, 인사제도, 의사결정 지원, 경영정보시스템 등이 있다.

③ 구조(Structure)는 조직도라 말할 수 있으며 조직별 역할과 권한, 책임을 말한다.

전략에 따라 구조가 달라지며 그에 따라 구성원의 수행 업무가 변하게 된다.

다음으로 소프트 4분야에는 스타일, 능력, 직원, 공유가치(가치관)로 나눈다고 언급하였다.

① 먼저 스타일(Style)은 조직의 경영 방식을 말하는 것이다. 스타일은 조직 문화와 연결되어 있어서 리더십 스타일이나 구성원 간의 관계에서 드러나며, 오랫동안 형성되어 쉽게 바뀌지 않는다는 특성이 있다.

② 능력(Skill)이란 조직 수준에서 보유하고 있는 능력을 말한다. 7S에서는 가치사슬 관점에서 볼 수 있는 능력으로 제조기술, 효율적 운영능력, 리스크 관리 등을 들 수 있다.

③ 직원(Staff)의 정의는 현재 조직 내의 인력자원의 구성으로 특성이나 보유 스킬을 말한다. 연령대가 높거나 영업사원의 판매 기술이 뛰어나다는 것 등을 들 수 있다.

④ 마지막으로 공유가치(Shared values)란 조직의 구성원들이 공유하고 있는 이념, 가치관, 목적 등을 말한다. 해당 기업의 비전이나 미션 체계로서 공유가치는 전략과 상품이나 서비스 개발에 영향을 미친다.

정의	개념
Shared values	가치관 : 경영이념이나 핵심가치 등 기업과 직원의 행동규정
Strategy	전략 : 경쟁우위를 유지하기 위한 정책
Structure	조직구조 : 조직의 구조와 형태
System	시스템 : 조직의 운영규칙(인사시스템 등)
Skill	스킬 : 조직과 임직원의 보유능력
Staff	인재 : 임직원의 인재 특성
Style	스타일 : 조직의 문화적 풍토

7S에 대한 정의를 정확히 이해하였다면 다음에 분석 진단 항목과 같이 분석을 실시하면 된다.

7S	진단 항목	분석 내용	시사점
전략 (Strategy)	• 현재 전략은 무엇인가? • 미래 전략은 무엇인가? • 얼마나 잘 소통되고 있는가? • 지역에 따라 변하는가?		
주요 성공 요소 (CSF)	• 전략 성공을 위하여 무엇을 해야만 하는가? • 현재 얼마나 잘 되고 있는가?		
능력 (Skill)	• CSF를 지원하기 위하여 어떤 기술이 필요한가? • 이런 역량들을 현재 가지고 있는가? • 현재의 핵심역량은 무엇인가? • 그것들이 CSF와 전략을 지원하는가?		
스타일 (Style)	• 어떻게 문화가 효과성에 영향을 주고 변화 준비가 되어 있는가? • 성과 측정이 얼마나 잘 목표를 지원하는가?		
구조 (Structure)	• 구조가 말이 되는가? • 행정적인 기능들이 고객과 지역을 적절하게 지원하고 있는가? • 더욱 효율적일 수 있는가?		
직원 (Staff)	• 사람들이 적절한 기술을 보유하고 있는가? • 직원들의 수준이 적절한가?		
시스템 (System)	• 지역에 걸쳐 베스트프랙티스는 무엇인가? • 고객과 전략목표를 지원하는 데 있어 시스템과 프로세스가 얼마나 효과적인가?		

7S의 체계적이고 객관적인 분석을 통하여 강·약점과 전략적 관계를 도출할 수 있는데, 이를 통하여 수준을 평가하고 개선을 위한 대안을 도출할 수 있다. 그러나 모든 분석이 그러하듯이 완벽한 전략 분석이 가능한 것은 아니다.

맥킨지의 7S 분석을 통해 단위 전략 및 달성을 위한 운영상의 세부역량 등의 측정에는 상당히 유용한 것으로 알려져 있다. 또한 상위 전략부터 하부까지 체계적인 진단이 가능하다는 장점이 있다. 반면에 이 분석만을 가지고선 실질적인 최상의 가격(Best Practice)을 찾기는 어려우며 이를 보강하기 위해서는 다양한 실질 사례와 데이터 참조가 필요하며 자사의 GAP 분석[3])도 중요하다. 그럼에도 7S 분석 모델은 많은 장점을 가지고 있다.

7S 모델을 도입하는 경우 좋은 점은 경영 요소 간 입체적 분석이 가능하다는 점과 조직의 현황 및 혁신 과제 도출이 용이하며, 미래의 조직 변화에 대한 영향 예측과 검토에 실질적인 도움을 받을 수 있다. 다만, 분석을 할 때에 고려하여야 할 사항으로는 순수 전략수립 모델보다는 조직개발, 조직 변혁 모델로 보는 견해가 있다는 부분과 모델의 설득력이 약한 부분은 약점으로 작용하는데, 이러한 부정확한 응용 사례나 모델의 각 요소가 갖는 의미에 대한 모호한 해석 오류의 가능성도 존재한다는 것을 간과해서는 안 될 것이다.

❑ 핵심성공 요인, CSF(Critical Success Factor)

| CSF 요소별 경쟁우위 비교 분석 도표(예) |

Critical Success Factor		가중치	자사		경쟁 A		경쟁 B		경쟁 C		평균	
			평가(5점)	점수	평가(5점)	점수	평가(5점)	점수	평가(5점)	점수	평가(5점)	점수
생산	• 연구개발 • 납기 • 품질 • 설비의 유연성	1.5 1 2 1.5 〈6.0〉										
마케팅	• 브랜드 이미지 • 채널의 입지와 수 • 채널지원 시스템 • 상품의 구색	2 1.5 1 1.5 〈6.0〉										
서비스	• 판매원 친절도 • 판매 speed • 서비스센터 입지와 수 • 서비스 가격	1.5 1.5 2 1 〈6.0〉										
지원	• 핵심적인 보유 • 리더십 • 조직구조 • 직원 창의성	1 1.5 2 1.5 〈6.0〉										
계	–	–										

3) GAP 분석 - 분석 대상 조직 또는 산업의 현황과 미래에 도달하려고자 하는 이상적 모습 사이의 차이를 분석하는 것을 말한다.

가치사슬 중에서도 특히 CSF(Critical Success Factor, 핵심 성공 요소)는 기업이 비전 및 사업목표를 달성하기 위하여 조직이 보유 또는 확보, 유지, 발전해야 할 핵심적인 요소로서 산업 및 시장에서 성공하기 위한 필수적인 요소이다.

따라서 CSF 중심으로 산업 내의 경쟁자와 CSF에 대한 상대적인 우위도를 비교 평가함으로써 상대적인 강/약점을 분석하여 경쟁 전략 수립에 이용한다.

자사의 전략 방향에 따라 부여된 요소별 가중치를 적용하여 상대적으로 평가하는 것이 좋다. 또한 각 CSF에 대한 비즈니스의 영향도와 자사의 보유역량을 비교 분석하여 대응 전략을 마련할 수도 있다.

비즈니스 영향이 크고 강점이 있는 핵심 성공 요인, CSF는 지속적인 발전이 필요하고 아울러 비즈니스 영향도가 크지만 반드시 당사가 약한 부분의 CSF의 개선도 필수적이다.

❑ 시장세분화 분석

시장은 다양한 욕구를 가진 수많은 소비자로 구성되어 있으므로 특정시장을 상대로 하여 마케팅 활동을 수행하는 기업이 그 시장의 모든 소비자를 목표로 삼을 수는 없다. 따라서 이들의 각기 다른 욕구를 효과적으로 충족시키기 위해서는 어떤 기준변수를 사용하여 동일한 특성을 가지고 있는 소비자들을 집단으로 구별하는 것이 필요하다.

이처럼 유사한 욕구 행동 및 특성을 가지고 있는 소비자 집단을 시장으로 분류하는 과정이 시장세분화이다. 즉, 시장세분화란 기업이 자사의 제품이나 서비스를 판매할 목표시장(특정 고객집단)을 선정하기 위하여, 소비자들 사이에 존재하는 특성적 차이를 기준, 전체시장을 부문시장으로 세분함으로써 효율적인 마케팅 활동을 수행하고자 하는 것을 말한다.

시장을 어떠한 기준에 따라 세분화하게 되면 특정 기업의 시장 목표(Market Target)가 더욱 명확해질 뿐만 아니라 시장 수요를 환기하기 위한 마케팅 믹스의 형성도 더욱 용이해진다.

예를 들면, 의류시장을 여러 개의 부문시장, 즉 연령과 환경에 따른 유아 시장, 미스 시장, 십대 시장, 미시즈 시장, 미스터 시장 등으로 분류하여 특정기업이 진출하고자 하는 목표시장을 선정하고 이 목표시장에 적합한 마케팅믹스를 개발함으로써 보다 효율적인 마케팅 활동을 전개할 수 있다.

시장세분화를 효율적으로 실시하기 위해서는 다음과 같은 조건을 고려하여야 한다.

고려사항	내용
측정 가능성 (measurability)	• 특정구매자의 구매특성에 관한 구체적인 유용한 정보를 어느 정도 가지고 있는가? • 어느 정도 정보를 입수할 수 있느냐?
접근 가능성 (accessibility)	• 선택한 세분시장에 대해서 기업이 마케팅 노력을 집중할 수 있느냐?
실현성 (substantiality)	• 시장의 단위가 개별적인 마케팅 프로그램을 적용할 만큼 가치나 수익성이 있느냐? • 세분화는 시장의 단위에 대한 별개의 마케팅 프로그램을 적용할 수 있을 만큼 최소한의 규모를 갖추고 있어야 함
유효성 (validity)	• 소비자 개개인의 특성이나 촉진 활동의 탄력성 정도를 나타낼 수 있어야 함
신뢰성 (reliability)	• 각 세분시장의 특성은 일정한 기간에 걸쳐서 일관성 있게 지속되어야 함

시장을 세분화하는 방법으로는 마케팅 환경에 속하는 변수를 기준으로 하는 방법과 제품이나 소비자의 특성을 기준으로 하는 방법으로 크게 나눌 수 있는데, 일반적으로 이용되는 기준을 살펴보면 다음과 같은 것들이 있다.

첫째, 지리적 변수에 의한 세분화(geographic segmentation)

소비자의 욕구와 반응은 지역적으로 다르게 나타나므로 국가별, 도(주)별, 시 ·

군별, 구별로 분할될 수 있고 또는 도시 규모별, 기후별로 세분화될 수도 있다. 시장에서의 판매량과 판매비는 지리적 입지에 따라 변동하게 된다. 따라서 기업이 가장 유리하게 판매 활동을 전개할 수 있는 지리적 시장을 찾아야 한다.

둘째, 인구 통계적 변수에 의한 세분화(demographic segmentation)

이 방법은 판매자가 소비자들의 나이, 성별, 가족 크기, 소득 수준, 직업, 교육, 가족생활주기(family life cycle), 종교, 인종, 국적 등에 따라 시장을 구분하는 것을 말한다. 이러한 인구변수가 널리 인용되는 이유는 인간의 생애 중에 수많은 제품과 서비스를 생산·소비하므로 인구변수와 제품의 매출액과의 상호관계가 높고 또한 이러한 변수를 사용하면 타 변수에 비해 소비자들의 차이를 쉽게 인식·측정할 수 있기 때문이다. 시장을 구분함에 있어서 여러 가지 하위변수를 함께 사용하면 보다 정확하게 세분할 수 있다.

셋째, 심리 분석적 요인에 의한 세분화(psychographics segmentation)

심리 분석적 특성이란 사회계층, 라이프스타일, 개성 등과 같이 여러 측면과 관련이 있으며 추상적인 특성을 가지고 있다. 인구 통계적인 측면에서 볼 때 동일한 사람들이라 하더라도 대단히 상이한 특징을 보이게 된다.

넷째, 행동적 요인에 의한 세분화(behavioral segmentation)

구매자들이 제품에 대하여 가지고 있는 지식, 태도, 사용에 따른 반응, 구매 목적 등 행동적 요인을 기초로 하여 여러 집단으로 분류할 수 있다. 이러한 행동 변수는 시장을 세분화하는 가장 중요한 기준으로 이용되고 있다.

| 시장세분화 방법에 따른 종류 |

구분	설명	세분화 예시
경쟁적 좌표에 의한 시장세분화	기업 차원에서 시장점유율과 제품수명 주기에 세분화	공격시장, 방어시장, 철수시장, 포기시장
개개인의 집합으로서 시장세분화	구매력 예측 한계점으로 인해 다른 변수 등과 함께 사용	인구통계변수, 생활유형변수, 지리적 변수, 개성변수
구매와 사용 주체에의 시장세분화	소비자의 구매로 인해 발생하는 이익에 대한 세분화	어린이시장, 주부시장, 가계시장, 조직체 시장
구매 행동 측면에서의 시장세분화	구매량, 구매 노력, 구매 혜택에 의한 시장 세분화	고가시장과 저가시장

이와 같은 시장세분화 기준으로 시장을 부문으로 구분한 뒤에 기업자원, 제품의 동질성, 제품수명주기의 단계, 시장의 동질성, 경쟁업자의 마케팅 전략, 시장의 크기, 소비자의 민감도, 경쟁자의 수 등을 고려하여 표적시장을 선정하여 집중적인 마케팅 전략을 시행할 때 기업은 성장 발전할 수 있을 것이다.

| 다양한 세분화 |

인구통계상, Demographic Segmentation	생활양식, Psycho graphic Segmentation
① 성에 의한 세분화	① 사회계층
② 나이에 의한 세분화	② 라이프 스타일(Life style)
③ 가정 라이프사이클 분류	③ 개인의 성격
④ 가족 수에 의한 세분화	

시장세분화의 방법을 인구 통계상 세분화(Demographic Segmentation)하는 방법으로 성(性), 나이, 소득 수준, 직업, 교육 정도, 가족 수, 가정의 라이프사이클(Life cycle) 등에 의하여 시장을 세분화하는 것을 말한다.

① **성에 의한 세분화** : 성에 의하여 많이 좌우되는 상품은 의류, 화장품, 잡지 등이다. 미국에서 1, 2위를 서로 다투는 장난감 회사인 '매텔사'와 '해즈브로사'의 경우를 보면, 매텔사의 주요 제품은 배추 인형, 바비인형으로 여자아이들이 좋아하는 인형이지만, 해즈브로사는 '지아이조(G.I.Joe), 트랜스포머, 퍼비 인형' 등 남자아이들을 위한 인형을 생산하는 회사이다. 이들은 타킷-마켓이 여자아이와 남자아이라는 영역으로 다르다는 것을 알 수 있다.

② **나이에 의한 세분화** : 소비자의 욕구는 나이에 따라 달라지는 경향이 있다. 따라서 같은 제품이라 하더라도 나이에 따라 변형된 제품을 제공해야 하며 마케팅 방법도 달리하여야 한다. 예를 들어, 비타민을 만드는 모 제약회사는 비타민을 나이에 따라 어린이용, 청소년용, 성인 남자용, 성인 여자용으로 구분하여 4가지로 만든다. 또한 맥도널드는 어린이용, 청소년용, 어른용, 노인용에 따라 광고방법을 다르게 실행하고 있다.

③ **가정 라이프사이클에 의한 분류** : 가정의 생애주기(Life Cycle)는 미혼 단계, 결혼 후 자녀가 없는 단계, 자녀가 생기는 단계, 자녀성장 단계, 학교를 졸업한 자녀가 있는 단계, 자녀 결혼 후 노부부 단계, 퇴직 후 노부부 단계의 7단계로 나눈다. 각 단계에 필요한 상품은 각기 다를 수밖에 없다. 예를 들면, 어린 자녀가 있는 가정은 세탁기, 아이용 식품, 인형 등이 필요할 것이며 자녀가 결혼한 노부부 가정에서는 여행 도구, 고급상품, 여가선용 등의 상품이 더 필요할 것이다.

④ **가족 수에 의한 세분화** : 가족의 수, 즉 여러 명이 함께 사느냐, 아니면 혼자 사느냐에 따라 소비 패턴이 다르다. 예를 들면, 혼자 사는 여성들은 혼자 사는 남자들보다 병원 출입이나 약의 사용, 건강 보험을 위해 두 배 정도 더 소비하며, 선물을 많이 사고 교회 등에서 자선단체에 남자들보다 3배 이상의 돈을 쓴다고 한다. 그에 비해서 혼자 사는 남성들은 여성들보다 더 자주 외식을 하며 외식비용을 여성보다 2배 정도 쓴다고 한다. 이러한 추세에 맞춰서 최근에는 1인 가구의 시장 구성비가 점차 높아지므로 시장에 1인 가구

를 위한 개인용 소형 밥솥부터 냉장고까지 다양한 제품이 출시되고 있다.

또 시장세분화를 실시할 때 생활양식에 의한 세분화(Psychographic Segmentation)를 할 수 있다. 생활양식에 의한 시장의 세분화는 다음과 같이 세 가지로 구분할 수 있다.

① **사회계층** : 사회계층에 따라 소비 행태가 다르게 나타날 수 있다. 특히, 자동차, 옷, 가전제품, 여가선용 등에서 계층 간의 소비는 현저하게 차이가 난다는 것이다. 예를 들면, 돈이 없는 의사, 변호사들도 동료들이나 이웃들(Reference group)에 대한 체면 때문에 저급 자동차를 타고 다니지는 않는 현상 등이 그것이다.

② **라이프스타일**(Life style) : 라이프스타일은 개인의 욕구, 동기, 태도, 생각이 복합적으로 반영되어 있다. General Food의 카페인 없는 커피 Sanka는 이 라이프스타일을 이용해 카페인이 있는 커피와 차별화하여 또 다른 커피시장을 차지(Reposition)하기도 하였다.

③ **개인의 성격** : 소비자의 성격은 제품 개발에 많은 영향을 끼친다. 전형적인 예로 여성들의 화장품, 담배, 보석, 술 등이 이에 속한다고 할 수 있다.

그 외에 상품으로부터 얻는 이익(Benefit)에 의한 세분화가 있다.

이는 소비자가 제품을 구입함에 따라 구매자가 얻게 되는 이익에 따라 시장을 세분화하는 것을 말한다. 단순히 세분화를 한 가지만 하는 것이 아니라 두 가지 이상의 세분화를 복수로 실시하는 것이 좋다. 즉, 이익에 의한 세분화와 인구통계학적 세분화의 크로스 분석 등을 통해서 어떤 이익을 원하는 고객의 연령과 직업 그리고 학력 등에 대한 지식을 복합적으로 이해하고 insight를 얻을 수 있도록 조사를 진행하는 것이 보다 좋은 세분화가 가능한 것이다.

❑ 벤치마킹(Bench Marking)

벤치마킹을 실시하는 것은 어느 특정 분야에서 우수한 상대를 표적 삼아 자기 기업과의 성과 차이를 비교하고 이를 극복하기 위해 그들의 뛰어난 운영 프로세스 등을 배우면서 부단히 자기혁신을 추구하기 위한 것이다. 즉, 남의 장점을 비판적으로 수용함으로써 나의 발전을 도모하고자 하는 경영기법의 하나인 것이다. 이를 잘 활용하면 기업이 경험하지 못하거나 예측하지 못한 판단에 대한 정보를 습득하여 경영상에 상당한 도움이 될 수 있다. 그러나 경우에 따라서는 타사를 무분별하게 모방하기 위한 도구로 잘못 활용되는 경우도 있다. 즉, 벤치마킹을 함으로서 얻어지는 이익도 있으나 경우에 따라 판단에서부터 착오를 발생시킬 수 있으므로 주의가 필요하다.

벤치마킹을 어떻게 하라는 식의 특별한 방법은 존재하지 않지만, 정형화된 4단계 절차에 따라 실시하면 보다 객관적이고 효율적으로 벤치마킹을 할 수 있다.

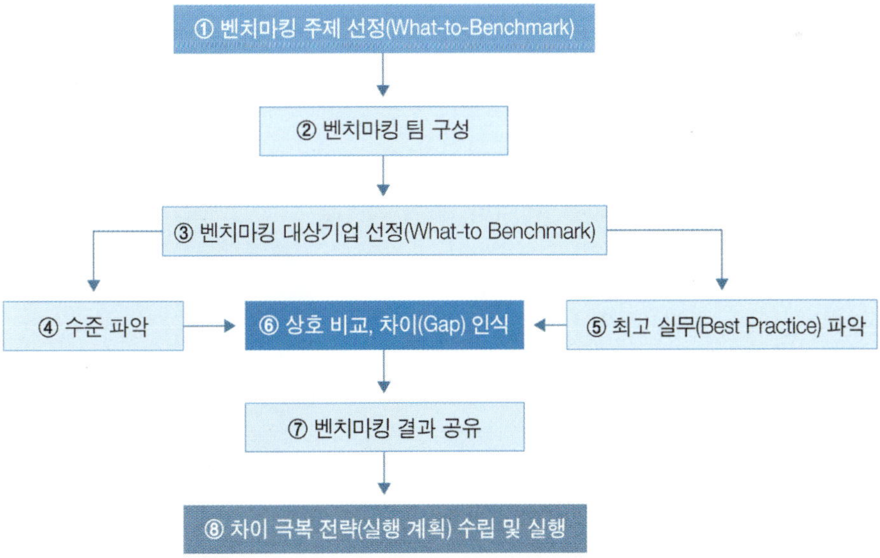

❙ 벤치마킹 기본 절차 ❙

벤치마킹 프로젝트 계획의 1단계, 필요정보 및 데이터 수집의 2단계, 성과 차이 및 동인(문제를 해결해 주는 요인 또는 그러한 원인)을 분석하는 3단계, 그리고 프로세스의 동인을 채택하고 그로 인한 개선을 실시하는 4단계가 그것이다.

다시 각 단계를 자세히 설명하면, 1단계인 계획 단계에서는 다음의 3가지 사항을 고려하여야 한다.

첫째, 기업은 반드시 자사의 핵심성공 요인, 핵심 프로세스, 핵심 역량 등을 파악해야 한다. 둘째, 벤치마킹을 할 중요한 프로세스는 반드시 문서화되어야 하고 그 프로세스의 특성이 정확히 기술되어야 한다. 마지막으로, 벤치마킹 파트너 선정을 위해 필요한 요구조건도 반드시 작성되어야 한다. 위의 3가지 사항을 고려하여 다음과 같은 업무를 수행한다.

2단계인 자료 수집 단계에서는 내부 데이터 수집, 자료 및 문헌조사, 외부 데이터 수집이 포함된다. 내부 데이터 수집 단계에서는 자사 프로세스의 절차 및 성과 등을 프로세스맵 등을 통하여 분석한다. 내부 자료 수집이 끝나면 가능한 벤치마킹 대상 기업을 선정하고 2차로 자료 및 문헌조사를 실시한다.

이 단계에서는 관련 잡지, 학술지 혹은 언론 매체, 컨설팅 기관 등을 통하여 초우량 프로세스에 관한 연구 조사를 실시한다.

대상 기업이 선정되면 외부 데이터 수집을 수행하여야 한다. 외부 데이터 수집방법은 전화 인터뷰, 설문지 작성, 면접, 인터뷰 등이 사용될 수 있다. 궁극적으로는 현장을 방문(site visit)하여 실무 감각을 느끼고 프로세스의 형태, 성과 등을 관찰해 보는 것이 필요하다. 자료 수집 단계에서는 다음과 같은 업무를 수행한다.

3단계인 분석 단계에서는 데이터 분석, 근본 원인 분석(root cause analysis), 결과 예측, 동인 판단 등의 업무를 수행하여야 한다. 분석 단계의 목적은 벤치마킹 수행을 위해 개선 가능한 프로세스 동인을 확인하기 위한 것이다. 이 단계에서는 경쟁회사의 프로세스 성과 차이에 대한 분석을 수행하여야 하며 어떤 프로세스 혹은 프로세스 내의 어떤 활동들이 성과 차이에 영향을 미치는가를 분석하기 위한 심층연구를 하여야 한다.

4단계 개선 단계에 들어선다. 개선 단계에서의 목표를 단기 목표(short-term goal), 등가 목표(parity goal), 리더십 목표(leadership goal)의 3단계로 설정할 수 있다.

단기 목표는 벤치마킹 활동을 하지 않을 경우에라도 자사 업무의 분석으로 인해 얻어질 수 있는 개선 목표를 말한다. 등가 목표는 벤치마킹 파트너의 프로세스 및 동인을 분석하여 적용함으로써 얻어질 수 있는 목표를 말하고, 리더십 목표는 여러 회사를 벤치마킹한 장점의 효과를 살리고 시너지 효과를 올려서 경영자가 경쟁사의 성과 이상으로 책정한 성과 목표를 말한다.

개선 단계의 궁극적인 목표는 자사의 핵심 프로세스를 개선함으로써 벤치마킹 결과를 현실화시키자는 것이다. 이 단계에서는 벤치마킹 연구를 통해 얻은 정보를 활용함으로써 향상된 프로세스를 조직에 적응시켜 지속적인 향상을 유도하여야 한다.

이 개선 단계에서의 주요 활동 내역은 다음과 같다.

- 성과 차이를 극복할 수 있는 목표 설정
- 최상의 업무 수행 방안 및 동인 결정
- 기업문화 및 구조에 적합한 프로세스 동인 개발
- 개발된 동인을 프로세스에 반영, 개선 업무 수행을 위한 실행 계획 수립
- 최고 경영자의 승인 획득, 자원 투입 및 이행
- 개선과정 측정 및 보고
- 미래 벤치마킹 기회 연구 및 주기적 업무성과 측정

❑ 트렌드(Trend) 분석

유행과 트렌드는 서로 개념이 다르지만 유사하게 인식하는 경우가 있다. 유행이란 대중에게 일시적인 관심을 받는 것으로 짧은 시간 내에 사라지는 것이라고 정의할 수 있다. 이와는 달리 트렌드는 유행보다 지속성을 가진다.

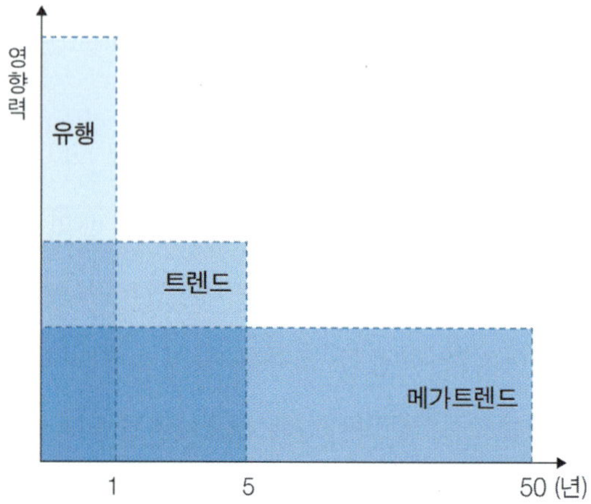

트렌드는 사회현상과 산업 전반에 걸쳐 커다란 영향력을 미치는 경향이 있다. 따라서 이 트렌드를 미리 예측할 수만 있어도 기업으로서는 상당한 이익을 얻을 수 있다.

메가트렌드라는 용어는 미국의 미래학자인 존 나이스 빗(John Naisbitts)이 저술한 베스트셀러인 《메가트렌드》에서 처음 쓰인 용어이다.

이는 현대사회에서 계속해서 일어나고 있는 거대한 현상을 말하며 탈공업화 사회, 글로벌 경제, 분권화, 네트워크형 조직 등을 그 특징으로 하며, 메가트렌드는 30년 정도 지속되는 현상을 말한다.

세계의 다양한 장소에서 발생하는 일상의 변화를 공유할 수 있으며 동시에 보편화할 수 있는 것이 메가트렌드의 본질적 특징이다. 기업이 트렌드를 연구하고 분석하는 이유는 소비자의 트렌드 속성과 변화에 대한 과정에서 이노베이션의 기회를 찾아낼 수 있기 때문이다.

소비 트렌드를 분석하고 예측하는 작업은 마케팅 과정에서 가장 기본이 되는 소비문화와 시장의 미래 동향을 예측하는 과정으로 시장조사의 가장 중요한 수단이 된다. 소비 트렌드 분석이란, 현재 나타나는 작은 징후를 감지하여 미래에 나타날 소비문화의 동향을 정확히 예측하고 미래의 변화가 어떠한 방향으로 진행될 것인가를 분석하는 일련의 과정이다.

일반적으로 소비 트렌드를 분석하기 위하여 많이 사용되는 방법으로는 외삽법, 생활교차분석, 거리문화접근법으로 크게 세 가지로 나뉜다.

외삽법은 하나의 변화는 돌발적으로 나타나는 것이 아니라, 과거의 모습과 형태 및 그때 작용했던 힘들이 미래에도 다시 나타나 작용할 것이라는 가정을 두고, 과거부터 현재까지의 트렌드를 분석하고 이 트렌드의 추세를 미래까지 적용함으로써 미래의 변화를 예측하는 방법이다.

외삽법의 대표적인 방법으로 추세외삽법이 있다. 이 방법은 과거와 현재를 잇는 선을 미래까지 연장하여 그 선상에서 미래를 예측하려는 방법이다.

추세외삽법이 가능하기 위해서는 과거부터 현재까지 작용하던 상황과 변수들이 미래에도 변함없이 계속 작동할 것이라는 전제가 필요하다. 이는 모두가 공유할 수 있는 과학적인 미래 예측을 위해 가장 일반적으로 사용되는 방법이기도 하다. 예를 들어, 신문에서 '지난 15년간과 같은 비율로 출생률이 감소한다면, 앞으로 15년 후에는 몇 %로 떨어질 것이다'라는 식의 분석은 모두 추세외삽법의 일종이다.

추세외삽법은 인구 규모나 식량 생산량, 에너지 소비량, 기술개발 등의 예측에 주로 이용된다. 이 기법은 구체적인 수치를 산출함으로써 모두가 쉽게 공유할 수 있는 결과를 제시한다는 장점이 있다. 하지만 예측방식은 대부분 수학적인 함수를 사용하며 관련 변인이 증가할수록 함수의 숫자가 늘어나 복잡해지고 관련자들이 이해하기 어려워진다. 더욱이 예측 기간이 길어질수록 그 정확성이 기하급수적으로 줄어든다는 단점이 있다.

기간이 늘어날수록 새로운 요인이 추가되거나 요인들 간 상호작용이 발생할 가능성이 커지기 때문이다. 따라서 추세 외삽법은 어떤 현상에 대한 누적적이고 정확한 통계적 기록이 유지되고 있을 때 활용할 수 있다.

생활교차 분석은 제품 범주별로 소비자와 면담을 하고 수많은 출판물을 읽고, 영화, 연극, 음악회 등에도 참석하며 자체 직원 또는 유명 인사들로부터 아이디어를 광범위하면서 지속적으로 수집을 해 나가면서 트렌드를 분석하는 방법이다.

거리문화접근법은 주변 문화, 언더그라운드문화의 상품 범주 전체보다는 특정 상품에 대한 시각, 정서, 감각을 이해하고 파악하여 트렌드를 읽는 방식이다. 즉, 주변 문화에서 나타난 여러 징후가 트렌드의 근원이 되고 새로운 유행 현상을 일으키는 바람이 될 수 있다는 점에 착안한 방법이다. 거리문화접근법은 트렌드의 근원으로 되돌아가서, 이 새로운 바람이 일어난 현상을 해석해야 한다. 이를 통하여 트렌드를 예측해야 한다.

거리문화접근법의 대표적인 방법인 타운워칭(Town Watching)은 거리문화접근방법을 통해 소비 생활문화나 언더그라운드문화를 알 수 있고, 특정 상품에 대한 시각이나 정서, 감각을 이해하고 파악하는 방법이다. 타운워칭을 실시하는 방법은 사람 관찰, 상품 관찰, 매장 관찰 등이 있다.

| 타운워칭 실행 |

종류	실행 내용
사람 관찰	• 관찰하고자 하는 타깃을 명확하게 정하고, 이들의 움직임을 주시한다. • 소수의 '트렌드 크리에이터'와 초기 수용자 유형인 '오픈킬러'를 주목한다. • 프로페셔널 소비자를 주목한다.
상품 관찰	• 소비자를 사로잡고 있는 상품에 주목한다. • 반대의 속성에 관심을 갖는다. 소위 역트렌드도 관심의 대상이 될 수 있다. • 일시적인 유행과 장기적인 트렌드를 구분해야 한다.
매장 관찰	• 유명하고 성공한 상점의 비밀을 탐색한다. • 신설 매장은 항상 관심을 가지고 살핀다. • 이색 매장에도 관심을 기울인다. • 필요하다면 어느 곳이나 찾아간다.

여기서 중요한 것은 단순한 거리의 외관만을 보는 수동적 엿보기가 아니라 거리를 구성하고 있는 다양한 요소들이 창조하는 이미지와 상징을 관찰하여야 한다. 그리하여 시대의 분위기와 트렌드를 잘 살펴야 한다. 이처럼 타운워칭의 관찰 대상은 상점, 상품, 거리 및 행인들 전체가 될 수 있다. 특히, 어떤 특정 상권에서의 소비자 트렌드를 분석할 때 많이 사용되고 있다.

❑ 퓨처스 휠(Futures Wheel) 분석

퓨처스 휠 기법은 미래 관련 질문과 생각들을 손쉽고 조리 있게 정리하는 방식이다. 즉, 아이디어를 생산하는 토론과정을 구조화한 것으로 미래 트렌드나 앞으로 도래할 잠재성 있는 사건을 중심에 놓고, 중앙부터 바퀴 모양으로 점차 생각을 확장해 나간다.

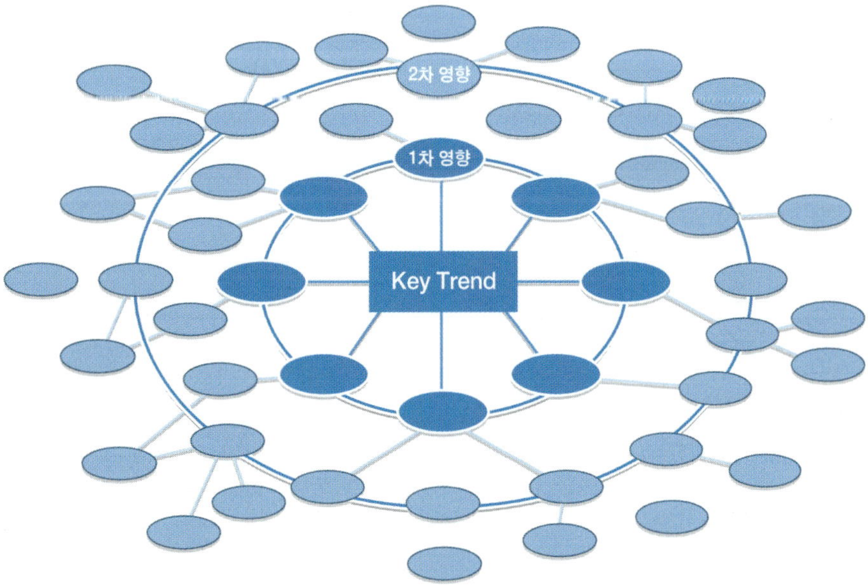

일차적 영향이나 결과물들로 첫 번째 고리를 만들고, 2차 영향과 결과물들은 두 번째 고리를 이어나간다. 이런 방식으로 계속해서 영향들과 결과들이 고리의 형태로 겹겹이 새겨나가다 보면 사회 트렌드나 사건에 대한 구체적인 실행 결과를 논리적으로 도출해 낼 수 있다.

❑ 소비자 트렌드 캔버스(Consumer Trends Canvas)

소비자 트렌드를 분석하기 위해서는 다양한 경험과 관찰이 필요하다. 소비자 트렌드 캔버스란 이러한 것을 쉽게 따라할 수 있는 일종의 방법론으로 어떤 소비자 트렌드를 분석하고 이해하는 것과 동시에 성공적으로 소비자에게 다가설 수 있는 이노베이션을 이끌어 내는 데 그 트렌드를 적용할 수 있도록 도와주는 분석 도구이다.

소비자 트렌드 캔버스를 사용하기 위한 기본적인 지침은 다음과 같다.

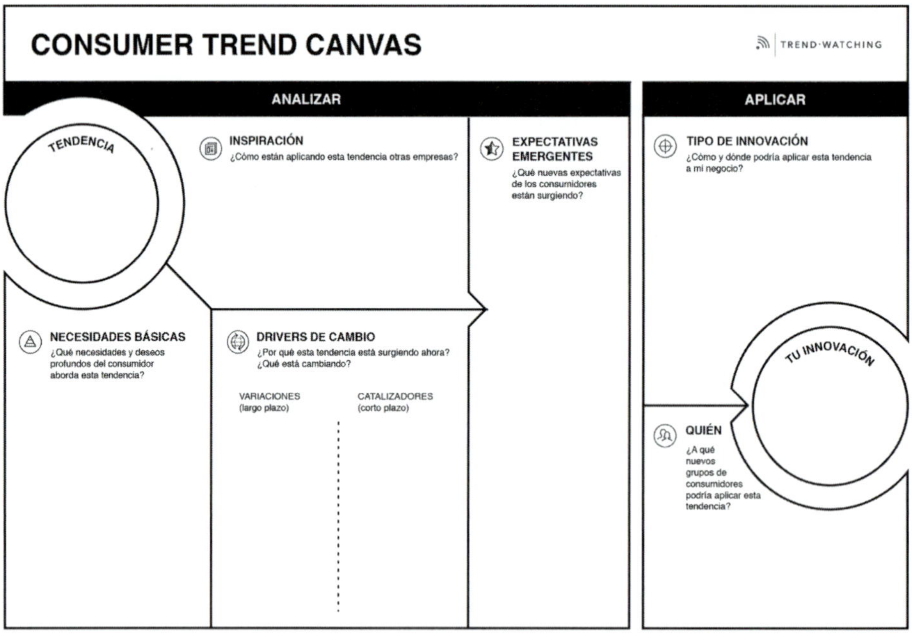

① 인쇄가 가능한 빈 캔버스를 사이트에서 다운로드하라.

② 좀 더 알고 싶은 트렌드를 선택하라(우리가 제공하는 것이든 다른 곳에서 제공하는 것이든 상관없이 선택).

③ 트렌드를 분석할 때, 캔버스의 왼쪽(이해하기)에는 그에 관한 식견, 정보, 사례 등을 적어라. 그런 다음 오른쪽의 '적용' 란에 자신의 아이디어를 적어라.

④ 각각의 요소가 서로서로 어떤 연관이 있는지를 계속해서 다시 확인하라. 한 측면에 관한 식견이 트렌드의 다른 측면을 강조하고 진정으로 새로운 콘셉트를 끌어내는 데 도움이 된다.

⑤ 또한 동료나 고객과 함께 이노베이션의 구조를 잡아보도록 하자.

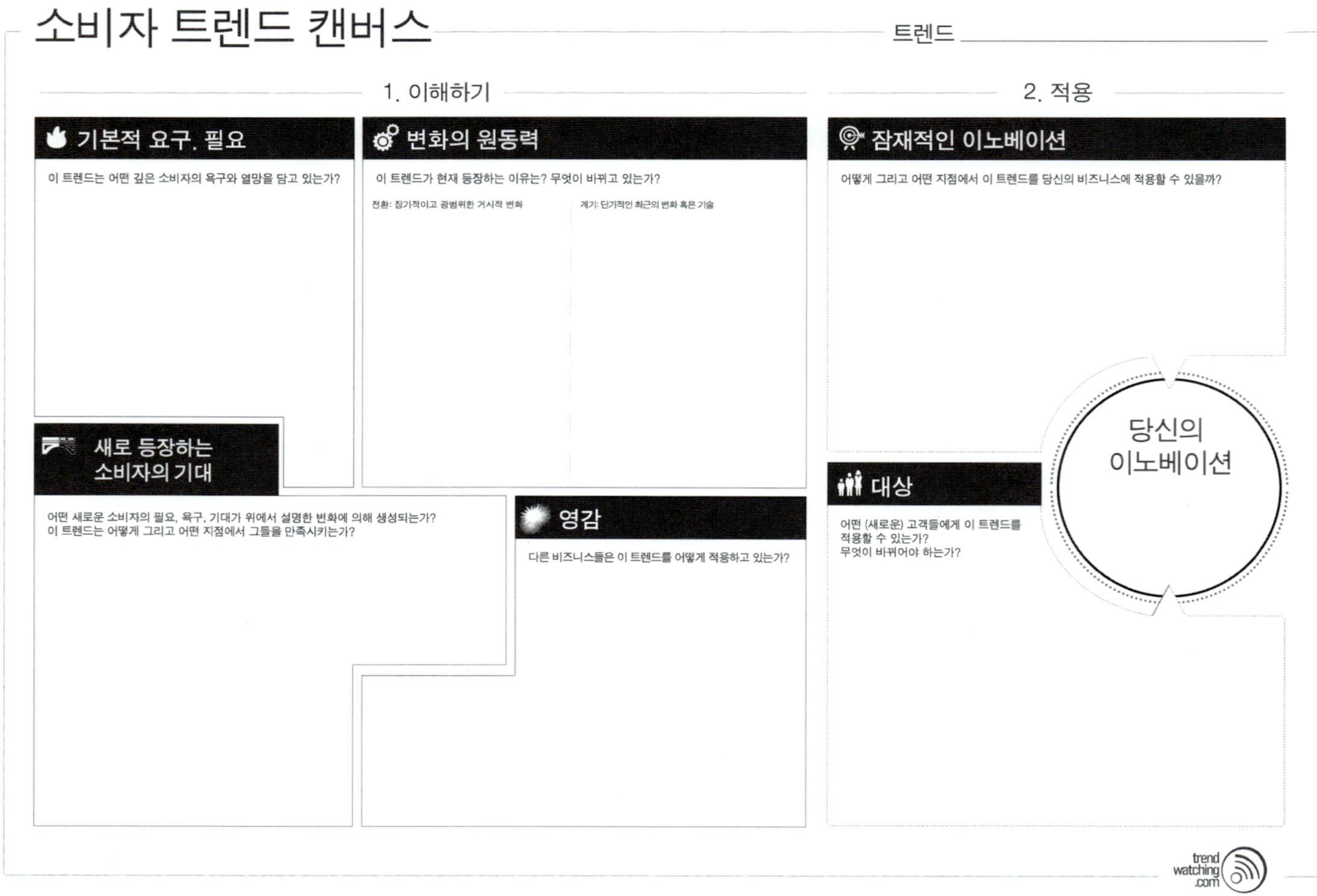
소비자 트렌드 캔버스
트렌드
1. 이해하기
2. 적용
기본적 요구, 필요
이 트렌드는 어떤 깊은 소비자의 욕구와 열망을 담고 있는가?
변화의 원동력
이 트렌드가 현재 등장하는 이유는? 무엇이 바뀌고 있는가?
전환: 장기적이고 광범위한 거시적 변화
계기: 단기적인 최근의 변화 혹은 기술
잠재적인 이노베이션
어떻게 그리고 어떤 지점에서 이 트렌드를 당신의 비즈니스에 적용할 수 있을까?
새로 등장하는 소비자의 기대
어떤 새로운 소비자의 필요, 욕구, 기대가 위에서 설명한 변화에 의해 생성되는가?
이 트렌드는 어떻게 그리고 어떤 지점에서 그들을 만족시키는가?
영감
다른 비즈니스들은 이 트렌드를 어떻게 적용하고 있는가?
대상
어떤 (새로운) 고객들에게 이 트렌드를 적용할 수 있는가?
무엇이 바뀌어야 하는가?
당신의 이노베이션
trend watching .com

마케팅 및 리서치 정보 사이트

분야	관련 사이트
학술지/논문자료	1. **한국학술정보(KISS)** http://kiss.kstudy.com 국내 최초로 학술 정보 검색 시스템을 운영한 사이트로서 방대한 양의 논문, 학회지, 해외 학술지 등을 제공한다. 제휴를 맺은 대학의 학생은 무료로 이용이 가능하다. 2. **한국교육학술정보원(RISS)** www.riss.kr 한국교육학술정보원에서 운영하는 RISS는 논문, 국내외 학술지 등을 제공한다. KISS와 마찬가지로 제휴를 맺은 대학의 학생에게는 자료를 무료로 제공한다. 3. **국회도서관** www.nanet.go.kr 국내 학술지, 국회의원 정책 자료, 입법부 보도자료 등을 제공한다. 오프라인으로도 방문할 수 있고 주간에 방문하기 어려운 사람을 위한 '야간 자료 신청'도 가능하다. 4. **네이버 전문정보** academic.naver.com 국내외 학술 저널, 논문, 특허 및 통계 정보, 국가 기록물 등을 제공한다.
정보통신	1. **IT 지식포털(IT FIND)** www.itfind.or.kr 정보통신기술진흥센터에서 자체 개발한 국내 최대 규모의 ICT 정보 종합검색시스템으로 연구결과 보고서, 기술시장 보고서, 특허 및 통계 정보 등 다양한 콘텐츠를 제공한다. 2. **IT 통계포털(IT STAT)** www.itstat.go.kr ICT 및 SW 분야 데이터, 통계 간행물, 통계 뉴스 및 주요 지표를 제공한다. 3. **랭키닷컴** www.rankey.com 웹사이트 분석평가 서비스로 트래픽 분석, 사이트 순위 및 자료를 제공한다. 4. **정보통신산업진흥원(NIPA)** www.nipa.kr 정보통신 기술에 대한 주간·월간 산업 동향, 산업별 이슈 분석 보고서를 제공하고 정기적으로 매거진을 발간한다. 5. **정보통신기술진흥센터(IITP)** www.iitp.kr ICT 동향 정보, 정책 및 통계자료, 국내외 산업 동향 등의 정보를 제공한다. 6. **정보통신정책연구원(KISDI)** www.kisdi.re.kr 국무총리실 산하 연구기관으로서 온라인 여론조사, 정책, 칼럼, 연구보고서를 제공한다. 7. **한국인터넷진흥원(KISA)** www.kisa.or.kr 국내 인터넷 관련 업무를 총괄하는 기관으로서 관련 법령, 국내외 인터넷·정보 보호에 대한 자료를 제공한다. 8. **한국정보화진흥원(NIA)** www.nia.or.kr ICT 동향 분석, 정보화 통계, 인터넷 및 정보화 관련 리서치 자료 등을 제공한다.
경제/사회	1. **대외경제정책연구원(KIEP)** www.kiep.go.kr 국제 경제 정책과 관련된 문제 조사, 연구, 분석을 위한 기관으로 국제 경제 현안 분석, 세계 경제 동향 및 관련 DB를 제공한다.

	2. **고용정보원** www.keis.or.kr 고용노동부 산하 기관으로서 직업 및 취업 정보를 제공하고 고용 동향 및 전망에 관한 자료를 볼 수 있다. 3. **삼성경제연구소(SERI)** www.seri.org 국내외 주요 경제지표 및 연구자료, 경기 관련 지표, 산업 동향, 주요 외국 경기 및 산업 생산 지표 등을 제공한다. 4. **한국개발연구원(KDI)** www.kdi.re.kr 경제, 사회개발정책 전문 연구기관으로 세미나 및 경제 정보, 동향 등의 자료를 제공한다. 5. **현대경제연구원** www.hri.co.kr 경영, CALS, EC 분야 관련 자료를 제공하고 통일 관련 연구 보고서, 한반도 평화 지수 등의 남북 관계에 대한 정보도 볼 수 있다. 6. **KT 경제경영연구소(DIGIECO)** www.digieco.co.kr 연구보고서, IT 동향, 포럼 등의 정보를 제공한다. 또한 '타 기관 리포트' 메뉴를 통해 국내 연구 기관 및 정책 기관의 최신 보고서를 한 눈에 볼 수 있다. 7. **LG 경제연구원** www.lgeri.com 광범위한 경제, 경영, 산업 정보를 심층적으로 제공한다. 8. **KB 경영연구소** www.kbfg.com 거시 경제, 부동산, 일반 산업에 관한 연구 보고서와 금융 및 보험 관련 자료 등을 제공한다. 9. **포스코 경영연구원** www.posri.re.kr 국내외 철강 및 수요 산업을 연구하고 경제·산업 전망 및 경영 정보 등을 제공한다.
통계/ 소비자조사	1. **통계청 국가통계포털** kosis.kr 경제, 사회, 환경에 관한 750여 종의 국가 승인 통계를 수록하고 있으며 통계 자료를 시각화한 콘텐츠도 함께 제공한다. 2. **한국 갤럽** www.gallup.co.kr 세계적인 리서치 전문 '갤럽(Gallup)'의 한국 지사로 마케팅, 여론 조사, 소비자 조사 등 다양한 리서치 관련 자료를 제공한다. 3. **닐슨 코리아** www.nielsen.com 정보 분석 기업 '닐슨(Nielsen)'의 한국 지사로 국내외 소비자의 소비 및 미디어 이용 행태, 시장 동향과 트렌드에 대한 통합적인 자료를 제공한다. 4. **코리안클릭** www.koreanclick.com 인터넷 마케팅 전문 업체 닐슨 코리안클릭에서 제공하는 월간 인터넷 이용 동향, 분기 보고서, 마켓 인사이트 등을 볼 수 있다. 5. **소셜매트릭스** pub.some.co.kr SNS 기반의 통계 사이트로서 각종 키워드의 순위 등을 제공한다. '소셜매트릭스 인사이트'에서는 원하는 키워드를 입력하면 연관 키워드, 검색 건수 등을 볼 수 있다. 6. **네이버 데이터랩** datalab.naver.com 네이버의 빅데이터 포털로서 분야별 인기 검색어, 실시간 검색어 순위와 추이, 지역

	통계 및 공공 데이터 등을 제공한다. 7. **e-나라지표** www.index.go.kr 국가 공인 통계 자료와 행정 지표 등을 제공하며 여러 지표와 함께 분석자료도 볼 수 있다. 8. **인터넷통계정보검색시스템(KISA)** isis.kisa.or.kr 국내외 인터넷 이용, 정보보호, 인터넷 자원 등에 관한 다양한 통계 자료를 볼 수 있다.
광고/ 마케팅	1. **한국방송광고진흥공사** www.kobaco.co.kr 시청률, 공익 광고 및 연구자료, 광고 산업 통계 자료 등을 제공한다. 2. Creative Ad Awards www.creativeadawards.com 해외 다양한 광고를 분야별로 나누어서 볼 수 있다. 3. DMC **리포트** www.dmcreport.co.kr 국내외 디지털 미디어, 광고, 마케팅 관련 종합적 전문 자료와 연구보고서, 인포그래픽 등 다양한 자료를 볼 수 있다. 4. TVCF www.tvcf.co.kr 국내외 지면 및 영상 광고 자료, 컨슈머 리포트, 소비자가 뽑은 베스트 광고 등을 볼 수 있다.
추천 사이트	1. **인터브랜드 코리아** interbrand.com/kr/ 전 세계 브랜드의 가치를 조사하는 기업 '인터브랜드(Interbrand)'의 한국 지사로 매년 베스트 글로벌 브랜드와 베스트 한국 브랜드 순위를 발표한다. 2. **플래텀** platum.kr 스타트업 회사를 위한 국내외 각종 정보 및 인사이트를 제공한다. 3. **벤처스퀘어** www.venturesquare.net 스타트업 전문 미디어이자 서비스 제공 플랫폼으로 스타트업 및 기술 분야에 대한 최근 뉴스와 트렌드를 제공한다. 4. **아웃스탠딩** outstanding.kr IT 분야의 각종 기사 및 콘텐츠를 제공하는 미디어 사이트다. 5. **슬로우뉴스** slownews.kr 미디어, 사회, 테크 등 각 분야의 이슈에 대해 심층적인 분석 기사를 제공하는 미디어 사이트다.

❑ 빅데이터(Big Data)와 경영

최근 몇 년 사이에 '빅데이터(Big Data)'라는 말은 4차 산업혁명 시대를 대표하는 용어가 되었다. 빅데이터는 데이터의 볼륨, 다양성 및 속도의 증가로 인해 발생하는 데이터 관리 문제의 측면에서 설명할 수 있다. 이러한 문제는 기존 데이터베이스로는 해결할 수 없었던 것으로 빅데이터에 대한 정의는 상당히 많지만, 이들 대부분은 빅데이터의 3Vs로 알려진 개념을 포함하고 있다.

구분 / 특징	기존 데이터	빅데이터
크기 (Volume)	Megabyte, Gigabyte	Terabyte, Petabyte
다양성 (Variety)	정형 데이터 위주 (매출, 주문, 재고, 인사, 고객 데이터 등)	비정형 데이터 (동영상, SNS, Stream data 등)
속도 (Velocity)	수 시간 ~ 수 주	수 초 ~ 수 분(실시간 분석)

① 볼륨(Volume) : 데이터 규모는 테라바이트(terabyte)에서 페타바이트(petabyte)[4]에 이른다.

② 다양성(Variety) : 다양한 소스 및 형식의 데이터를 포함한다.
예 : 웹 로그, 소셜미디어 상호작용, 전자 상거래 및 온라인 트랜잭션, 금융 트랜잭션 등

③ 속도(Velocity) : 비즈니스에서는 데이터가 생성된 시점부터 실행 가능한 통찰력이 사용자에게 전달되는 시점까지의 시간에 대해 갈수록 더 엄격한 요구사항을 제시하며, 데이터는 하루 단위에서 실시간에 이르기까지 상대적으로 짧은 시간 내에 수집, 저장, 처리 및 분석되어야 한다.

4) 1petabyte = 1024terabytes

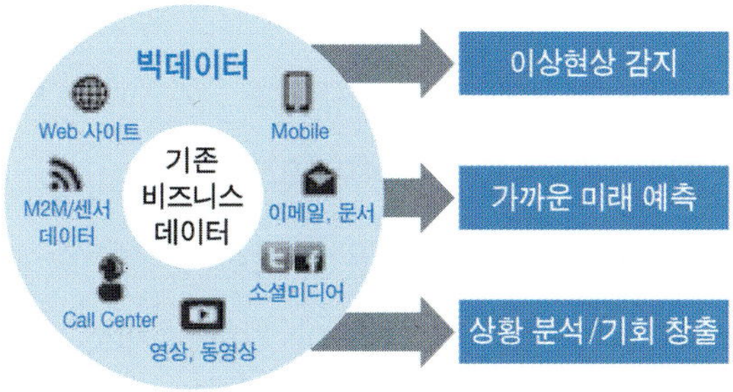

실생활 속에 스마트폰, 스마트TV, IoT(사물인터넷), 각종 센서 등의 급속한 보급과 모바일 인터넷, 소셜미디어의 확산으로 다양한 형태의 데이터양이 기하급수적으로 증가하게 되었다. 1분 동안 구글에서는 200만 건의 검색, 유튜브에서는 72시간의 비디오, 트위터에서는 27만 건 이상의 트윗이 생산되고 있다.

이러한 데이터의 생산, 가공, 유통, 소비 등의 데이터 관련 체계의 큰 변화는 데이터가 경제적 자산이 될 수도 있음을 알게 해준다.

일례로 아마존은 빅데이터를 분석해 소비자들의 패턴을 분류, 구매 전 어떤 상품을 구입할 가능성이 높은지를 예측해 미리 배송 준비를 하는 '예측배송(Anticipatory Shipping)' 시스템을 개발해 성공적으로 운영하고 있다. '예측 배송'은 고객이 구매할지 여부가 불확실한 상황에서 고객 주소지 근처의 물류창고로 배송을 시작하는 것으로, 이는 기존 주문과 검색 내역, 위시 리스트와 쇼핑 카트에 담아놓은 상품, 반품 내역, 마우스 커서가 머무른 시간 등을 활용해 고객 자신보다 고객을 더 잘 이해하는 것으로 알려져 있는 아마존의 빅데이터 분석역량에 바탕을 두고 있다. 이와 관련해 월스트리트저널(WSJ)은 '예측 배송은 방대한 고객 데이터를 제대로 활용하고 있는 아마존만이 가능한 서비스로 경쟁업체들과 비교해 강력한 차별화 포인트가 될 수 있을 것이다'고 전망했다. 그 외에도 다양한 분야에서 빅데이터를 활용하고 있으며 대부분이 성공적인 결과를 얻고 있다.

여기서는 경영에서 빅데이터 활용을 위한 기본적인 분석기법에 대해 소개하겠다.

가. 연관성 분석(Association rule learning)

연관성 분석(Association rule learning)은 방대한 데이터 속에서 변수들 간의 흥미로운 연관성을 찾아내는 기법을 말한다. 이 기법은 제품 간의 흥미로운 관계를 찾아내기 위하여, 처음으로 대형 슈퍼마켓 체인점에서 슈퍼마켓의 point-of-sale (POS)의 데이터를 활용하여 쓰였다. 이 분석은 매출을 올리기 위한 각 제품 간의 더 나은 근접 배치의 선정, 웹사이트 방문자에 대한 정보 추출, 새로운 생물학적 관계를 밝혀내기 위한 생물학 데이터 분석, 불법 침입자 또는 악의적인 활동을 감지하기 위한 시스템 로그 모니터링, 그리고 맥주를 구매하는 사람이 기저귀를 구매할 가능성이 높은가 등에 대한 연관성을 분석할 때에 활용할 수 있다.

나. 분류 트리 분석(Classification tree analysis)

분류 트리 분석은 통계학적 개념을 포함하며, 통계학적 분류는 새로운 관측 값이 속하는 카테고리를 파악하는 기법이다. 이 기법은 정확히 파악된 관측 값의 데이터 세트(과거 데이터)가 필요하다. 분류 트리 분석은 문서의 자동 카테고리 분류, 유기체의 그룹 분류, 온라인 코스를 수강하는 학생의 프로필 구축 등에 활용할 수 있다.

다. 유전 연산법(Genetic algorithms)

유전 연산법은 돌연변이 그리고 자연도태(natural selection)와 같은 메커니즘을 통하여, 진화가 이루어지는 방법에 영감을 받은 기법이다. 이러한 메커니즘은 최적화를 필요로 하는 문제에 대한 유용한 해결방법을 "진화"시키는 것에 사용될 수 있다. 특히, 이 유전 연산법은 응급실 의사들의 최적화된 스케줄 조정, 최적의 물질 조합 반환작업과 연료 효율이 최적화된 차를 개발하기 위한 공학적 수련 등의 경우에 활용이 가능하다.

라. 기계 학습(Machine learning)

기계 학습은 데이터를 통해서 학습을 할 수 있는 소프트웨어를 포함하며, 이러한 소프트웨어는 컴퓨터에게 학습할 수 있는 능력을 부여하고, 이전에 알고 있는 속성을 기반으로 미래를 '예측'하는 것에 초점을 맞추고 있다. 기계 학습을 통해 스팸 메시지와 비스팸 메시지의 분류, 사용자의 선호를 학습을 통한 추천 시스템 구축, 미래의 고객을 사로잡기 위한 최고의 콘텐츠 결정과 게임 또는 스포츠 등의 승률 예측에 활용할 수 있다.

마. 회귀 분석(Regression analysis)

기본적으로, 회귀 분석은 몇 개의 독립변수를 처리하는 과정이 반드시 필요하며, 독립변수가 종속변수에 어떤 영향을 끼치는지 알아보고자 하는 분석이다. 회귀 분석은 몸무게, 속도, 또는 나이와 같은 연속 수치 값으로 분석했을 때 최상의 결과를 도출해 낼 수 있다. 또한 회귀 분석을 통해 고객 만족도와 고객 충성도와의 관계 도출이나 이웃 주민과 그 규모는 집 가격에 영향을 주는가 등에 대한 분석을 실시할 수 있다.

바. 감성 분석(Sentiment Analysis)

감성 분석은 연구자가 화자 또는 작가의 감정을 판단하는 데 도움을 줄 수 있다. 감성 분석을 통해 고객의 의견 분석을 통한 호텔체인점 서비스의 개선, 고객이 진정으로 원하는 것을 처리하기 위한 고객 맞춤 우대 조치 및 서비스 제공, 소셜미디어상의 의견을 기반으로 고객들이 정말로 무엇을 생각을 하는가에 대한 결정 등에 활용 가능하다.

사. 사회 연결망 분석(Social Network Analysis)

사회 연결망 분석은 통신산업에서 처음으로 사용되었다. 그 후 대인관계를 연구하기 위하여 사회학자들에 의해 빠르게 활용되었고, 지금은 다양한 분야에서 상업 활동을 하고 있는 사람들 사이의 관계를 분석하는 것에 응용되고 있다. 사회 연결망 분석은 다른 집단의 사람들은 외부인과 어떤 연결관계를 형성하는가, 특정 집단 내에서 중요하거나 영향력이 있는 개인은 누구인가 등의 고객의 사회 구조를 이해할 때 활용될 수 있다.

❑ 비즈니스 모델 수립

비즈니스는 명확한 기업 목표를 수립하고 소비자나 고객이 원하는 제품이나 서비스를 통해 지속적인 수익을 창출할 수 있도록 기업에 맞는 적합한 마케팅과 경영 전략을 수립하면서 시작되어야 한다. 따라서 기업들은 검증된 방법을 통해 경영 환경 분석과 시장에 대한 막연한 기대가 아닌 정밀한 목표 대상 고객에 대한 철저한 훈련을 통한 기업 가치를 제시할 수 있어야 한다. 창업이나 기업에 있어서 비즈니스 모델을 수립하는 것은 기업의 생존을 위한 가장 중요한 첫 단추가 될 것이다.

비즈니스 모델(Business Model)이란 어떤 제품이나 서비스를 누구에게 어떻게 판매하여 수익을 창출할 것인가를 수립한 기본 계획이다. 따라서 기업의 비즈니스가 성립되도록 하는 핵심 요소만으로 구성하여 함축적으로 시각화한 콘텐츠를 구성할 필요가 있다. 즉, 아이디어 및 기술과 경제적 성과를 연결하는 기본 프레임워크를 구성하는 것을 말한다.

비즈니스 모델은 사업계획서와 구별되어야 한다. 사업계획서(Business Plan)는 대개 50~100여 페이지 분량의 상세한 문서로서 재무적 예측 자료와 단계별 로드맵을 제시한 계획서이다. 이에 비해 비즈니스 모델은 훨씬 압축적이므로 상세한 내용을 담을 필요는 없다.

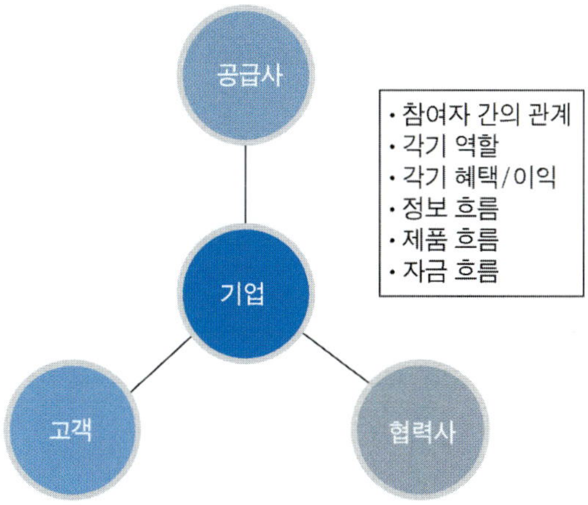

비즈니스 모델은 기업이 수익을 창출하기 위한 구체적 방법을 서술하여야 한다. 사업계획서가 서류 형태로 작성이 된다면, 비즈니스 모델은 기업의 대표와 직원들이 미리로 기억할 수 있을 정도로 충분히 작은 개념으로서 프레임워크로서의 기능을 하여야 한다.

비즈니스 모델을 구성하는 요소는 상품과 효용을 제시한 가치 제안(Value Proposition), 가치를 만들어 낼 기업의 자원인 핵심 자원(Key Resources), 목표로 하는 잠재고객의 계층인 대상 고객(Target Customer), 가치를 창출하고 전달하는 일련의 과정인 연결과 흐름(Connection & Process), 그리고 수익 창출 방식과 기업 기대치인 수익 창출(Revenue Generation) 등의 주요 요소로 구성된다.

기업이 생존하고 성장하기 위해서는 비즈니스 모델의 수립에서 실질적인 실시까지 기업의 목표를 달성할 수 있어야 한다. 따라서 초기 모델 수립에서부터 발전 가능한 계획이 되어야 하고 실현 가능성과 현실적인 자원을 충분히 활용할 수 있도록 구성하도록 해야 한다. 즉, 성공적인 비즈니스 모델은 시장 트렌드와 수요에 부합되는 시장성, 경쟁에서 우위를 확보할 수 있는 차별성, 그리고 꾸준히 좋은 성과를 낼 수 있는 수익성을 포함하고 있어야 한다.

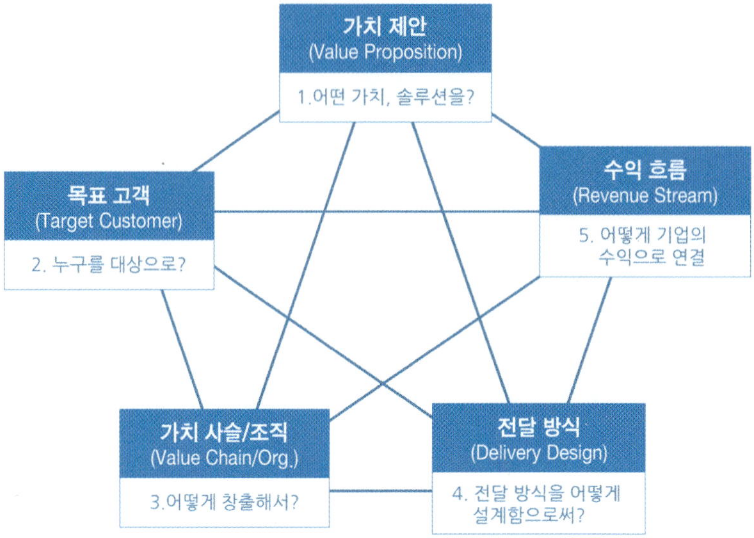

비즈니스 모델의 구성 요소

제대로 된 비즈니스 모델을 수립하게 되면 사업 아이디어를 시각화할 수 있어 구체적으로 개념이 정리되며, 사업 성립 요건 및 성공 가능성을 검토할 때 유리하다. 또한 사업계획서를 작성할 때 체계적이고 실현 가능한 계획을 수립할 수 있는 기본 정보를 제공해 준다.

경쟁 산업 분야에는 수많은 비즈니스 모델이 존재한다. 따라서 아무리 좋은 비즈니스 모델을 수립했다 하더라도 자사가 고객에게 있어서 경쟁사에 비교하여 갖는 경쟁우위나 차별화된 요소를 명확하게 전달하지 못한다면 아무 의미가 없는 계획에 다를 바 없다.

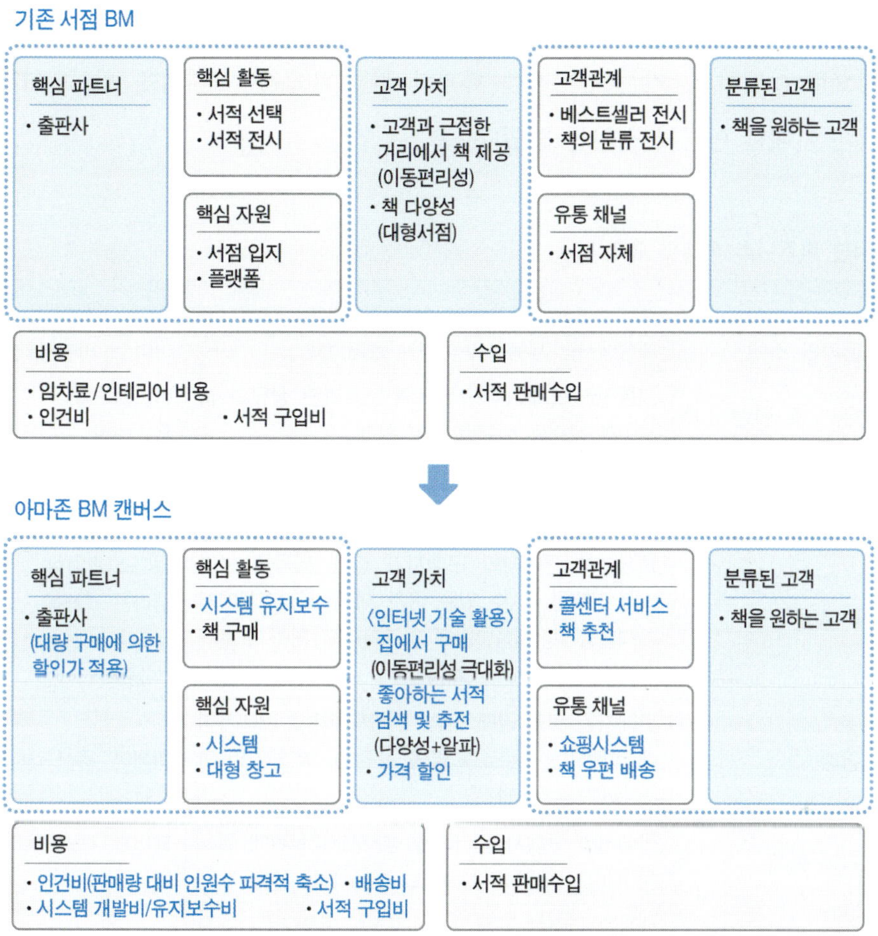

| 아마존의 비즈니스 모델 캔버스 사례 |

아마존의 비즈니스 모델은 인터넷 기술과 쇼핑을 접목한 사업으로 시작했다.

아마존의 비즈니스 모델 캔버스에서 볼 수 있듯이 아마존은 기존의 온라인 서점들이 가지고 있는 비즈니스 모델에서 벗어난 도전적인 사업 모델을 수립하기 위한 전략을 구상한다.

기존 비즈니스 모델이 아닌 고객에게 새로운 가치를 부여하고 고객의 불만을 최소화할 수 있는 아이템으로 책을 선정하였다. 이러한 혁신이 아마존의 핵심적인 성공의 이유라 볼 수 있다.

아마존은 이후에도 책과 유사한 디지털 콘텐츠 상품을 추가한 디지털 콘텐츠 사업으로 확대하고, 기존 종이책을 파괴한 킨들(하드웨어) 사업을 실시한다. 이 사업은 기대한 만큼의 성과는 없었다.

| 인터넷 비즈니스 모델의 유형 |

비즈니스 모델	설명	예
① 온라인 소매	웹상에서만 제품을 판매하는 소매업체	아마존, 버추얼와인
② 온-오프 병행 소매	전통적인 소매업체가 기존의 오프라인 상점과 웹사이트 상점을 병행해 제품 판매	반스앤노블, 롯데쇼핑
③ 직판	제조업체가 생산한 제품을 중간유통과정을 거치지 않고 직접 웹을 통해 판매	델컴퓨터
④ e-허브	웹상에서 판매자와 구매자가 함께 제품을 보며 B2B 거래를 할 수 있는 공간 제공, 시장조사에서 가격협상 및 제품발송에 이르기까지 거래 프로세스와 관련한 서비스 제공	빌더스넷(건설), 켐라운드(화학), 푸드머스닷컴(식음료)
⑤ 경매	판매자를 위한 경매 진행, 판매자에게서 거래가격에 비례하는 수수료를 받음, 순경매, 역경매 등 여러 형태가 존재함	이베이, 옥션
⑥ 거래 중개	판매자와 구매자가 거래를 성사시키기 위해 필요한 서비스 제공(지불서비스, 정보서비스 등)	페이팔, 에스크로우, E*TRADE
⑦ 정보 중개	제품과 관련한 특징, 가격, 공급사 등의 정보 제공을 통해 판매자와 구매자 간의 제품매매를 촉진함, 광고 혹은 판매자 소개에 의해 수입 발생	인스웹
⑧ 검색 에이전트	구매자의 요청에 따라 제품이나 서비스의 가격 및 재고 보유 여부를 자동으로 찾아낼 수 있는 소프트웨어 에이전트	마이사이몬, 야비스
⑨ 콘텐츠 제공	음악, 사진, 동화상 등의 디지털 콘텐츠를 유무상으로 제공하고, 콘텐츠 전체 혹은 일부에 대해 유상판매를 하거나 광고배너 판매를 통해 수입 발생	전자신문, 아이뉴스24, 아이튠(음악), 코비스(사진)
⑩ 포털	기본적으로 일종의 검색엔진에 해당하며, 흔히 뉴스, 엔터테인먼트 정보 등 부가가치를 높일 수 있는 다양한 콘텐츠나 서비스를 제공함	네이버, MSN, 야후, 알타비스타

최근 아마존은 서버 사업을 실시하고 있다. 오랜 인터넷과 온라인 시스템을 운영하고 개발한 내부역량과 기술을 활용하여 시스템 기술을 상품화할 수 있는 서버 임대사업을 구상하였고, 결국 크라우드 컴퓨팅 서비스로 세계의 중앙 서버와 같은 서비스로 큰 성공을 거두고 있다.

소비자를 대상으로 온라인상에서 제품을 판매하는 사이트들이 소매 모델(digital storefronts)에 해당한다. 소매 모델은 이러한 온라인 판매 사이트를 운영하는 방식에 따라 온라인 소매, 온-오프 병행 소매, 그리고 직판의 세 가지 형태로 나누어진다.

① 온라인 소매(e-tailer)는 완전히 온라인상으로만 존재하는 소매 상점으로서 쇼핑몰과 같은 닷컴 기업들이 이에 속한다. 이들 사이트에서는 끊임없는 혁신으로 양질의 고객서비스를 제공하는 것이 핵심 이슈로 인식되고 있다. 아마존의 경우 창업자 제프 베조스(Jeff Bezos)의 리더십 아래 개인화, 관련상품 추천 등 다양한 창의적인 기법의 적용으로 온라인 소매 분야에서 선두를 달리고 있다.

② 온-오프 병행소매(click and mortar)는 전통적인 매장을 가지고 제품을 판매하는 오프라인 상점이 온라인 판매시스템을 구축해 두 가지 판매채널의 시너지 효과를 추구하는 모델이다. 전통기업(brick and mortar)과 온라인기업(click and click)의 병행 형태인 온라인 소매(click and mortar)에 해당한다.

③ 직판(direct model)은 제조업체가 생산한 제품을 중간유통과정을 거치지 않고 직접 웹을 통해 판매함으로써 속도를 향상시키고 비용을 절감하는 비즈니스 모델이다. 델컴퓨터가 처음 시작하였으나 IBM 등 다른 하이텍 제품 메이커들도 이를 도입하고 있는 추세이다. 비즈니스 거래에서 중개자(broker; intermediary)란 구매자와 판매자를 서로 소개해 주고 거래를 촉진시켜 주는 역할을 수행한다. 흔히 중개자는 B2B, B2C 및 C2C 시장에서 각각 중개역할을 담당하며 성사된 거래에 대해 수수료를 부과한다.

④ 네트 마켓플레이스(Net marketplace)는 인터넷기술에 기반한 B2B e-커머스 사이트로서 네트 거래소(Net exchange) 혹은 e-허브(e-hub)라고 불리기도 한다. 네트 마켓플레이스는 웹사이트상에서 많은 구매자들과 많은 판매자들이 함께 모여 거래를 할 수 있는 공간을 제공한다. 흔히 특정 산업 부문을 전문으로 하며 관련 콘텐츠를 제공하고, 시장 조사에서 가격 협상 및 제품 발송에 이르기까지 거래 프로세스와 관련한 서비스를 제공하는 것이 특징이다.

⑤ 경매 중개(auction broker)는 우리가 흔히 알고 있는 전통적인 경매를 인터넷 환경에 옮겨놓은 형태로 주로 골동품, 미술작품, 농산물 등 매매가격을 정하기가 애매한 상품을 판매하는 데 적합한 거래 형태이다. 판매자가 판매할 물품과 관련한 명세, 사진, 경매시작일, 경매종료일, 시작가 등의 정보를 등록하면, 해당기간 동안 관심 있는 구매자들이 시작가 및 현재 최고가보다 더 높은 가격을 명시하며 입찰(bid)을 온라인상으로 제출한다. 경매가 종료되면 시스템이 제출된 입찰 중에서 가장 높은 가격의 입찰자에게 낙찰을 통보하며, 판매자와 구매자 간에 대금 지불 및 물품 발송 절차가 수행된다. 인터넷 경매에는 순경매, 역경매 등 다양한 형태가 존재한다.

⑥ 거래 중개(transaction broker)는 판매자와 거래자가 온라인상에서 시간 및 노력을 절감하며 용이하게 거래를 수행할 수 있도록 거래에 필요한 서비스를 제공한다. 페이팔(PayPal)과 에스크로우(Escrow.com)는 거래 대금결제서비스를, 그리고 E*TRADE는 온라인 주식매매를 위해 주식투자 결정에 도움이 되는 경제 및 기업재무 관련 정보를 제공하는 예에 속한다.

⑦ 정보 중개(information broker) 사이트는 구매자들이 제품 구매에 필요한 정보를 얻기 위해 방문할 수 있는 공간이다. 제품과 관련한 특징, 가격, 공급사 등의 정보 제공을 통해 판매자와 구매자 간의 제품매매를 촉진해 준다. 중개자는 광고를 게시하거나 혹은 구매자 소개에 대한 판매자 수수료를 부과함으로써 수입을 발생시킨다.

⑧ 검색 에이전트(search agent)는 '로봇'이라고도 알려져 있는 소프트웨어 에이전트로서 쇼핑몰들에 대해 실시간으로 특정 제품이나 서비스의 가격을 탐색하거나 찾기 어려운 정보를 찾아내는 목적으로 이용된다. 검색 에이전트의 역할은 이용자가 수행해야 하는 웹상에서의 정보탐색 과업을 대신 수행해 줌으로써 이용자의 시간을 절감해 주는 데 있다. 우리나라의 가격비교 사이트로는 네이버(naver.com)가 대표적이다. 이용자에게 관심 대상이 될 수 있는 콘텐츠를 사이트에 구축하고 이를 이용자의 사이트 방문을 유도하기 위한 수단으로 삼는 사이트들이 콘텐츠서비스 모델에 속한다. 콘텐츠가 중심이 되므로 타깃 이용자들의 흥미를 끌만한 관심사항을 분석하고 이에 따라 콘텐츠를 적절히 구성하는 노력이 관건이다.

⑨ 콘텐츠 제공(content provider) 모델은 뉴스, 사진, 동화상, 음악, 게임, 강의 모듈 등의 전문 콘텐츠를 웹사이트에 구비해 놓고 이를 필요로 하는 이용자에게 유무상으로 제공한다. 수입은 유상으로 콘텐츠를 판매하거나 광고를 게재함으로써 창출한다. 우리나라의 인터넷 신문들을 통해서도 알 수 있듯이, 웹사이트에서 제공하는 무형의 디지털 상품은 물리적 상품과 달리 유상으로 판매하는 것이 매우 어려우며, 콘텐츠의 유료화는 오늘날 디지털 콘텐츠를 판매하는 닷컴 기업들에게 주요 관건이 되고 있다.

⑩ 포털(portal)은 일종의 검색엔진을 통해 인터넷에 존재하는 다양한 정보 자원으로 연결될 수 있는 단일 관문이며, 이용자들의 방문을 유도하기 위해 뉴스, 날씨, 오락 등 다양한 무상 콘텐츠를 지속적인 업데이트를 통해 제공한다. 우리에게 익숙하게 알려진 네이버, MSN, 야후가 모두 포털의 예에 속한다.

❑ 비즈니스 모델 패턴

기업이 수립한 비즈니스 모델과 전략은 엄밀한 차이를 지닌다. 비즈니스 모델은 기업이 사업 추진을 위한 모델을 수립한 것이고, 그 모델이 성공적으로 수행할 수 있도록 기업은 맞춤형, 또는 차별화 등의 기업 전략을 구사하는 것이다.

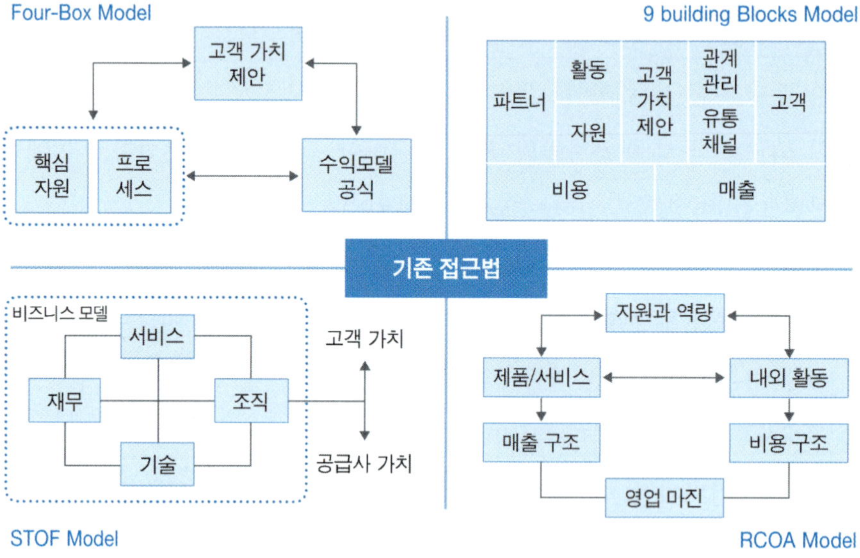

최근의 비즈니스는 차별화된 전략과 비즈니스 모델을 통해 성장하는 추세가 강하다.

새로운 사업을 기획하는 조직의 가장 큰 오류 중의 하나가 신제품 구상과 신사업 구상을 구분하지 못한다는 점이다. 차별화된 가치를 제공하는 제품은 분명히 시장 파급력이 있다. 하지만 그 시장 파급력을 극대화하고자 한다면, 그리고 유사한 미투(Me Too) 제품[5)]에 밀려 급속히 경쟁력을 잃지 않고 지속 가능한 사업이

5) 미투(MeToo) 제품 - 1위 브랜드나 인기 브랜드 또는 경쟁관계에 있는 스타 브랜드를 모방해 그 브랜드의 인기에 편승해 자사 제품을 판매할 목적으로 만든 제품을 말한다. 이 때문에 미투제품을 유사상품·유사제품이라고도 하고, 심한 경우에는 베끼기 상품이라고도 한다.

되기 위해서는 제품에서 비즈니스 차원으로 생각을 확장해야 한다. 이러한 이유로 기업들은 끊임없이 비즈니스 모델을 고민하는 것이다.

앞서 언급한 바와 같이 비즈니스 모델은 무수히 많은 방법론이 존재하고 있다.

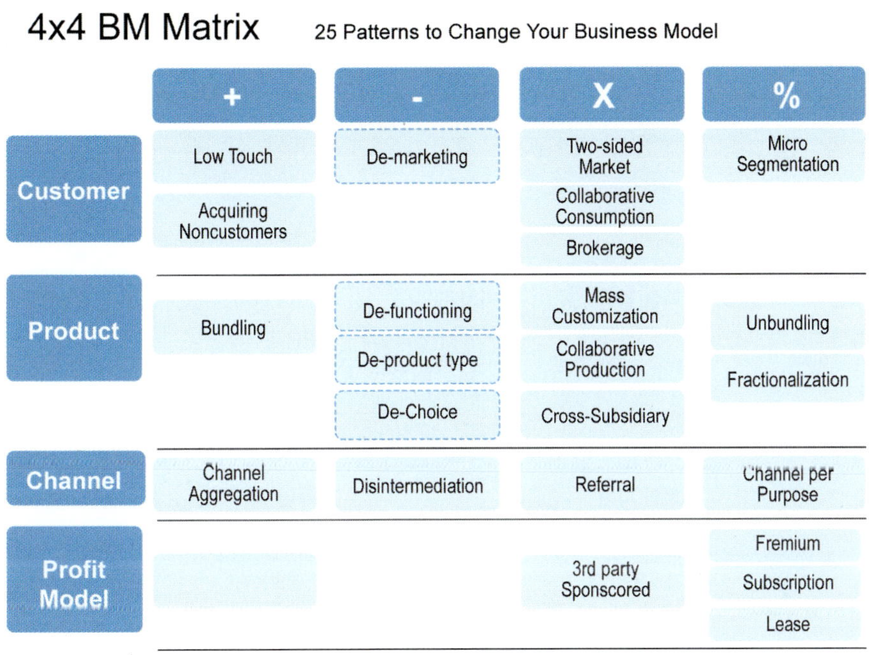

4×4 BM Matrix는 예전에 많이 사용되었던 비즈니스 모델을 수립하는 도구로 사용되었으나, 사용법이 다소 복잡하여 잘 이용되지 않고 있다. 특히, 4×4 BM 매트릭스는 비즈니스 모델에 맞게 25개의 패턴을 적용할 수 있어서 새로운 다양한 비즈니스 모델을 계획할 때에 유리한 방법이다.

최근 스타트업이나 IT기업들이 흔히 쓰는 비즈니스 모델을 수립하기 위해 사용하는 도구가 비즈니스 모델 캔버스이다. 비즈니스 모델 캔버스는 기업이 가진 내·외부 자원을 단위별로 검토할 수 있고 각각의 요소들이 고객가치 극대화나 수익성을 위해 일관화되어 있는지 등의 확인에 유용한 도구이다. 수십 페이지에 달하는 사업계획서와는 달리 한 페이지에 비즈니스의 전반적인 모습과 핵심적인 내용을 기술하고 관계를 유추하기에 편리하므로, 기업경영에서 판단 자료로서 충분한 가치를 가진다.

특히, 비즈니스 모델을 직관적으로 표현한 비즈니스 모델 캔버스는 기업이 어떻게 수익을 창출해 내는지에 관한 원리를 9개의 블록을 이용하여 간단하게 설명하는 도식이다. 이 모델의 가장 큰 특징은 비즈니스의 핵심 영역인 고객, 조직의 구조 및 프로세스 등을 시각화하여 기업이 가지고 있는 비즈니스 모델을 쉽게 분석할 수 있으며, 문제점을 확인하여 개선안을 도출하기 쉽다는 것에 있다.

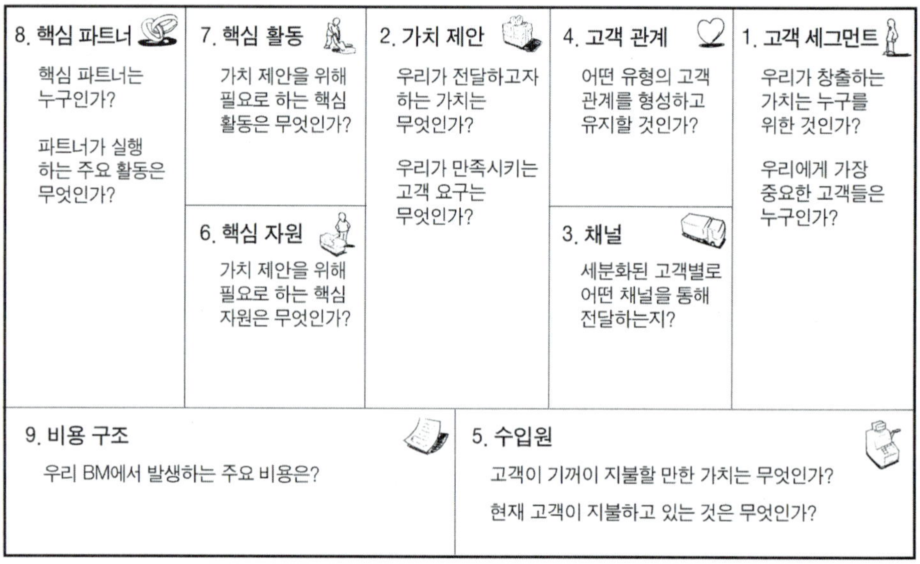

비즈니스 모델 캔버스

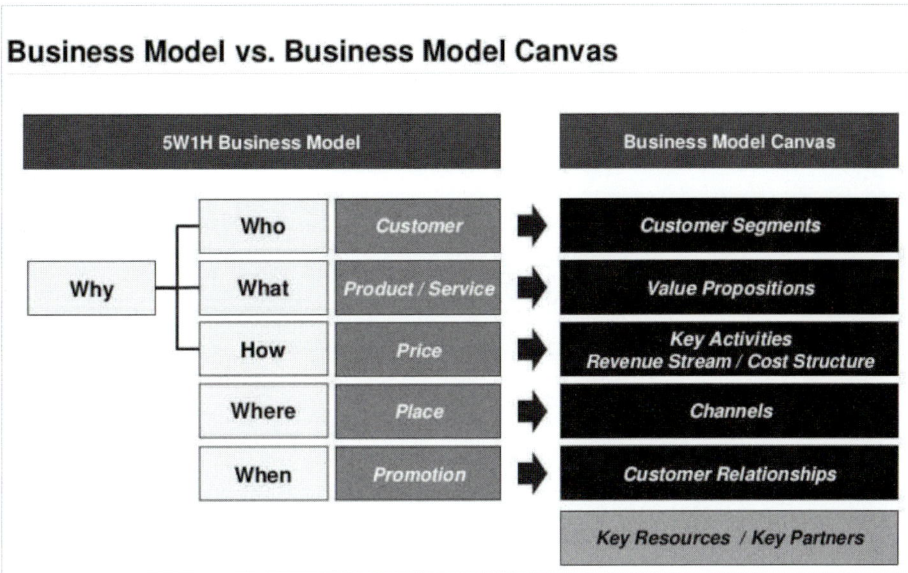

| 비즈니스 모델 구현을 위한 비즈니스 모델 캔버스 활용 |

| 비즈니스 모델 캔버스 |

1. Customer Segments(고객 세분화 / 즉, 우리의 고객 정의)

2. Value Propositions(가치 제안 / 고객에게 제공할 상품, 서비스, 브랜드 등 우리의 가치)

3. Channels(고객과의 소통 / 고객에서 가치를 전달하는 방법)

4. Customer Relationships(고객과의 관계 / 고객만족도 및 충성도 등의 관리)

5. Revenue Streams(수익 구조 / 수익원, 매출 등 관리)

6. Key Resources(핵심 자원 / 가치 제안을 위한 내·외부 핵심 자원)

7. Key Activitys(핵심 활동 / 가치 제안을 위한 내·외부 핵심 활동)

8. Key Partners(핵심 파트너 / 가치 제안을 위한 내·외부 핵심 파트너)

9. Cost Structure(비용 구조 / 운영에 필요한 모든 비용)

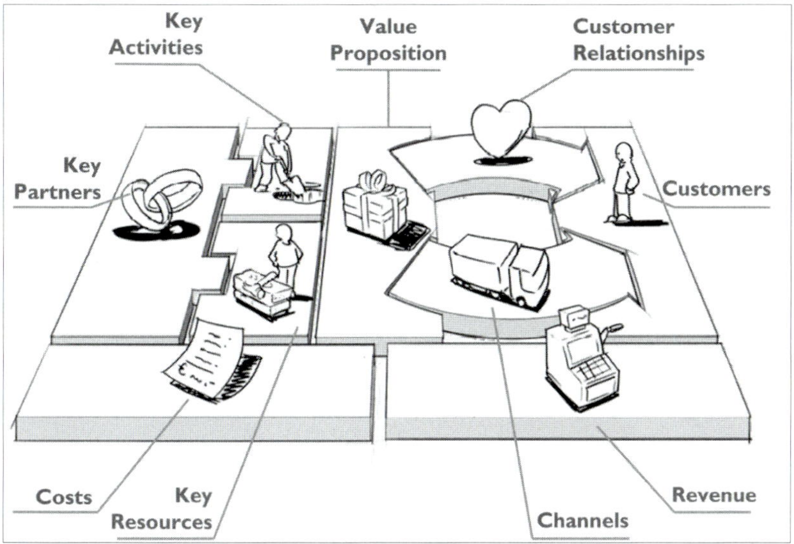

비즈니스 모델 캔버스 9가지 기본 요소

비즈니스 모델 캔버스를 9개 구역으로 나눈 도표로 재구성하여 각 부분에 기입할 수 있다.

비즈니스 모델 캔버스

비즈니스 모델 캔버스의 9가지 기본 요소에 대한 구성과 그 요소별 내용은 다음과 같다.

❶ 고객 세분화(Customer Segment), 목표 고객(Target Customer) 설정

: 누구를 대상으로 할 것인가?

❷ 가치 제안(Value Propositions)

: 어떤 고객 가치(Customer Value)를, 솔루션을 제안할 것인가?

❸ 채널(Channels, Delivery Design)

: 커뮤니케이션, 물류, 판매경로 등 전달 방식을 어떻게 설계할 것인가?

❹ 고객관계(Customer Relationships) 구축

: 목표 고객별로 다르게 특징적으로 구축하고 유지할 것인가?

❺ 수익원(Revenue Streams)

: 목표 고객에게 성공적 고객가치 전달의 결과로 수익 흐름 확보를 지속할 것인가?

❻ 핵심 자원(Key Resources)

: 앞에 다섯 가지 실현을 위한 전제로 필요한 기초자산인 자원을 말한다.

❼ 핵심 활동(Key Activitiess)

: 앞에 다섯 가지 실현을 위한 전제로 필요한 필수적인 활동을 일컫는다.

❽ 핵심 파트너십(Key Partnerships)

: 앞에 다섯 가지 실현을 위한 전제로 필요한 아웃소싱 또는 자원이 해당된다.

❾ 비용구조(Cost Structure)

: 각 구성요소들의 기능 수행을 가능하게 만드는 소요 비용의 크기와 구성을 말함이다.

비즈니스 모델 캔버스를 통한 비즈니스 모델 수립은 BMC에서 제시한 9가지 요소인 고객 세분화, 가치 제안, 유통, 고객관계, 수익 흐름, 핵심 자원, 핵심 활동, 핵심 파트너, 비용 구조를 분석하고 이를 캔버스에 그려본 후 사업 모델의 타당성을 검토하는 방식이다.

| 비즈니스 모델 캔버스 분석방법 |

분석순서	분석방법
사업 모델의 9요소 분석	비즈니스 모델 캔버스에서 제시한 사업모델의 9요소를 중심으로 분석
비즈니스 모델 캔버스 작성	분석한 내용을 기반으로 비즈니스 모델 캔버스를 작성
사업모델의 타당성 검토	작성한 캔버스를 검토하여 사업 모델의 타당성을 검토

❑ 하버드대가 40년간 추적 연구한 성공한 이들의 '공통점'

1940년 미국 하버드대 연구팀은 대학 2학년생 130명을 대상으로 실험을 진행했다.

먼저 이들의 지능, 성격, 경제적 수준 등을 체크했다. 그리고 마지막으로 러닝머신에서 뛰어보라고 요청했다.

최대 속도로 러닝머신에서 5분을 뛰는 간단한 실험이었고 실험을 마친 학생들은 곧 일상으로 돌아갔다. 하지만 진짜 실험은 그때부터였다. 연구팀은 이 130명의 학생을 대학 졸업 후 2년마다 연락해 근황을 물어보며 무려 40년이나 추적 연구를 진행했다.

그리고 이 학생들이 60대가 된 시점에 놀라운 사실을 발견했다.

이들이 수십 년간 겪은 직업적 성취도와 사회적 만족도는 지능이나 성격, 경제적 수준과 크게 비례하지 않았다. 그러나 딱 한 가지, '그릿(Grit)' 점수에만 비례했다.

'그릿 점수'는 러닝머신 실험 당시 '체력의 한계가 닥칠 때 포기하지 않고 몇 발자국을 더 뛰었는가'를 바탕으로 매겨진 점수였다.

우리는 보통 성공을 결정짓는 요소로 보통 IQ, 재능, 경제적 수준 등을 말한다.

하지만 하버드 연구팀에 따르면 이보다 더 중요한 성공 비결을 러닝머신에서 버텨낸 '그릿'이라고 지정했다. 바로 '열정적 끈기'를 말한다.

그릿을 개념화한 사람은 앤절라 더크워스 미국 펜실베이니아대 심리학과 교수다.

그는 고교 수학교사로 근무할 당시 형편없는 수학 점수를 받았던 고등학생이 로켓을 만드는 세계적 공학자로 성공하는 모습을 지켜보면서 '성공에는 재능이나 성적보다 더 중요한 무언가가 작용한다'는 확신을 가졌다. 그리고 그 '무언가'를 알아내기 위해 심리 연구를 시작했다.

그는 힘들기로 악명 높은 미 육군사관학교 신입생 훈련에서 누가 중도에 탈락하고 누가 끝까지 훈련을 받는지, 문제아들만 있는 학교에 배정된 초임 교사 중 누가 그만두지 않고 아이들을 가르치는지, 거절이 일상인 영업직에서 어떤 영업사원이 중도에 포기하지 않고 좋은 판매 실적을 내는지 등을 연구했다. 그리고 그 모든 성공의 한가운데에 '그릿'이 있음을 밝혀냈다. 더크워스 교수는 "성공한 사람들이 가진 특별한 점은 결국 끈기였다"고 강조했다.

❑ 에어비앤비(airbnb) 비즈니스 모델 캔버스

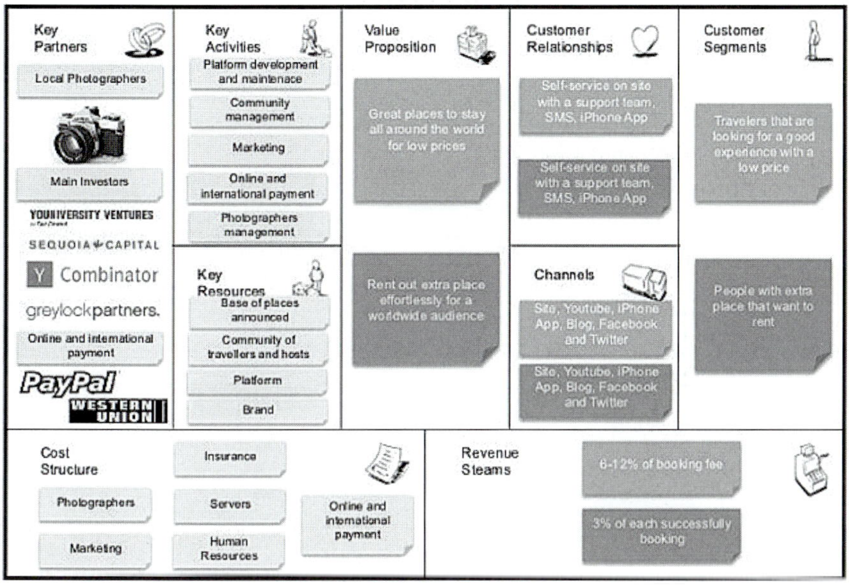

❑ 페이스북(facebook) 비즈니스 모델 캔버스

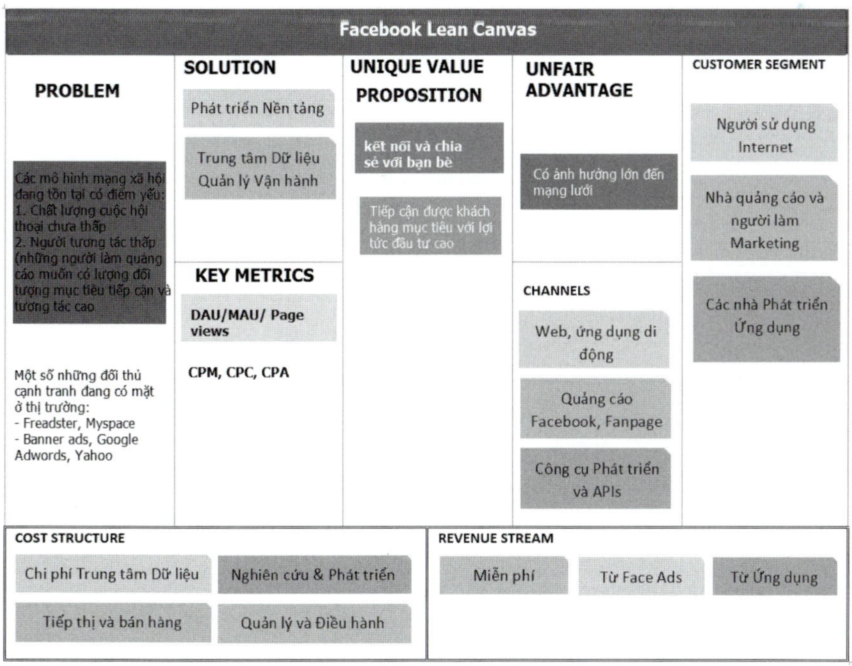

❑ 캔터키프라이드치킨(KFC) 비즈니스 모델 캔버스

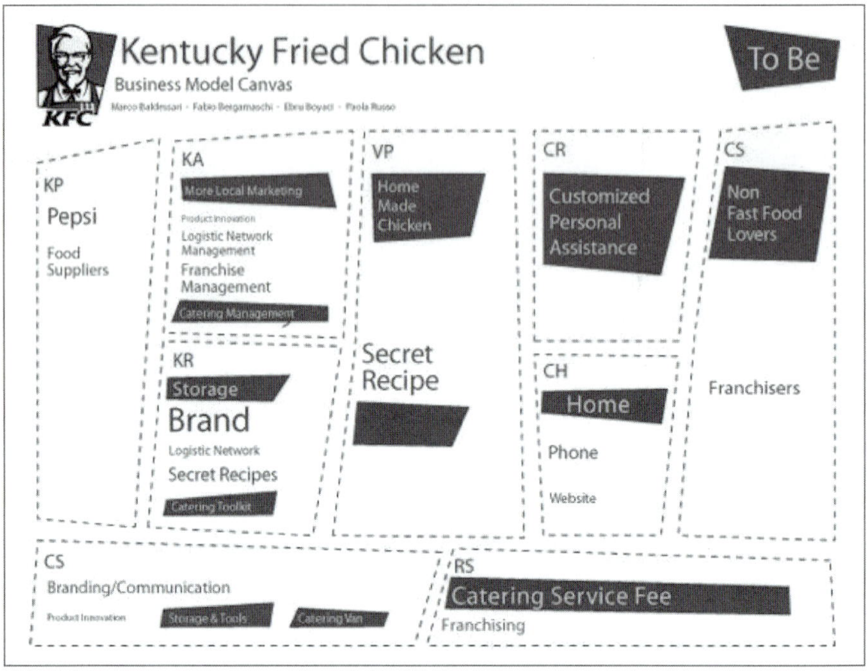

❑ 카카오톡 비즈니스 모델 캔버스

핵심 파트너(KP)	핵심 활동(KA)	가치 제안(VP)	고객관계(CR)	고객(CS)
• 위메이드(게임) • 통신사 • 포도트리(카카오페이지) • 투자자 • 콘텐츠 개발자	• 모바일 메시징 서비스 • 모바일 응용 프로그램 서비스	• 무료 메신저 서비스 • 사진 공유 서비스(카카오스토리) • 모바일 플랫폼(스토리, 게임, 디지털 콘텐츠)	• User–커뮤니티 • 기업/개발자–플랫폼 제공, 마케팅 관리	• 스마트폰 사용자 • 플러스 친구 제휴업체 • 스마트폰 게임 개발자(업체) • 광고주
	핵심 자원(KR)		유통 채널(CH)	
	• 카카오 플랫폼 • 플랫폼을 통한 사용자 그룹(거대 회원수) • 브랜드네임/캐릭터		• 모바일 앱(마켓) • 웹(PB)	

비용구조(C$)	가치 창출(V$)	수익원(R$)
• 데이터센터 유지관리(하루 메시지 건수 26억 건) • 광고비 • 인건비	• 모바일 서비스 플랫폼 제공-서드파티 개발 환경 제공, 파트너 업체들과 공유수익모델 • 콘텐츠 통합을 통한 콘텐츠 보급과 확산	• 기본 사용자 무료 • 판매수수료(기프티콘, 플러스 친구, 유료 이모티콘, 카카오 게임, 카카오페이지) • 광고

❑ 수익 모델

아무리 창의적이고 탁월한 비즈니스 모델도 수익 모델이 애매하거나 결여되어 있다면 아무 소용이 없다. 수익 모델이 좋아야만 빠른 기간 내에 재무적으로 탄탄한 회사로 성장할 수 있기 때문이다.

수익 모델(Revenue Model, RM)이란 기업이 비즈니스를 통해 수입을 발생시키고, 이윤을 내며, 또 투자자본에 대해 높은 수익을 낼 수 있는 방법을 뜻한다. 수익 모델은 재무 모델과 흔히 동의어로 사용된다. 기업은 이윤 하나로만 성공적인 기업이 될 수 없으며, 이윤을 발생시키고 투자자본에 대해 투자대안들보다는 더 높은 수익을 내야만 성공적인 기업이 될 수 있고 또 생존할 수가 있는 것이다.

가령, 소매점에서 소비자에게 TV 제품을 판매한다고 할 때, 원가보다 더 높은 가격에 판매함으로써 이윤을 발생시킨다. 그런데 소매점이 처음 사업을 시작할 때에 초기 자본이 있어야 공급사로부터 제품도 구매하고 매장시설도 설치하고 또 종업원도 고용할 수가 있는데, 이 초기 자본은 흔히 은행에서 차용하거나 다른 방법을 통해 동원되는 자금이다. 사업을 운영하며 발생되는 이윤은 이러한 투자자본에 대한 수익으로 간주되며 이러한 수익은 부동산투자, 주식투자 등 다른 투자대안의 수익보다는 더 높아야 한다.

수익 모델의 종류에는 광고, 판매, 거래수수료, 온라인구독료, 제휴 등의 수익 모델이 있다.

기업이 공간에서 수익을 발생시킬 수 있는 대표적 방법으로는 크게 네 가지 방법을 언급할 수 있다.

가. 광고 수익 모델

트래픽이 많은 특정 사이트에서 배너 등 광고를 게재하거나 사이트 후원업체 지정을 통해 광고 수입을 발생시킬 수 있는 모델이다. 흔히 이들 사이트에서는 사용자들에게 콘텐츠나 서비스를 제공하고 동시에 이들에게 광고를 노출시킨 다음 광고주들로부터 광고료를 받는 모델이다. 회원 수가 많거나 회원들이 전문화·차별화되어 있을 경우 광고단가가 더 높다.

나. 판매 수익 모델

재화를 판매함으로써 발생되는 수입을 뜻한다. 제품이나 서비스, 정보를 소비자에게 판매해서 수입을 올리는 방법이다. 아마존 닷컴, 롯데 닷컴, 인터파크몰 등이 예에 속한다.

다. 거래수수료 수익 모델

고객-판매자 간의 거래를 촉진시키는 대가로 수수료를 부과하거나 거래액의 일부를 취하는 데서 수입을 내는 모델이다. 예를 들어, 이베이는 가장 규모가 큰 경매사이트로 온라인 경매 마켓플레이스를 소비자들에게 제공해 주고 소비자 간의 온라인 판매가 성공할 경우 판매자로부터 적은 거래수수료를 청구한다.

라. 온라인 구독료 수익 모델

온라인 콘텐츠(가령, 잡지, 신문, 혹은 그 밖의 정보서비스)를 구매한 고객으로부터 받는 구독료 수입을 의미한다. 무료 콘텐츠를 유료화할 경우 성공을 할 수 있기 위해서는 유료 콘텐츠가 높은 부가가치를 지니고 있고 또 타사가 쉽게 모방해 제공할 수 없다는 점을 부각시켜야 한다.

마. 제휴관계 수익 모델

제휴관계 수익 모델은 트래픽이 많이 몰리는 사이트에서 고객들이 제휴관계에 있는 제3자 업체 사이트에서 구매하도록 유인함으로써(가령, 온라인 판촉 이벤트를 소개함) 매출기회를 확대시켜 주고 그 대가로 추천수수료를 받는 모델이다. 이 모델에서는 일반적으로 매출이 실제로 발생한 경우에 한해서만 수수료를 받게 된다.

❑ 사업계획서

사업 전반에 대해 구체적이고 체계적으로 작성한 문서를 사업계획서라고 한다.

사업계획서는 체계적 사업 추진을 위한 설계도이다. 단순한 아이디어 또는 경험에 의한 주관적인 사업 계획을 방지하고, 인사·구매·생산·마케팅·재무 등의 기업 경영 활동 전반에 대해 사전 검토를 토대로 작성하여야 한다.

일반적으로 사업계획서의 작성 절차는 다음과 같은 순서로 진행한다.

전체 목차 구성	• 사업 내용에 맞는 전체적인 목차를 구성하여 나열 • 제품 내용, 서비스 흐름, 사업 모델 등에 관한 자료를 점검 • 양식이 정해진 경우에는 작성에 필요한 내용을 확인
시장 분석 및 계획 수립	• 시장, 기술, 경쟁사 등의 동향 및 특징 조사를 실시 • 조사된 내용을 분석하고 사업의 방향 및 실행 계획을 수립 • 사업 내용과 유사한 참조할 수 있는 사업계획서를 확보
계량분석	• 투자 계획, 매출 및 비용 계획, 손익분석 등의 분석 실시 • 내용상 문제점 점검 및 피드백(실행 계획 수정) • 목표로 하는 수치가 나올 때까지 반복하여 분석 실시
내용 작성 및 편집	• 목차 순서에 상관없이 쉬운 항목부터 세부 내용을 입력 • 유사 아이템의 사업계획서를 참고하여 내용 작성 • 내용 작성 후 서체, 글자 크기, 색상 등을 통일하여 편집

그렇다면 왜 사업계획서를 작성해야 하는지 알아보도록 하자.

사업 계획서를 작성함으로써 계획 사업을 위한 시뮬레이션 과정을 거칠 수 있다. 사업수행을 사전에 연습함으로써 시행착오를 예방하고 사업기간과 비용 절약 등 계획 사업의 사전 점검을 통한 실패 확률의 감소로 사업자에게 사업 성공의 가능성을 높일 수 있다. 또한 사업을 이해시키고 설득하는 자료로 활용할 수 있다. 특히, 사업 이해관계자(투자자, 금융기관, 정부 및 지자체 등)를 위한 설득 자료로 활용하기도 하고, 사업자의 신뢰도를 증진시켜 자금조달이나 각종 정책지원을 받는 데 활용할 수 있다.

사업을 추진하다 보면, 기업에 대한 소개 자료나 기업의 가치를 공유할 필요가 있다. 이러한 회사와 사업에 대한 소개 자료로서의 기능을 한다. 기업 간의 사업 제휴, 납품 또는 입점 계약, 대리점 또는 가맹점모집, 공공기관 입찰 서류 제출, 인허가신청, 기술 및 품질 인증 등 사업 추진을 위한 회사소개 자료로 제공하기도 한다.

사업계획서를 작성하기 위한 프로세스나 원칙이 반드시 필요한 것은 아니나 가능하다면 사업계획서를 체계적이고 객관적인 관점을 통해 작성하여 판단할 수 있는 기본 자료가 되도록 할 필요가 있다.

사업계획서는 그 목적과 용도에 맞게 작성할 필요가 있다.

다음의 표에서 그 용도에 따른 사업계획서상의 주요 작성 항목을 확인할 수 있다.

사업계획서 용도별 주요 작성 항목 색인표

주요 작성 항목	내부	자금 신청	투자 유치	사업 제휴	IR	입찰 제한
① 회사 개요		●	●	●	●	●
② 사업 개요		▲		●	●	
③ 제품 및 기술 현황		●	●	●	●	●
④ 시장 환경	●	▲	●	▲		
⑤ 개발 계획	●	●	●		▲	●
⑥ 투자 계획	●	●	●			●
⑦ 마케팅 계획	●	●	▲	●		▲
⑧ 생산 계획	●					
⑨ 조직 및 인원 계획	●	▲		▲		
⑩ 이익 및 재무 계획	●	●	●	●	●	●
⑪ 투자 제안			●			

용도에 따라서 사업계획서에 포함될 주요 작성 항목의 기본적인 사항은 다음과 같다.

위의 표와 함께 해당 내용을 확인해서 사업계획서를 작성하면 도움이 될 것이다.

⓪ 사업 요약

작성 항목 : 사업 모델, 시장 전망, 적용 기술, 투자금액, 사업 비전 등

- 사업과 무관한 사람도 쉽게 이해할 수 있도록 작성
- 제품과 서비스에 대한 독창성과 경쟁우위성 부각
- 목표시장, 시장 추세 및 성장성 등에 대한 핵심사항

① 회사 개요

작성 항목 : 일반 현황, 주요 연혁, 비전, 경영 이념, 조직, 지적재산권, 주주 현황, 재무 현황 등

- 사업의 핵심역량 및 사업 목표(정량 · 정성)를 강조
- 사업의 목적, 필요성 및 효과, 사업 분야 및 영역 부각
- 단계별 사업 방향 및 전략 기재

② 사업 개요

작성 항목 : 사업 필요성 및 효과, 사업 영역, 사업 배경 및 방향, 사업 전략 등

- 사실에 근거하여 최대한 성실히 작성하는 것이 핵심
- 경영 조직의 핵심역량 부각
- 회사의 비전 및 목표에 대한 정량(수치)적인 기재

③ 제품 및 기술 현황

작성 항목 : 제품 개요, 제품 구성, 제품 특징 및 효과, 제품 관련 기술, 기술 우위성 등

- 경쟁제품과의 비교·분석을 통한 경쟁 우위점을 강조
- 자사 제품의 특징 및 차별성 기재
- 핵심 기술 내용을 타 업체와 비교하여 작성

④ 시장 환경

작성 항목 : 시장 현황, 시장 규모, 시장 전망, 경쟁 현황, 고객 동향, SWOT 분석 등

- 환경 분석 결과 사업성공 가능성이 높음을 제시
- 제시된 시장 분석 자료에는 반드시 출처 및 근거를 기재
- 경쟁 현황은 반드시 자사와 경쟁사를 비교 분석하여 작성

⑤ 개발 계획

작성 항목 : 개발 현황 및 방향, 개발 인력 및 비용, 개발 일정 등

- 사업 포트폴리오와 연계된 기술개발 로드맵 강조
- 지금까지의 연구개발 성과와 향후 연구 방향 부각
- 향후 연구개발에 소요되는 비용 및 일정 기재

⑥ 투자 계획

작성 항목 : 사업장 및 시설공사, 설비 및 비품 계획, 기타 투자 계획 등

- 투자금액에 대한 명확한 산출 내역(근거) 제시
- 시설 및 설비의 상세 내역 및 구매처 기재
- 무형자산(특허권, 영업권 등)에 대한 계획 기재

⑦ 마케팅 계획

작성 항목 : 마케팅 콘셉트, STP전략, 4P믹스 전략(제품/가격/유통/판촉) 등

- 마케팅 계획의 실현 가능성에 초점을 맞추어 작성
- 구체적인 마케팅 예산 책정 및 기재
- 경쟁사와의 차별화된 전략 부각

⑧ 생산 계획

작성 항목 : 생산공정, 레이아웃, 생산 계획, 구매 계획, 자재 계획, 품질 계획 등

- 가능한 한 상세하게 단계별 실행 계획 및 예산 기재
- 연도별 생산 계획(규모) 및 산출근거 제시
- 구체적인 품질 목표 및 관리 방안 기재

⑨ 조직 및 인원 계획

작성 항목 : 조직계획, 인력계획, 인건비계획 등

- 사업 규모 및 경영 환경에 적합한 조직 구성이 포인트
- 핵심 인재 구성 내역 및 확보 방안 기재
- 사업 단계별 조직·인력 계획을 상세하게 작성

⑩ 매출 및 이익 계획

작성 항목 : 매출 계획, 제조원가 계획, 비용 계획, 추정 손익계산서, 추정 대차대조표 등

- 재무 관련 수치는 반드시 산출근거를 제시
- 손익계산서 및 대차대조표의 연계성 확보
- 연도별 매출액 및 순이익의 추세 부각

⑪ 투자 제안

작성 항목 : 투자 포인트, 주식가치 산출, 투자 제안 등

- 투자자가 얻을 수 있는 이익에 대한 내용 강조
- 투자자의 관심을 유도할 수 있는 내용 부각
- 투자 조건 및 투자 회수 방안 제시

❑ 투자 유치 사업계획서와 유치 전략

사업계획서는 말 그대로 사업을 위해 작성한 계획이다. 따라서 사업을 수행하는 데 필요한 항목과 그 실천 방안을 목적과 용도, 시간과 대상에 맞춰 작성하면 되는 것이다. 그러나 사업계획서의 목적상 투자를 유치하기 위해 작성하는 경우라면 그 내용과 전달 방식에서 차이가 나게 마련이다.

다시 말하면, 사업계획서가 내부용인지 외부용인지, 혹은 업계 전문가들이 참석하는 컨퍼런스용인지 벤처투자자용인지에 따라 달라질 수 있다. 특히, 벤처투

자자(Venture Capitalist, VC)들에게 제공할 사업계획서는 투자자가 실질적으로 알고자하는 부분과 왜 투자해야 하는지에 대한 명확한 가치를 포함한 사업 내용을 제공해야 한다.

실제로 투자유치용 사업계획서가 따로 존재하지는 않는다. 그렇기 때문에 가능하다면 투자자에게 매력적인 사업의 내용과 계획이 담겨진 사업계획서를 작성하여야 한다.

투자자들은 투자제안서를 매일 한두 건에서 많게는 수십 건의 사업계획서를 검토하거나 투자를 희망하는 창업가나 기업가와의 미팅을 진행할 것이다. 따라서 투자자가 시간을 허비하지 않도록 가능하다면 자신의 사업에 대해 긴 설명의 서술이 아닌 요약되고 핵심적인 부분 중심으로 작성된 사업계획서를 제시해야 할 것이다.

그렇다면 투자자에게 선택될 수 있는 매력적인 사업계획서는 어떤 것일까? 아쉽게도 정답은 없다. 다만, 투자자가 원하는 부분을 정확히 파악하고 핵심적인 사항 위주로 작성한다면 투자 유치의 기회가 생각보다 쉽게 얻어질 수도 있을 것이다.

VC 투자제안서 주요 내용

필수 항목	담아야 할 내용
요약서(1page)	• 회사의 사업 및 시장 상황 • 투자해야 되는 이유 • 투자 조건(주당인수가 등) 및 예상 회수 가격
기업 개요	• 사업의 내용 • 경영진, 주주 현황 및 특징 • 사업과 관련된 주요 현황 및 계약
산업 및 기업 분석	• 산업의 특성, 규모, 성장성 • 기업의 보유 경쟁력, 경쟁우위, 경쟁 현황 • 영업 실적 및 향후 전망
재무 분석 및 회수	• 주요 재무 상황 분석 • 향후 추정치 분석 • 예상 회수 가격

결론적으로 투자 유치를 위해서 가장 중요한 것은 투자자가 원하는, 즉 '투자 가치가 있는 사업인가'일 것이다. 상황이 어떠하든 투자를 유치하고 싶다면, 제안할 사업에 대해 간략하고 핵심 위주로 제시하고 투자 가치가 명확하게 작성된 사업계획서여야 한다.

VC가 투자하는 기업의 필요조건은 무엇보다 빠른 성장이 가능해야 하며, 또한 상장요건에 맞는 매출과 이익으로 성장 가능해야 한다. 창업자는 파트너십이 가능하고, 상장, M&A 등의 투자 후 회수할 수 있는 방안이 있어야 한다.

| VC가 원하는 기업의 특성 |

항목	요건
Team : 핵심인력	• Domain expertise : 해당 분야의 전문성 • History of collaboration and success • 멤버 간 강한 결속력 및 보완성 • Partnership
Market : 시장	• 빠르게 성장하는 떠오르는 시장
Business Model : 비즈니스 모델	• 가치 있는 제품/서비스 • 수익 모델이 설득력
Competitive Edge : 경쟁우위	• 경쟁우위를 지킬 수 있는 기술, 서비스, 영업력 등

VC투자 유치를 위해서는 내 사업 성격이 맞는 투자자를 찾아야 하며, 기업 단계와 산업 분야에 따른 적절한 투자자를 선택해야 한다. 투자를 받기 원한다면 제대로 된 사업계획서를 준비하고 있어야 한다. 앞서 언급했듯이 투자자의 관점에서 작성된 사업계획서를 항상 준비하고 업그레이드해야 한다. 준비된 사업계획서는 투자자가 '왜 투자해야 하는가?'에 대한 명쾌한 답을 줄 수 있도록 수정하고 보완하는 과정을 통해 점검해야 한다.

투자자는 자원봉사를 하는 것이 아니다. 따라서 투자에 따른 리스크를 감수할 만큼의 장치와 보상을 원하는 것이다. 따라서 투자 시 투자 조건인 투자금액과 투자가격(배수)에 대해 이해하고 있어야 한다. 투자의 원칙은 결국은 작은 돈을 주고 큰돈을 얻을 수 있는 기업에게 위험을 감수한다는 사실이다.

투자를 체결할 때는 충분히 투자계약서에 대해 공부해야 한다. 또한 투자의 내용을 면밀히 검토할 것을 권하며, 가능하다면 변호사에게 검토를 받고 공증을 통해 체결하는 것이 좋다.

투자유치 전략 수립 ▶▶▶ 투자자 접촉 ▶▶▶ 투자 유치 시 1단계 준비 서류

투자를 유치하기 위해서는 기업은 내·외부적으로 투자 유치를 위한 전략을 수립해야 한다. 기업 내부적으로 투자 유치 가능성 진단이 종료되고 투자기관, 투자 유치 형태(신주, 투자사채 등), 자본유입 시점이 결정되면 가장 유리한 투자자를 만나는 것이 중요하다.

회사에 대한 인지도가 있는 투자자일수록 유리하므로, 해당 분야 투자조합 운영사나 또는 접촉이 있었던 투자 기관과 우선협상을 진행하는 것이 좋다.

중소기업 기술개발사업이나 투자연계 과제 등 투자와 연계된 정부과제를 적극적으로 활용할 필요가 있다. 또한 투자기관의 목록을 확보하여, 전화, 이메일 등을 통해 심사역과 접촉함으로써 신뢰를 쌓는 것도 중요한 행동 중 하나이다.

| 투자 유치의 장·단점 비교 |

장점	단점
• 기업성장에 필요한 자금 조달 • 다양한 산업정보 및 자원 공급 • 기업 전반에 걸친 자문 제공 • 영업상 필요한 제휴 주선 • 창업자의 회수를 원활하게 지원 • 기업 운영 노하우 습득 • 추가 펀딩 시 지원 • 투자금 상환의무 없음	• 복잡하고 시간이 걸리는 과정 • 협상과 정상법률, 회계 비용 소요 • 한정된 기간의 자금(투자회수) • 투자 유치 후 실적 부담감 증가 • 기업운영지배권 감소(이사회 참여) • 창업자의 의무부과(겸업금지 등) • 잡다한 보고 및 협의의무

마침내 투자 유치 심사가 진행된다면, 투자심사용 사업계획서를 준비해야 한다.

투자용 사업계획서에는 경영진 및 핵심기술인력 이력서, 최근 3개년 감사보고서, 등기부등본, 각종 인증서 사본(벤처기업, 신기술사업자, 이노비즈기업 등), 주주명부, 법인등기부등본, 사업자등록증, 조직도 등도 함께 준비해야 한다.

| 투자 관련 참고 사이트 |

사이트	기관명
투자 관련 사이트	• 한국벤처투자 www.k-vic.co.kr • 한국벤처캐피탈협회 www.kvca.or.kr • 엔젤투자지원센터 www.kban.or.kr
정책금융 관련 사이트	• 정부지원사업포털 www.bizinfo.go.kr • 창업기업지원포털 www.k-startup.go.kr • 기술보증기금www.kibo.or.kr
창업기업정보 사이트	• 벤처스퀘어 www.venturesquare.net • 비석세스 kr.besuccess.com • 플래텀 platum.kr

❑ 사업타당성 분석

경영자에게 있어 신기술의 개발과 새로운 투자기회는 기업 성장의 동력으로서 가장 중요한 업무의 하나이다. 이러한 신규 사업에의 진출 또는 신기술 개발의 시행 여부에 대한 객관적인 의사결정을 도와줄 수 있는 방법으로서 사업타당성 분석을 수행하게 된다.

현대 산업구조는 소비자들의 다양한 기호, 요구 변화 및 경쟁 심화 등으로 제품 및 산업의 수명 주기가 단축되고 있다. 따라서 소비자들의 빠른 기호와 욕구의 변화를 정확하게 파악하고 예측하지 못하는 경우에 치열한 경쟁에서 도태될 수 있다. 결국 사업타당성 분석은 "투자 자본에 대한 투자자의 요구 수익률을 확보할 수 있는냐" 등에 대한 경제성 여부를 경영자의 사업 추진 능력, 기술성, 시장성, 경제성, 위험 정도 등을 분석하고 평가하는 총체적인 과정을 말한다.

사업의 성공 가능성에 대한 정보를 파악하기 위해 수행하는 사업타당성 분석의 내용과 형식은 창업하고자 하는 경영자의 특성과 사업아이템에 따라 다양하지만, 일반적으로 시장성 분석, 기술성 분석, 수익성 및 경제성 분석, 자금수지(자금조달 방법) 및 성장성분석으로 구성된다. 이러한 네 가지 분석을 통칭해서 사업의 타당성 분석(Feasibility Study or Feasibility Analysis)이라 한다.

사업타당성 분석을 위한 절차는 기본적으로 다음 그림의 예시된 순서로 진행할 수 있다.

사업아이디어 탐색, 사업아이디어 발견을 위한 예비 분석 단계를 통해 사업아이템을 구체화하였다면, 실질적인 사업 여부를 결정할 수 있는 분석인 본 분석 단계로 들어간다. 본 분석 단계는 사업 수행 능력, 시장성, 위험 요소 및 성장성, 수익성 및 경제성, 기술적 타당성 분석 등을 수행하게 된다.

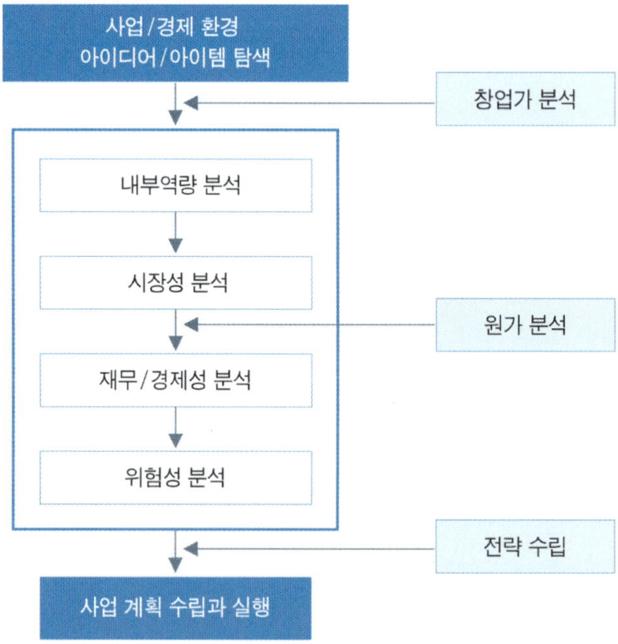

사업타당성 분석의 절차

사업타당성 본 분석의 세부 내용과 방법은 아래에서 더욱 자세하게 다루도록 하겠다. 이러한 분석을 완료하여 최종적인 사업을 선정하게 되는 확정 단계로 사업우선순위 결정, 최종안 확정, 마지막으로 사업계획서를 작성하게 되는 것이다.

검토할 평가 요소	세부 평가 항목
적성 및 자질(선천적 능력)	모험심, 스케일, 의지력
경험 및 지식(후천적 능력)	창업 관련 경험, 사회적 지위 및 신용, 교제인물의 폭과 깊이
업무수행 능력(경영능력)	창업 멤버 구성 및 통제 능력, 환경 적응 및 경영 분석, 판단 능력, 서비스 및 기술혁신, 가정 경영(협력도 등)

사업타당성 분석은 사업의 성패를 결정짓는 가장 중요한 단계로서 다시 그 조사항목과 평가 단계를 분류하면 다음과 같이 표기하기도 한다.

① **기초 자료 조사** : 기업 현황 등 사업성 분석에 필요한 자료
② **사업 수행 능력 및 적합성 분석** : 적성 및 자질, 사업 수행 능력, 경영 능력
③ **시장성 분석** : 시장 동향, 시장구조 및 경쟁력, 수요 예측 및 조업도
④ **기술성 분석** : 비교우위 기술, 시설 및 생산 설비, 생산 능력 및 조업도
⑤ **수익성 및 경제성 분석** : 손익분기점 분석, 투자수익률, 수익 전망
⑥ **자금수지 및 성장성 분석** : 소요자금 조달 능력, 성장성
⑦ **사업 의사결정** : 사업타당성 분석을 참고하여 사업 추진 의사결정

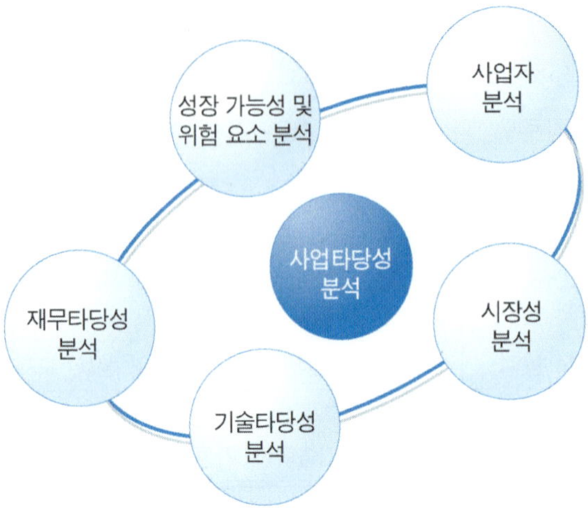

사업타당성 분석에서 주요 항목인 시장성, 기술성, 수익성 및 자금수지에 대한 분석을 통해 사업을 진행할 것인지에 대한 객관적인 자료로서 근거가 되므로 사업추진 의사결정에 판단 기준이 될 수 있다.

시장성 분석이란, 제품 및 서비스를 판매할 수 있는 시장을 찾아 판매(수요)를 예측하는 것으로 계획 제품 및 서비스를 어디에, 얼마를 팔 수 있을 것인가에 초점을 맞추어야 한다. 여기서 시장 동향, 시장 특성 및 경쟁 상황과 가격 동향을 분석할 필요가 있다.

검토할 평가 요소		세부 평가 항목
시장 조사	소비자 분석	소비자 니즈 분석, 주요 고객, 소비 총액 등
	시장 분석	시장의 특성 및 구조 : 상권/입지 분석, 경쟁 상황 분석, 점포경쟁력 등
수요 예측	수요 예측 분석	시장의 성장 추세 및 전망, 아이템에 대한 미래수요 측정
	시장점유율 추정	수요/공급/경쟁자의 위치와 구성 중인 사업의 판매 계획 등을 고려하여 추정

시장 동향에 대한 분석은 해당 시장의 과거 국내·외 수급실적 및 향후 전망, 국내·외 생산 규모 및 투자 규모, 기술 동향 및 향후 전망, 그리고 대체재의 동

향 및 향후 출현 가능성 등에 대한 정보를 분석하는 것이다.

시장 특성 및 경쟁 상황 분석이 필요하다. 시장의 유통구조 및 경로, 판매 및 유통 조직 특성, 고객의 특성, 소비 성향 및 구매 패턴과 국내·외 경쟁업체의 점유율, 경영상태, 기술 수준 등에 대한 연구가 필요하다.

가격 동향 분석은 동종 아이템 또는 경쟁 아이템의 가격 동향, 가격에서 제조원가, 인건비 등이 차지하는 비율, 향후 국내·외 가격 전망 등에 대한 조사를 하는 것이다.

기술성 분석이란, 제품 생산에 필요한 물적·기술적 요소를 파악하고 관련 비용을 추정하는 것으로 기술적 타당성 평가와 원가 추정을 위해 반드시 시행해야 하는 단계이다.

검토할 평가 요소	세부 평가 항목
제품/서비스 경쟁력	• 유사제품과 비교한 해당제품의 차별성, 우수성 • 가격경쟁력, 서비스 차별성, 서비스 인력의 능력 • 대체제품의 진입 가능성, 제품 생명주기
마케팅력/자본력	• 브랜드력, 촉진 활동 계획, 원가 추정, 자기자본 비율

수익성 및 자금 수지 분석이란, 계획사업의 손익 추정, 재무제표 작성 등을 통해 경제성을 평가하고, 소요자금을 추정하여 적정한 자금조달 및 운영 계획을 수립하는 단계이다.

검토할 평가 요소	세부 평가 항목
필요/소요자금	• 사업의 수행과 미래의 경영 활동에 소요되는 시설자금, 운전자금 • 향후 현금 흐름을 분석하여 자금부족 방지
경제성 분석	자본 조달 비용, 수익성 추정, 손익분기점 도달 시기
유동성 분석	부채 비율(부채총액/자기자본), 유동 비율(유동자산/유동부채)
활동성 분석	총 자산(사업투자비) 회전율(연간매출/총 자산(사업투자비))

❑ 손익분기점(Break-Even Point) 분석

손익분기점은 손실과 이익이 일치하는 점으로 비용 항목을 고정비와 변동비로 구분하여 손익분기점을 분석하고, 비용 및 이익의 변동요인에 대해 목표로 해야 할 매출액을 검토하는 과정이다. 손익분기점 계산을 위해서는 먼저 비용에 대해 구분해야 한다.

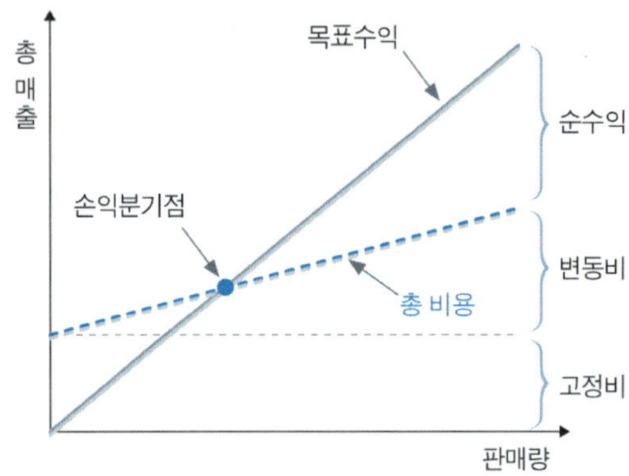

① 고정비란 매출액 상승과는 관계없이 일정하게 지출되는 비용을 말한다.
(예: 임금, 월세, 감가상각비 등)

② 변동비란 매출액 상승에 따라서 비용자체가 덩달아 증가되거나 변동하는 비용을 말한다.
(예: 재료비, 포장비, 가공비 등)

> 손익분기점 매출액 = 고정비/(1-변동비/매출액)
> 손익분기점 매출량 = 손익분기점 매출액/판매단가

손익분기점 계산은 사업을 시작한 후에(또는 판매가 일어난 후에) 계산을 한다고 생각할 수 있다. 하지만 사업 계획을 세우는 단계에서부터 추정매출액을 산출해 손익분기점을 안다면 더 효율적으로 사업을 진행해 나갈 수 있다. 또한 고정비는 한번 정해지면 바꾸기 어렵기 때문에 초기 사업계획 단계부터 신중한 접근이 필요하다.

손익분기점 비율 = [손익분기점 매출액/실제매출액] × 100

손익분기점을 낮추기 위해서는 비용을 줄이고 매출액을 증가시켜야 한다. 계산에서 보듯이 손익분기점 비율이 낮을수록 이익률도 높아진다.

❑ 위험성 분석

기업의 성패에 중대한 영향을 미칠 수 있는 위험 요소의 분석과 더불어 장기적 기업 경영 측면에서 지속적인 성장 발전이 가능한지를 분석하는 일련의 과정을 말한다.

구분	위험 요소
정책 변동	조세, 관세, 금융지원제도, 금리환율 변동, 원재료 및 제품 수입 개방
시장 경쟁	경쟁기업의 진입(대기업 참여 포함), 판매단가 조정
생산 요소 변동	주요 원재료(수입, 내수) 파동 가능성, 생산량 및 판매량 가동률 변동 요인 발생 여부, 전략 제품의 변경 및 제품믹스의 실패
기타	종업원과 마찰 가능성, 시설자금 및 운전자금 적기 조달 실패, 점포 입지조건 부적합, 자연환경, 환경 조세, 기타 법률제약 등

첫째, 여러 위험 요소 중 해당업체의 성패에 중대한 영향을 미칠 수 있는 항목을 선택한다.

둘째, 그 항목의 변화 정도에 따라 창업에 미치는 영향을 분석한다.

셋째, 위험요소별 대응책을 마련함으로써 위험 요소가 통제 범위 내에 있는지를 분석한다.

❑ 손익분기점의 계산

(사례)

생리대를 판매하는 소피아 대표는 이번 달에 생리대 500박스를 팔았지만, 100만 원이 넘는 적자를 보았다. 사실 최근 몇 달 동안 계속 손실을 보고 있어 사업을 포기해야 할지 심각하게 고민하고 있다. 소피아 대표는 고민 끝에 회사의 기장업무를 보는 회계사에게 컨설팅을 받아보기로 했다. 회계사는 다음과 같은 자료를 이용하여 우선 손익분기점 매출액을 산출해 보기로 했다.

- 생리대 판매 가격 10,000원/1상자
- 공장에서 생리대 구매가격 5,000원/1상자
- 포장비 1,500원/1상자
- 건물 임차료 1,000,000원/월
- 직원 인건비 1,500,000원/월
- 전기료 150,000원/월
- 기타 비용 200,000원/월

이번 달 매출액이 5,000,000원(10,000원*500박스)

식 : 손익분기점 매출액 = 고정비/(1-변동비/매출액)

김 회계사는 손익분기점 매출액을 계산해 보니 아래와 같았다.

① 3,250,000원(변동비) / 5,000,000원(매출액) = 0.65

② 1 - 0.65 = 0.35

③ 2,850,000원(고정비) / 0.35 = 8,142,857원

김 회계사가 계산한 손익분기점 매출액은 8,142,857원이다.

현재의 비용 구조에서는 매월 815상자(8,142,857원/10,000원)를 팔아야 겨우 손익분기점에 도달할 수 있다는 계산이 나온다.

[시사점]
손익분기점 계산은 사업을 시작한 후에(또는 판매가 일어난 후에) 계산을 한다고 생각할 수 있다. 하지만 사업 계획을 세우는 단계에서부터 추정매출액을 산출해 손익분기점을 안다면 더 효율적으로 사업을 진행해 나갈 수 있다. 또한 고정비는 한번 정해지면 바꾸기 어렵기 때문에 초기 사업 계획 단계부터 신중한 접근이 필요하다.

❑ 마케팅 믹스(Marketing Mix, MM)와 4P전략

구분	4P	4C
Marketing Mix (마케팅 믹스)	Product(제품)	Consumer Value(고객 가치)
	Price(가격)	Cost to Consumer(기회 비용)
	Place(유통)	Convenience(편의)
	Promotion(촉진)	Communication(커뮤니케이션)

마케팅(Marketing)을 수행한다는 것은 제대로 된 마켓을 만들고 그에 맞는 제품을 고객에게 제공할 수 있도록 원활한 수요와 공급의 균형을 맞추는 행위라 할 수 있다. 이러한 시장을 만드는 궁극적 목적은 고객의 '니즈'를 분석하여 만족시킴으로써 고객 가치를 창출하고 결국 그의 결과로 기업의 이윤을 창출하게 되는 것이다. 또 이것이 마케팅의 목적이기도 하다.

마케팅 믹스란 말 그대로 일정한 환경적 조건과 시점 내에서 여러 가지 형태의 마케팅 수단을 경영자나 마케터가 적정하게 결합 믹스하여 사용하는 전략을 의미한다. 즉, 어떠한 제품에 사용된 모든 마케팅 전략의 집합체를 조직하고 조정하는 것을 말한다.

마케팅 믹스라는 용어는 1960년대에 등장한 용어로 미국 미시간 주립대학의 E. 제롬 맥카시 교수가 처음 제시하였다. 맥카시 교수는 '베이직 마케팅(Basic Marketing)'이라는 그의 저서에서 "회사가 그들의 타깃 고객층을 만족시키기 위해서, 제품(Product), 가격(Pricing), 장소(Place), 촉진(Promotion)의 크게 4가지로 나뉘는 마케팅 전략을 적절하게 섞어서 사용한다"고 주장하였다.

제2차 세계대전의 승전국이자 아무 피해도 입지 않은 미국에게 있어 1950년대는 경제적 호황기였다. 미국 국민 중 중산층의 비중이 급격하게 증가하였고, 소비자들의 구매력은 충분한 상태였으며, 미국 소비자들은 그들의 충분한 구매력을 이용해서 보다 큰 규모의 주택, 차량, 상품 등을 선택하게 되었고, 전통적인 제조업 회사들은 이러한 고객의 니즈를 만족시켜 빠르게 성장하고 있었다.

이러한 이유로 점차 경쟁은 치열해졌고, 고객을 제품의 구매에 이르게 하는 마케팅의 개념이 어느 때보다 중요하게 자리 잡았던 시기인 것이다. 그렇기 때문에 다양한 마케팅 전략을 전체적으로 조정, 구성하는 것을 연구하는 전략인 마케팅 믹스는 1960년대, 특히 그 시점에 고객의 욕구를 만족시켜 최종적으로 구매 단계로 연결해야 하는 방법론을 찾던 기업들에게 반드시 참고해야 할 핵심 전략이었다.

4P는 마케팅을 추진하기 위해 중요한 4가지 요소인 제품(Product), 가격(Price), 판매 및 유통(Place), 그리고 판매 촉진(Promotion)으로서 최근까지도 마케팅의 핵심 전략을 구성하는 단위이다.

❶ Product(제품)

제품은 마케팅 믹스의 첫 번째이자 가장 중요한 요소로서 고객의 욕구를 충족시키기 위해 시장에 제공되는 것은 모두 해당된다. 특히, 마케팅에서 제품 전략이란 단순히 시장의 니즈에 부합하는 제품이나 서비스를 생산하는 것 이외에 그 제품이 줄 수 있는 종합적인 혜택(Benefit)을 고려하여 제품을 생산, 제공하는 전략을 말하며, 디자인, 브랜드, 상징, 보증, 상품 이미지 등을 폭넓게 포함하고 그것을 관리하는 부문이 포괄적으로 포함된다.

제품의 종류는 최종적 소비에 충당되는지, 생산적 소비에 충당되는지에 의한 소비재, 생산재로 분류할 수 있다.

소비재는 다시 필수품과 편의품, 일용품과 임시품, 소비품과 설비품, 식료품·의료품·주거용품 등으로 분류된다. 생산재는 원료품, 재료품, 부분품, 보조품, 설비품 등으로 나누어진다.

마지막으로 유통 양식에 따라 편의품(가장 가까운 곳에서 구입하는 제품), 선매품(여러 상점을 돌면서 품질, 가격, 의장 등을 비교 선택하여 구입하는 제품), 전문품, 규격품, 특별의장품, 일반품, 계절품, 상표품, 무상표품 등으로 분류한다.

❷ Price(가격)

가격 전략이란 자사 판매 제품의 가치(Value)를 가장 객관적이며 수치화된 지표로 나타내는 전략이다. 가격을 높게 잡는 고가화 전략인 '스키밍(Skimming)', 일부러 가격을 낮게 잡는 침투 전략인 '페너트레이팅(Penetrating)', 지속적으로 할인하여 구매욕구를 자극하는 전략인 'DLP(Every Day Low Price)', 경쟁사와의 관계를 이용하는 가격 전략인 '경쟁가격전략(Competitive Pricing)' 등이 대표적인 가격 전략의 유형이다.

가격은 마케팅의 4P 중 다른 요소인 제품, 유통, 촉진에 비해 그 효과가 단기간 내에 뚜렷하게 나타나는 특징이 있기 때문에 다른 마케팅 요소에 비해 자주 활용되는 요소이다.

최근 마케팅에서는 비가격 요소의 역할이 점차 강조되고 있지만, 가격은 여전히 마케팅 믹스의 주요 요소이다. 가격정책을 세울 때 기업은 가격 목표 설정, 수요 결정, 원가 추정, 경쟁기업 분석, 가격 설정방법 선택, 최종 가격 선택의 여섯 단계의 과정을 거치게 된다.

❸ Place(장소, 유통)

유통 전략이란 자사 상품이나 제품의 판매와 고객과 실제로 접촉이 발생하는 모든 장소에 대한 효율적인 구성과 운용을 위한 전략을 말한다. 유통 공간의 단순한 배치를 넘어서, 고객과의 접촉을 이루어지게 하는 전체적인 유통 경로상의 공급사슬관리도 포함된다.

제품과 가격에 이은 마케팅 믹스의 세 번째 요소인 유통(Place)은 생산된 제품(Product)이 생산자로부터 소비자에게 전달되는 과정을 지칭하는 말이다. 보다 효과적이고 효율적으로 상품이나 서비스가 고객에게 전달될 수 있도록 하는 것이 중요한데, 이렇게 생산자로부터 고객에 이르기까지 제품이 거쳐가게 되는 과정을 관리하는 것을 바로 '경로관리'라고 한다.

❹ Promotion(촉진)

기업이 마케팅 목표를 달성하기 위해 활용하는 모든 광고, 인적 판매, 판매 촉진, PR, 직접 마케팅 등이 있으며, 이러한 수단을 통해 소비자들과의 커뮤니케이션을 구축하고, 그 기반으로 구매를 이끌어 내는 당기기(Pull) 전략을 말한다.

기업이 제품의 혜택을 소비자에게 확신시키기 위해서 펼치는 모든 활동을 프로모션이라 하며, 이러한 활동을 통해 자사 제품을 구매하도록 유도하거나 현재 구매하고 있는 소비자로 하여금 구매량을 늘리게 하거나 또는 재구매를 설득하고 상표 이미지를 높이는 등 직접적인 판매량을 증가시키기 위한 수단인 것이다. 프로모션의 종류로는 판촉, 광고와 홍보가 있으며, 특히 대중매체를 통해 제품을 알리는 방법으로는 뉴스 기사의 형태로 기자회견, 보도자료, 유명인사 인터뷰 등의 홍보 등이 있다.

최근 인터넷과 미디어의 혁신적인 변화로 전통적인 마케팅 믹스의 구성 요소의 중요도의 차이와 경영 환경의 급격한 변화는 4P 개념의 단순 적용보다는 다양한 활용으로 진화하고 있다.

특히, 인터넷 마케팅에서는 마케팅 믹스의 구성 요소로 '가격', '편리성', '소비자', '커뮤니케이션'의 4C를 믹스하기도 하고, 여기에 기존의 4P 못지않게 중요해진 요소인 과정(Process), 물리적 근거(Physical evidence), 사람(People)의 세 요소를 4P에 보완해서 만들어 낸 7P 등으로 구성 요소를 확장해서 정의하고 활용하기도 한다.

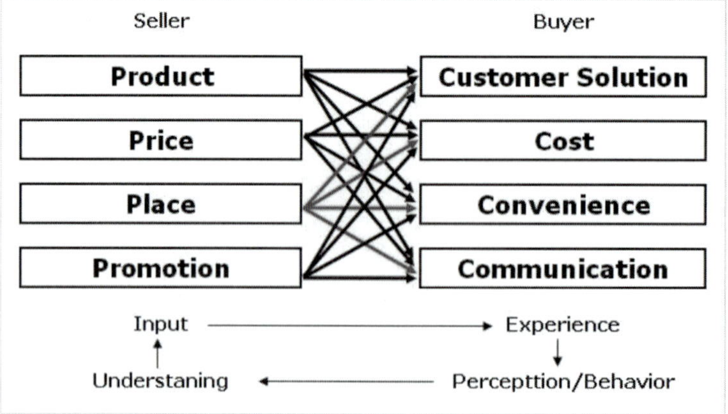

최근의 경영 환경에 맞추어 새롭게 도입된 4C는 소비자 중심에서 시작된 것이다. 인터넷 환경에 최적화된 4C는 가격(Cost), 편리성(Convenience), 소비자(Consumer), 커뮤니케이션(Communication)이라는 새로운 마케팅 요소를 도입하여, 전통적인 4P(가격, 제품, 유통, 판촉)와 달리 현대 마케팅 전략에 상당히 중요한 결정 요인을 제공하게 되었다. 즉, 고객에서 소비자라는 개념으로 전환되면서 '고객 가치(Customer Value)'의 개념이 중요한 기준이 된 것이다. 다시 설명하자면, 과거 고객들은 단순히 상품을 산다라는 개념이라면 오늘의 고객들은 자신들을 가치(value) 또는 어떤 문제에 대한 솔루션을 사는 사람으로 여긴다는 점이다.

이러한 '고객 가치'에 맞는 전략으로서의 새로운 마케팅 개념이 필요하게 된 것이다.

첫 번째로 고객에게 맞추어진 가격(Cost to the Customer), 즉 고객의 관심에 집중한 전략이 등장하게 되었다. 과거의 고객들은 상품의 가격에 중점을 두었으나, 오늘날 고객들은 가격 이상의 것에 관심을 가지고 있다는 의미로서 그들은 상품 구매 가격뿐 아니라 사용 및 처분 비용을 포함하는 총 비용에 관심을 갖는다는 전에 주목한 것이다.

두 번째 편리성(Convenience)이라는 개념은 고객을 불편하지 않도록 하는 전략을 통해 고객으로부터 제품과 서비스를 선택하도록 하는 전략의 개념이다. 즉, 고객들은 제품이나 서비스에 접근함에 있어서 불편함을 최소로 해주어야 한다.

세 번째 커뮤니케이션(Communication)은 쌍방향 정보와 소통의 방식을 말한다. 고객들은 생산자나 공급자의 일방적인 프로모션을 원하지 않으며, 그들과의 쌍방향 커뮤니케이션을 통해 소통하기를 원한다.

최근 새로운 마케팅 변화로 4E의 등장은 눈여겨볼 일이다.

4E는 Evangelist(고객전도사), Enthusiasm(열정), Experience(체험), 그리고 Exchange(교환)을 뜻하는 것으로 감성의 개념이 더해진 마케팅 전략이라 할 수 있다. 생산자 중심의 산업사회에서는 마케팅 4P(Product, Price, Place, Promotion)

로써 충분히 설명이 되었다.

공급보다 수요가 많았던, 공급자 우위의 시대에는 이러한 생산자 관점이 유용했으나 1960년대에 소비자 중심주의 운동과 정보화 사회를 거치면서 필립 코틀러는 4C를 제안하였고, 인터넷과 정보통신의 발달, 4차 산업혁명과 관련된 미래 기술의 융합과 첨단 기술의 발달 등으로 21세기에는 감성이라는 새로운 코드가 접목된 전략적 마케팅 4E 믹스 마케팅이 거론되고 있는 것이다.

❑ 기본 마케팅 전략 실행 체계도

마케팅을 실행할 때 체계적이고 전략적인 프로세스를 갖고 실행한다면 보다 효과를 높일 수 있을 것이다.

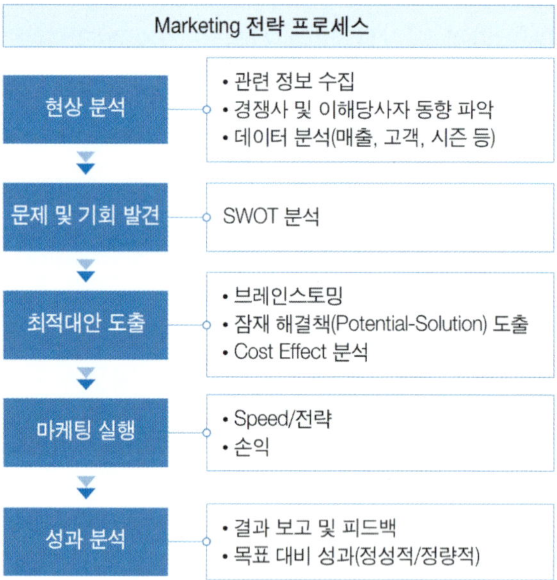

| Marketing 전략 프로세스 |

❑ 비용-편익(Cost-Benefit) 분석과 비용-효과(Cost-Effect) 분석

비용-편익 분석(Cost-Benefit Analysis, CBA)은 사업이 사회적 후생을 증가시킬 수 있는가를 판단할 수 있는 일관되고 예측 가능한 객관적인 프레임워크를 제공할 수 있다. 비용-편익 분석을 실시하면 비용과 편익 항목을 확인할 수 있고, 비용과 편익을 계량화(quantification)를 통해 화폐로 환산하여 가치화(valuation)를 부여하고, 비용과 편익의 할인과 타당성 여부를 판단(B/C, NPV, IRR)할 때 도움이 된다.

비용-효과 분석(Cost-Effectiveness Analysis, CEA)은 주로 경제적 편익 측정이 어려운 사회 정책 사업에 적용하는 분석이며, 주어진 효과(목표)를 달성하는 데 가장 적은 비용을 찾기 위한 방법으로 제시된다. 특히, 주어진 예산(비용)을 초과하지 않는 한도에서 최대 목표를 달성하고자 할 때 활용하는 분석이다.

이러한 비용 대비 효과나 편익을 분석하는 이유는 '사업이 경제적으로 얼마나 타당한가'를 판단할 때 유용하다. 즉, 자원의 효율적 배분을 위해 가능성 있는 대안에 비추어 특정 의사결정이 사회에게 제공하는 편익을 입증하고, 모든 편익(후생 변화의 금전적 가치 측정)과 비용(재화 공급의 변화가 초래하는 사회적 기회비용 포함)을 추정할 수 있다. 또한 의사결정권자에게 사업의 경제적 타당성에 관한 정보를 제공하기 위한 분석 및 검토를 하는 일련의 과정이라 할 수 있다.

CBA 의사결정의 기본 원칙은 가장 큰 B/C 및 NPV(순편익)를 제공하는 대안을 채택하는 것이다(칼도-힉스 보상기준의 채택, 파레토 개선).

편익이란 국민 생산 또는 국민 후생에의 공헌을 의미하며, 실질적 재화의 변화나 소비자의 지불의사를 바탕으로 평가한다.

❑ 포지셔닝 맵(Positioning Map)

포지셔닝 맵은 특정 상품이나 속성에 대한 고객들의 인지 정도 또는 구매 의도를 지도상에 시각화하여 나타내는 것을 말한다. 포지셔닝 맵의 작성으로 특정 상품에 대해 어떤 고객을 표적으로 해야 하는지에 대해 유용한 정보를 획득할 수 있고 소비자의 마음속에 자사나 경쟁사의 현재 포지션을 알 수 있게 된다.

세분화된 시장에서 목표고객에게 집중하기 위해서는 명확한 포지셔닝이 필요하다. 포지셔닝은 기업이나 제품의 객관적 특성과는 상관이 없이, 고객이 어떻게 생각하느냐에 따라 결정된다. 즉, 기업 입장에서가 아니라 소비자의 인식 내에서 '포지셔닝'의 위치를 정해야 한다. 포지셔닝 맵을 그리기 위해서는 먼저 목표고객에 대한 프로파일 조사를 실시한다. 프로파일 항목은 목표고객이 갖는 기본적인 내용으로서 성별, 연령, 직위, 수입, 학력, 경력, 여가 활동, 선호하는 매체, 성격, 상황, 구매의사결정기준 등이 해당한다.

프로파일	조사 내용
성별	
연령	
직위	
수입	
학력	
경력	
여가 활동	
선호하는 매체	
성격	
상황	
구매 의사결정 기준	
기타	

프로파일의 조사과정에서 소비자가 제품과 서비스를 구매할 때 어떤 고려를 하는가에 대한 요인을 찾아내야 한다. 간혹 소비자 자신도 원하는 것이 무엇인지 모르는 경우가 있고, 남들의 시선을 의식해서 솔직하게 말하지 않는 경우도 있다.

이런 이유로 조사자는 훈련되어 있거나 통찰력이 필요하기도 하다. 고려 요인은 다시 상, 중, 하로 분류될 수 있다. 어떤 사람은 디자인을 중요하게 생각할 수도 있고, 어떤 사람은 가격을 중요시할 수도 있다.

기업 입장에서 고객이 중요하게 생각하는 수준을 달성해야 경쟁력이 높다고 할 수 있다. 고객의 중요도 달성 수준을 경쟁자와 함께 평가해 본다.

경쟁자는 산업 내 경쟁자를 포함하여 대체재 관점이 고려되어야 한다.

산업 내 경쟁자는 쉽게 찾아낼 수 있으나, 대체재는 식별이 쉽지 않다. 하나의 산업을 파괴하는 것은 산업 내 경쟁자가 아닌 대체재인 경우가 많으므로 면밀한 점검이 필요하다.

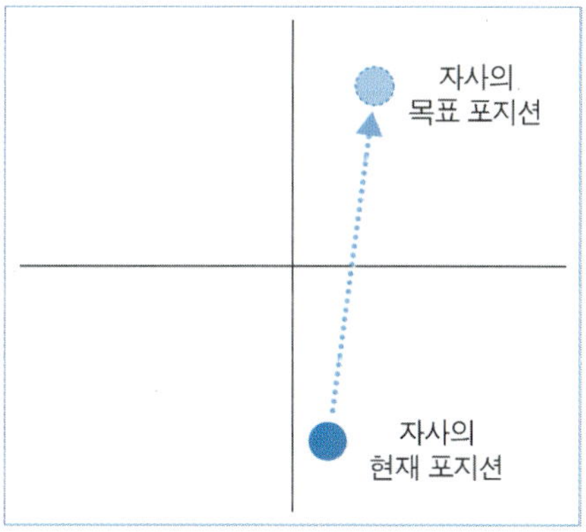

최종적으로 포지셔닝 맵을 그리기 위한 방법은 다음과 같다.

① X축과 Y축을 이등분한다.

② X축에는 위에서 고객이 중요하게 생각하는 첫 번째 우선순위를 기입한다.

③ X축의 0에 가까운 왼쪽에 부정적 상태를 적는다. 예를 들어, 브랜드 인지도가 낮으면 '낮음'으로 표기한다.

④ X축의 오른쪽 끝에 우선순위의 긍정적 상태를 적는다. 예를 들어, 브랜드 인지도가 높으면 '높음'으로 표기한다.

⑤ Y축에 두 번째 우선순위를 적는다. 0에 가까운 아래쪽에 부정적 상태를, 위쪽에 긍정적 상태를 적는다.

⑥ 자사와 경쟁사(현재와 미래 모두)의 위치를 표시한다. 고객의 현상 유지 대안도 표시한다.

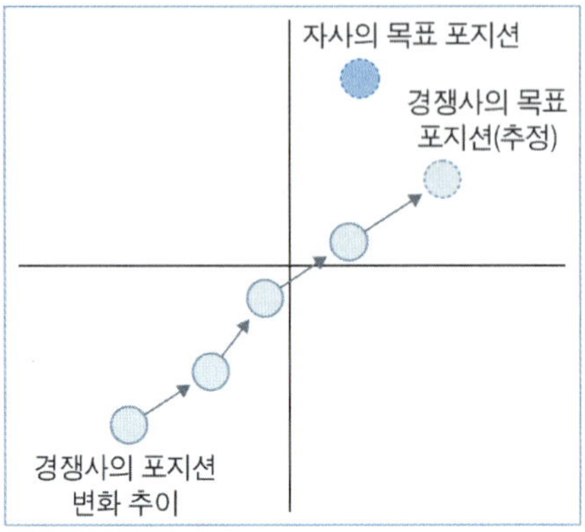

포지셔닝 맵 확인 결과 차트에서 기업은 오른쪽 최상단에 위치해야 한다. 만약 기업의 포지셔닝이 오른쪽 끝이 아니라면 제품을 재평가하거나 가치 제안방법을 다시 고민해야 한다.

경쟁적 지위를 정의하는 것은 경쟁자 그리고 고객의 현상 유지 대안과 비교해 제품의 우수성과 차별성을 확인하는 작업이다. 비교 기준은 고객의 구매 기준 1위와 2위이다.

경쟁력 포지셔닝 차트는 목표고객이 얻을 수 있는 가치를 정량화가 아닌 '비교'라는 직관적인 방법을 통해 설득력 있게 제시함으로써 고객에게 강한 인상을 심어 준다.

❑ 포지셔닝 C-D맵(New Positioning C-D Map)

하버드비즈니스 리뷰(HBR)에서 니라지 다와 아이비 비즈니스스쿨 교수는 '중심성(Centrality)-차별성(Distinctiveness) 맵'이라는 브랜드 포지셔닝 개념을 선보였다. 시장에서 브랜드의 위치를 파악하거나 소비자의 지각 상태를 확인하는 기존의 다차원 척도법이 경영 성과까지 포괄하지 못했던 점을 해결하였다.

포지셔닝 C-D 맵은 업종 내의 모든 브랜드를 중심성과 차별성을 기준으로 0~10까지 점수를 매긴다. 포지셔닝 맵을 그릴 때마다 시장점유율, 성장률, 수익성 등 다양한 척도를 기준으로 삼아야 했던 종전의 방법과 가장 큰 차이를 보이는 부분이다. 기존의 포지셔닝 맵에서 해석하지 못했던, 예를 들면 통상적으로 쓴 맛과 거품의 정도로 포지셔닝을 하는 맥주시장에서 비슷한 위치에 있는 '하이네켄'과 '올드밀워키'가 동일한 전략을 쓰고도 왜 다른 성적표를 받았는지에 대해서도 명확한 해석이 가능하게 해준다.

중심성(Centrality)은 '청량음료는 코카콜라', '패스트푸드는 맥도날드'와 같이 해당 업종을 대표할 수 있는 이미지를 말한다. 차별성(Distinctiveness)은 해당 업종의 대표 브랜드와 직접적인 경쟁을 피하는 독특한 특징을 지칭한다. 자동차 업종에서는 전기차 브랜드인 테슬라가, 맥주 업종에서는 멕시코의 도스에퀴스가 차별성이 높은 브랜드로 꼽힌다.

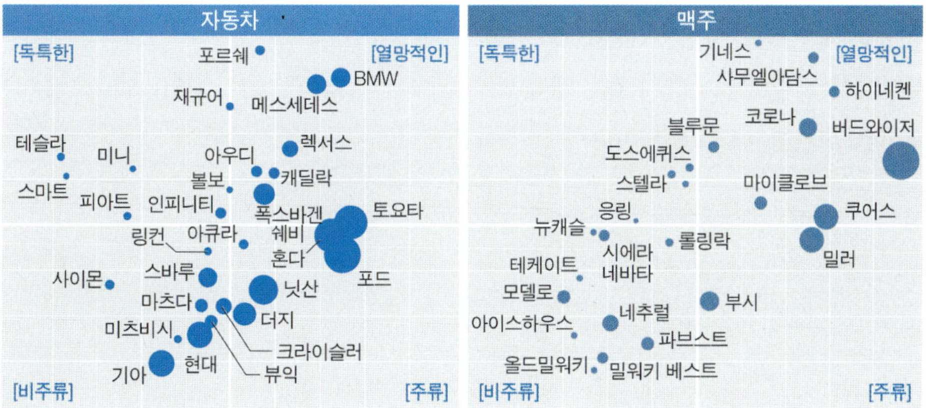

'C-D맵'으로 본 미국 자동차 · 맥주시장

자료 : 하버드비즈니스리뷰(HBR)

브랜드별로 점수를 매겼으면 중심성을 X축, 차별성을 Y축으로 하는 사분면 위에 각각의 위치를 표시한다. 브랜드들은 위치한 사분면에 따라 열망적인(aspirational · 1사분면), 독특한(unconventional · 2사분면), 비주류의(peripheral · 3사분면), 주류의(mainstream · 4사분면)와 같은 성격을 부여받는다. 열망적 브랜드는 중심성과 차별성이 모두 높아 견고한 판매량과 강한 브랜드 파워를 모두 갖췄다. 자동차 업종에서 보자면 메르세데스, BMW가 이에 해당한다. 주류는 중심성은 높지만 차별성이 약한 브랜드다. 해당 업종을 언급했을 때 소비자가 처음으로 떠오르는 브랜드가 대체로 여기에 속한다. 비주류는 중심성과 차별성이 모두 떨어지는 브랜드이며, 독특한 브랜드는 전통적인 브랜드들과 차별점을 갖고 있는 것들로 니치 마켓이라고 불리기도 한다. 디와 교수는 'C-D 맵'이 브랜드 전략의 출발점이 되어야 한다고 강조한다. 이 포지셔닝 C-D맵은 자사 제품의 중심성과 차별성을 제대로 파악하도록 도움이 된다.

❑ 디자인 사고(Design Thinking)

디자인 사고(Design Thinking)는 비즈니스 전략 수립 시에 디자인 작업의 프로세스를 활용하는 창의적 융합 사고 방식으로서, 공감(Empathize), 정의(Define), 아이디어 도출(Ideate), 시제품 제작(Prototype), 테스트(Test), 실현(Realize)의 6단계 프로세스로 이루어져 있다.

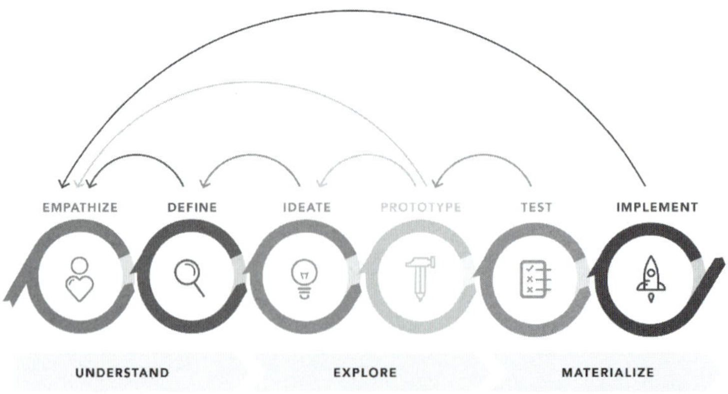

① **공감** : 활동에 영향을 받는 관계자에 대한 이해와 공감의 부족 역시 프로젝트가 실패하는 주요 원인이다. 하지만 공감이 말처럼 쉽지는 않다.
최종 사용자가 마음을 투명하게 드러내는 일은 드물다. 또한 솔루션을 설치, 수리, 관리하는 담당자 역시 솔루션의 설계과정에서 고려해야 할 대상이다. 이들을 종합적으로 고려하고, 문화적, 참여적 디자인 기법을 다루는 데 익숙해질 필요가 있다.

② **문제 정의** : 많은 기업이 발생한 문제에 대해 그 근본 원인이 아닌 현상 자체에만 집중하는 실수를 저지른다. 자신을 괴롭히는 사건의 규모를 온전히 이해하지 못한 데서 비롯되는 오류다.

③ **반복** : 새로운 상품을 개발하려면 일련의 반복적인 작업으로 비선형 구조로 진행되지만, 전통적인 기업의 경영구조는 선형적 구조가 대부분이다. 이러한 모순에 의해 혁신이 저해받는 경우가 많다.

④ **프로젝트의 실패 지점 이해** : 프로젝트가 실패했다면 문제가 발생한 부분이 어디인지 확인해서 오류에 대해 수정해야 한다. 이는 '반복'이 중요한 이유이기도 하다. 버그와 사용자 디자인 오류에 대한 수정은 최소 상품 단위에서 출발해 궁극적으로는 온전한 형태의 상용 솔루션으로 확장되는 점진적 방식으로 이루어지는 것이 좋다.

⑤ **협업** : 기업의 모든 활동은 잠재적으로 사고 가능성을 내포하고 있다. 이를 방지하기 위해서는 사업부 간, 솔루션을 도입한 고객과의 적절한 협업과 그 기반으로 아이디어를 도출하는 체계가 필요하다. 이러한 협업구조는 시각적으로 더 명확하며 창의적인 방식으로 작업을 진행하는 방안을 모색할 때 도움이 된다.

결론적으로, 디자인 사고란 인간을 관찰하고 공감하여 소비자를 이해한 뒤, 다양한 대안을 찾는 확산적 사고와, 주어진 상황에 최선의 방법을 찾는 수렴적 사고의 반복을 통하여 혁신적 결과를 내는 창의적인 문제해결방법의 한 패러다임이라 할 수 있다.

❑ 현대 마케팅 모델(Modern Marketing Model, M3)

최근 트렌드를 반영한 새로운 형태의 마케팅 도구가 있어 소개하고자 한다.

현대 마케팅 모델, M3는 전통적인 마케팅과 디지털 마케팅을 통합한 마케팅 프레임워크이다.

기존의 마케팅이 해결하지 못하는 여러 가지 문제점이 발견되면서 전통 마케팅과 디지털 마케팅을 새로운 마케팅 모델로 통합할 필요성이 대두되었다. 이에 새로운 마케팅 프레임워크의 도입 필요성과 더불어, 데이터 분석, 고객 경험 강화, 콘텐츠, 멀티 채널과 개인화 전략과 같은 보다 전문적인 마케팅 역량이 요구되기 시작했다.

2013년 현대 마케팅 선언문(Modern Marketing Manifesto)은 디지털 마케팅과 전통 마케팅의 변화의 필요성이 요구되는 가운데 처음 선보였다.

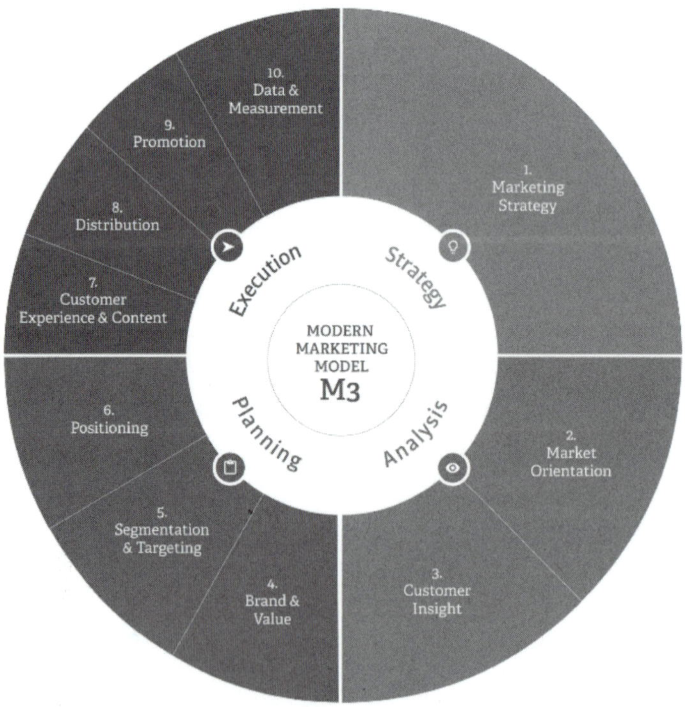

| 현대 마케팅 모델, M3 프레임워크 |

디지털의 부상과 함께 이러한 역량들이 대두되면서 마케팅 모델은 다른 비즈니스 영역과 어떻게 시너지 효과를 낼 수 있는지, 그리고 기존 전통 마케팅과 디지털 마케팅 간의 간극과 혼동을 해결하기 위해서 새로운 현대적 마케팅 모델이라 할 수 있다.

결국은 디지털 트렌드 흐름의 변화에 따라 마케팅 적용과 방식에도 적합한 변화와 수용이 필요한 것이다.

전통 마케팅 방식	디지털 마케팅 방식
• 광고(Advertising) • 브랜드 매니지먼트(Brand management) • CRM & 로열티 프로그램(CRM & Loyalty) • 데이터 베이스 마케팅(Database marketing) • 배포(Distribution) • 이벤트 및 체험 마케팅 (Events and experiential marketing) • 시장 조사(Market research) • 마케팅 전략(Marketing strategy) • 패키징 및 라벨링(Packaging and labelling) • 파트너 마케팅(Partner marketing) • 가격(Pricing) • 제품/서비스 개발(Product/service development) • 프로모션(Promotions) • PR(Public relations) • 리테일 & 쇼핑객 마케팅(Retail & shopper marketing) • 스폰서십(Sponsorship) • STP(Segmentation, Targeting & Positioning) • 텔레마케팅(Telemarketing)	• 제휴/성능 기반 마케팅 (Affiliate/performance-based marketing) • 콘텐츠 마케팅(Content marketing, video) • 전환율 최적화(Conversion rate optimisation, CRO) • 고객/사용자 경험(Customer/user experience) • 디지털 분석 및 측정 (Digital analytics and measurement) • 디지털 데이터 마케팅(Digital data marketing) • 디지털 디스플레이 광고(Digital display advertising) • 이메일 마케팅 & 마케팅 자동화(Email and eCRM) • 모바일 마케팅(Mobile marketing) • 온라인 PR(Online PR) • 검색 광고(Paid search marketing, PPC) • 검색 엔진 최적화(Search engine optimisation, SEO) • 소셜미디어 마케팅(Social media marketing)

M3 요소	M3에 맵핑(전통/디지털 마케팅 방법)
1. Marketing Strategy	• 전통 : 마케팅 전략, 브랜드 관리, 시장 조사, 가격 • 디지털 : 위 내용과 동일

2. Marketing Orientation	• 전통 : 마케팅 전략, 시장 조사, 가격 • 디지털 : 위 내용과 동일
3. Customer Insight	• 전통 : 시장 조사, 가격, STP • 디지털 : 디지털 분석, 소셜미디어, PPC, SEO
4. Brand & Value	• 전통 : 광고, 브랜드 관리, 가격, PR, 스폰서십, STP • 디지털 : 디지털 디스플레이, 온라인 PR, 소셜미디어, 콘텐츠 마케팅, CX/UX
5. Segmentation & Targeting	• 전통 : CRM & 로열티 프로그램, 시장 조사, 가격, STP • 디지털 : 디지털 분석, 소셜미디어, CX
6. Positioning	• 전통 : 모든 전통 마케팅 방식은 브랜드 포지셔닝 역할 수행 • 디지털 : 모든 디지털 마케팅 방식은 브랜드 포지셔닝 역할 수행
7. Customer Experience & Contents	• 전통 : 모든 전통 마케팅 방식은 고객 경험과 콘텐츠를 전달하는 역할 수행 • 디지털 : 모든 디지털 마케팅 방식은 고객 경험과 콘텐츠를 전달하는 역할 수행
8. Distribution	• 전통 : 광고, 데이터베이스 마케팅, 배포, 파트너 마케팅, PR, 리테일 & 쇼퍼 마케팅, 스폰서십 • 디지털 : 제휴/성능 기반의 마케팅, 콘텐츠 마케팅, 이메일과 온라인 CRM, 온라인 PR, 검색 엔진 최적화(SEO), 소셜미디어 마케팅, 디지털 데이터 마케팅
9. Promotion	• 전통 : 광고, CRM & 로열티 프로그램, 데이터베이스 마케팅, 이벤트 및 체험 마케팅, 패키징 및 라벨링, 프로모션, PR, 리테일 & 쇼퍼 마케팅, 스폰서십, 텔레마케팅 • 디지털 : 제휴/성능 기반의 마케팅, 디지털 디스플레이, 이메일 마케팅과 온라인 CRM, 모바일 마케팅, 유료 검색 마케팅, 소셜미디어 마케팅
10. Data & Measurement	• 전통 : 모든 전통 마케팅은 일부분의 데이터와 측정 항목 • 디지털 : 모든 디지털 마케팅은 데이터, 측정, 최적화가 매우 중요

참고 사이트 : Introducing the Modern Marketing Model (M3)
☞ https://www.econsultancy.com/blog/69468-introducing-the-modern-marketing-model-m3

❑ 재무제표 보기

경영을 하면서 모든 회계에 관련된 지식에 정통할 필요는 없다. 다만, 기본적으로 재무제표를 통해 기업의 상태와 전략 방향 정도는 구상할 수는 있어야 한다. 여기서는 경영에 필요한 기본적인 부분에 국한하여 설명하겠다.

재무제표에는 회계기간 재무 상태에 대한 정보를 나타내는 재무상태표(대차대조표), 회계기간 동안의 경영 성과에 대한 정보를 알려주는 손익계산서, 자본 변동에 대한 정보를 제공하는 자본변동표, 현금 흐름에 관한 정보를 담고 있는 현금흐름표, 주석의 다섯 종류가 있다.

기본적으로 기업의 안정성, 수익성, 성장성을 파악하기 위해서는 '재무상태표(대차대조표)'와 '손익계산서'만 분석해도 충분히 알 수 있다.

안정성이란 기업의 건전성을 말한다.

유동비율(%) = 유동자산 / 유동부채

유동비율이란 단기채무 지급능력을 알 수 있는 척도로서, 빚(채무)을 갚을 능력이 있는지 여부를 알 수 있다. 유동비율은 재무상태표상의 유동자산을 유동부채로 나눈 값으로, 이것이 높을수록 재무가 건전하다는 의미이다.

이자보상비율(배) = 영업이익 / 이자비용

이자보상비율은 기업이 영업 활동으로 벌어들인 수익을 통해 이자 등 금융비용을 부담할 수 있는 능력을 말한다. 손익계산서상의 영업이익을 이자비용(금융비용의 하위 계정과목)으로 나누어 계산한다. 유동비율이 빚 갚을 능력이라고 한다면 이자보상비율은 '이자 갚을 능력'이라고 할 수 있다.

수익성은 현재 제대로 기업 활동을 하고 있는지와 문제가 없는지를 알 수 있는 척도이다.

> 영업이익률(%) = 영업이익 / 매출액 × 100

영업이익률은 기업의 수익성을 보여 주는 지표로 '매출액 영업이익률'이라고도 한다. 손익계산서상의 영업이익을 매출액으로 나눈 후 100을 곱해 계산한다. 영업이익률이 높을수록 우량기업이라고 할 수 있다.

성장성이란 기업의 성장 가능성을 예측할 수 있고, 투자 가치가 있는지를 알 수 있는 척도이다.

> 매출액 증가율(%) = 당기 매출액 / 전기 매출액 × 100

당기의 매출액이 전기에 비해 얼마나 증가했는지 알 수 있다면 회사의 영업 활동이 어느 정도 활발한지, 향후 회사의 수익이 어느 정도 증가할 것인지를 판단할 수 있다. 매출액 증가율은 당기 매출액을 전기 매출액으로 나눈 후 100을 곱해 계산하며, 이 수치가 두 자릿수 이상인 기업을 성장성이 있다고 판단할 수 있다.

경영자는 여기서 제시한 기업의 안정성, 수익성, 성장성을 재무제표를 통해 자주 살펴보아야 하며, 자사의 경영 상태를 진단하고 향후 성장을 위한 지표로 활용해야 하는 것이다.

한국전력 재무제표

대차대조표 (단위 : 십억 원)

항목	2005/12	2006/12	2007/9
자산총계	61,627.00	63,536.00	65,228.00
부채총계	19,421.00	20,574.00	20,603.00
자본금	3,208.00	3,208.00	3,208.00
자본총계	42,206.00	42,962.00	44,625.00

손익계산서 (단위 : 십억 원)

항목	2005/12	2006/12	2007/9
매출액	25,112.00	26,979.00	21,774.00
영업이익	1,326.00	1,232.00	1,208.00
경상이익	3,181.00	2,624.00	2,804.00
당기순이익	2,449.00	2,071.00	2,204.00

시장가치 비율 (단위 : 억 원, 배)

항목	2005/12	2006/12	2007/9
PER최고/최저	10.08/6.62	14.05/10.48	10.10/7.94
PBR최고/최저	0.59/0.39	0.68/0.51	0.69/0.54
PCR최고/최저	10.43/6.84	12.77/9.52	10.93/8.59
PSR최고/최저	0.98/0.65	1.08/0.80	1.02/0.80
EVA	−3,957.59	−3,084.99	
EBITDA			
EV/EBITDA	11.55	13.36	12.01

재무 비율 (단위 : 원, %)

항목	2005/12	2006/12	2007/9
매출액 증가율	6.41	7.43	6.64
영업이익 증가율	−32.80	−7.11	−14.89
순이익 증가율	−15.00	−15.44	5.05
자기자본 이익률	5.94	4.86	6.71
주당 순이익	3,854	3,245	4,724
주당 매출액	39,529	42,287	46,674
수낭 순사산	65,419	66,630	69,278
유보율	1,219.39	1,264.13	1,314.23
부채비율	46.02	47.89	46.17

한국전력 자산 · 부채 · 자본 현황

단위 : 억 원

항목	2005/06	2005/12	2006/06	2006/12	2007/06	2007/09
유동자산	2,560	2,926	2,735	3,669	3,740	3,996
고정자산	57,814	58,701	58,968	59,867	60,453	61,232
자산 총계	60,375	61,627	61,704	63,536	64,193	65,228
유동부채	5,398	5,683	4,714	6,857	7,642	6,770
고정부채	13,842	13,738	14,634	13,717	13,148	13,834
부채 총계	19,240	19,421	19,347	20,574	20,790	20,603
자본금	3,204	3,208	3,208	3,208	3,208	3,208
자본잉여금	14,365	14,423	14,434	14,519	14,516	14,519
이익잉여금	23,792	24,654	24,814	25,993	26,413	27,576
자본 총계	41,134	42,206	42,356	42,962	43,403	44,625

참고문헌

김수현(2018), "중소기업 경영전략", 이모션미디어.
김수현, 김종하, 김종부 외 3명(2014), "성공창업과 창조경영", 예스폼.
김재문, 추성엽, 김상대(2010), "마케팅 전략 자료집", (재)예술경영지원센터.
김진수, 최종인 외 3인(2015), "기술창업론", 탑북스.
나가타 도요시(2010), "아이디어 창조기술", 스펙트럼북스.
네이버 지식백과, IT용어사전, 위키트리 등.
마쓰다 히사카즈(2012), "성공기업 전략 케이스 46", 한스미디어.
매일경제, 한국경제, 중앙일보, 디지털타임스 등 일간지.
박윤호(1999), "아이디어 하나로 당신도 성공할 수 있다", 한국생산성본부.
박찬수(2010), "마케팅 원리(제4판)", 법문사.
배종석(2000), "인적자원관리와 기업성과 : 연구의 비판적 고찰과 과제", 한국인사관리학회.
알 리스, 잭 프라우트(2008), "마케팅 불변의 법칙", 비즈니스맵.
안광호, 하영원, 박흥수(2012), "마케팅원론", 학현사.
요시자와 준토쿠(2010), "생각정리 프레임워크 50", 스펙트럼북스.
이승환(2013), "혁신형 창업 활성화의 비결, 플랫폼", CEO Information 제909호, 삼성경제연구소.
조완섭(2013), "빅데이터 시대, 데이터 과학자 양성 방안", 과학기술정책연구원.
중소기업벤처부 · 창업진흥원 등 기술창업가이드.
중소기업진흥공단(2001), "벤처 투자유치 성공전략", 매일경제신문사.
중소기업청(2012). "기술창업보육론", 중소기업청.
최재경(2017), "빅데이터 분석의 국내외 활용 현황과 시사점", KISTEP.
클로테르 라파이유(2007), "컬처 코드", 리더스북.
필립 코틀러(2005), "마케팅을 말하다", 비즈니스북스.
하버드 경영대학원(2004), "창의와 혁신의 핵심 전략", 청림출판.
Carol roth(2012), "The entrepreneur equation", Benbella.
KOTRA(2017), "소셜 인플루언서를 활용한 미국 시장 진출 전략", KOTRA.

참고 사이트

한국정보통신기술협회
Econsultancy 홈페이지
www.econsultancy.com/blog/69468-introducing-the-modern-marketing-model-m3

찾아보기

저 | 자 | 소 | 개

■ **김종하**

광운대학교 교수
광운대학교 SNK비타민센터 센터장
광운대학교 TIB창업보육센터 센터장
경영지도사
ISO국제심사원
빅데이터기술분석사
전) 경복대학교 임상병리과 부교수
전) 경복대학교 기업가정신센터 센터장
전) 경복대학교 산학협력단 부단장
전) 경북창조경제혁신센터 PD
전) 창조경제혁신 PD협의회 초대회장
전) 인덕대학교 창업사관학교 교수

창업과 경영을 궁리하다

1판 1쇄 인쇄 – 2018년 8월 25일
1판 1쇄 발행 – 2018년 8월 30일

저　　자 - 김종하
발 행 인 - 강철원
발 행 처 - 양성원
주　　소 - 경기도 파주시 검산로 173번길 29-20
전　　화 - 031-946-3861(代)
팩　　스 - 031-946-3864
이 메 일 - tnwpub@naver.com
홈페이지 - tnwpub.co.kr
출판등록 - 2015년 8월 31일 제 2015-000211 호

ISBN 979-11-6126-128-7

정가 17,000원